教育部人文社会科学研究项目
本书由人文在线出版基金资助出版

中国网络传播制度研究
基于新制度经济学的视角

ZHONGGUO WANGLUO CHUANBO ZHIDU YANJIU

李建华　著

红旗出版社

红旗出版社
RED FLAG PRESS
推动进步的力量

图书在版编目（CIP）数据

中国网络传播制度研究：基于新制度经济学的视角 /
　李建华著 . —北京：红旗出版社，2016.12
ISBN 978-7-5051-3961-9

Ⅰ.①中… Ⅱ.①李… Ⅲ.①计算机网络—传播学—
　研究—中国 Ⅳ.① G206.2

中国版本图书馆 CIP 数据核字（2016）第 291159 号

书　　　名	中国网络传播制度研究：基于新制度经济学的视角
著　　　者	李建华
责编编辑	赵春霞
装帧设计	人文在线
出版发行	红旗出版社
地　　　址	北京市沙滩北街 2 号
邮政编码	100727
经　　　销	全国新华书店
发 行 部	010-57270296
印　　　刷	北京市媛明印刷厂
开　　　本	170mm×240mm　　印　　张　18
字　　　数	311 千字
版　　　次	2017 年 3 月北京第 1 版　　印　　次　2017 年 3 月北京第 1 次印刷
书　　　号	ISBN 978-7-5051-3961-9　　定　　价　54.00 元

欢迎品牌畅销图书项目合作联系电话：010-84026619
凡购本书，如有缺页、倒页、脱页，本社发行部负责调换。

内容简介

    作为一门交叉性很强的学科，传播学兴起于 20 世纪二三十年代，随后，它借助于诸多学科的研究成果，迅速成为世界范围内发展最快的学科之一，目前已然步入"显学"之列。可以说，一部传播学的历史，就是一部社会科学的发展史。21 世纪以来，作为第四媒体的网络传播席卷全球，对经济社会发展产生了日益广泛而深刻的影响，成为当今社会主流的传播方式。在网络传播发展这枚硬币的另一面，一系列网络传播的新情况、新问题不断出现，制约着网络传播的可持续发展，也对网络传播制度的供给与变迁提出了严峻的挑战。网络传播制度的形成与变迁有其自身的特点和规律，学界对此开展了诸多实践运用层面的研究，但理论层面的研究尚显过少。本课题借鉴和运用新制度经济学关于制度的基础理论，特别是制度变迁理论，对网络传播制度的形成、变迁及其机制进行了探索和思考。

    新制度经济学认为，制度包含正式规则、非正式规则和实施机制。制度起源于促进合作的实现以及对财产的保护。由于拥有不同的需求和力量，处在制度变迁中的利益主体对经济利益最大化的追逐，导致其力量的相对变化，引起制度需求和供给的变化，进而推动制度从不均衡到均衡再到不均衡的动态变迁。制度变迁的路径依赖主要有诱致性变迁和强制性变迁两种。从网络传播制度的起源来看，最初的网络传播制度是一种自生自发秩序，"标准只能被发现，而不能被颁布"；网络传播主体追逐自身利益的最大化，必然产生负外部性，于是导致了网络传播内生性制度的产生；网络传播的公共性决定了市场调整的失灵，为维护正常的网络传播秩序，迫切需要政府主管部门供给相关管理制度加以有效规制和管理，于是产生了外生性网络传播制度。经过十多年的努力，中国已初步建立了互联网基础管理制度，初步形成了安全与发展并重、管理与技术相结合的网络信息安全保障体系。从制度变迁形式来看，中国网络传播制度的变迁既有自上而下的强制性变迁，也有自下而上的诱致性变迁。在中国网络传播形成初期，市场竞争很不充分，制度的供给和变迁具有很鲜明的强制性特征；随着网络传播市场竞争的加剧、市场化水平的大幅提高，网络传播组织开始在制度层面体现自身诉求并得到制度的确认，网络传播制度变迁模式的诱致性特征更为显著。因此，我国网络传播制度变迁形成了从强制性变迁到强制性与诱致性变迁相结合的路径依赖。

　　网络传播制度的影响因素复杂多元，除社会经济政治制度和基本法律制度之外，技术、成本、利益、权力、舆论、文化等是网络传播制度形成和变迁的主要影响因素。第一，技术。马克思主义者主张，技术决定制度，制度制约技术。多伦多传播学派坚定地认为，技术决定着传媒制度的产生和变迁。网络传播史表明，每一种网络新媒体的诞生都是网络传播技术发展的产物，并在媒介的微观和宏观制度层面影响已有的媒介制度安排。网络传播新技术改变了传统媒体的运作和消费者使用媒体的方式，必将传导到网络传播制度本身的变迁上来。第二，成本。制度成本是制度形成与变迁的核心变量，在不同制度形成模式下，制度成本有较大差异。民主模式下的制度形成成本虽然高，但执行成本、监督成本要低得多。网络传播制度的形成成本高低决定新制度的订立与否，决定其是否有效，决定其效用大小；制度变迁成本决定其变迁与否以及变迁的进程。第三，利益。制度的形成与变迁，从根本上说是利益博弈与平衡的结果。作为一种全新的传播方式，网络传播瓦解了传统传播方式下的利益形成机制，形成了网络传播下利益分配的新格局。利益博弈是网络传播制度形成的基本途径，网络媒体与传统媒体之间、与网络媒体之间的利益博弈促进网络传播新制度的产生和原有制度的变迁，实现利益共享是网络传播制度的变迁趋势。第四，权力。新制度经济学认为，权力是制度变迁的最终决定因素。从权力在网络传播制度形成的作用来看，它是外生性网络传播制度形成的主要动因，催生了制度变迁的初级行动团体。同时，权力也是破解网络传播困境的主要手段。第五，舆论。社会舆论推动社会制度的形成、实施和评估。网络舆论的"倒逼"机制推动政府转型，沉默的螺旋效应助推网络传播制度的形成，传染效应催生谣言多元治理机制。同时，网络舆论自身的对冲机制能净化网络媒体自身不良信息，以保持网络舆论的正确方向。第六，文化。网络核心价值是网络传播制度得以形成、巩固和持续发挥作用的价值航标，并形成制度变迁的路径依赖。网络文化构成了网络传播制度的灵魂和精神基础，直接制约、支配网络传播制度的运行及其功能的发挥。同时，网络文化还是阻碍或推动网络传播制度创新的重要力量。

　　网络传播制度的变迁是一种社会生物变迁过程。新制度经济学派受生物演化理论的启发，都很强调社会生物演化在制度变迁中的重要作用，认为任何组织与制度都是变迁的结果，制度变迁就是"制度的替代、转换与交易过程"。在既有的经济社会制度和基本法律框架下，网络传播制度的形成与变迁主要受到六大因素的影响：传播技术、传播成本、群体利益、公共权力、网络舆论、文化特征等，它们相互作用、相互渗透、相互交织，共同对网络传播制度的形成与演变产生着刚性或柔性、显性或隐性的制约和影响，构成了网络传播制度的社会生物环境的主干框架。从网络传播制度与环境的关系来看，制度的变迁就是在不断调整与适应这些社会生物环境中实现的。在变迁过程中，它的制度"基因"得到复制和传递，而且利益主体在博弈中促进效率的提高并达到相对平衡状态。本书在对网络传播制度的主要影响因素进行系统分析的基础上，提出了网络传播制度变迁的社会生物变迁模型，并对该模型进行了简单的推演。该模型表明，网络传播制度的变迁受到内生变量和外生变量的多重影响，制度的基因在变迁中得到复制和传递，博弈是新旧制度开展社会生物竞争的基本方式，制度学习与借鉴是突破旧制度基因的限制、引入新制度基因的有效替代机制。

网络传播制度的变迁，必须让诸多影响因素按照一定的互动方式相互影响、相互作用才能真正实现。因此，需要建立中国网络传播制度变迁的良性互动机制。一是健全中国网络传播主体利益充分表达机制。建立以网络传播制度主题网站或专题网页为核心的网络利益表达主渠道，形成网络表达与传统表达的互动机制，形成畅通的网络传播主体利益表达渠道；推进网络传播主体利益表达制度化，完善利益表达制度的规范体系，将利益表达的基本制度法制化；提高网络传播主体意识，推进利益表达组织化，健全网络传播行业组织，支持建立网民联盟，支持建立第三方民间组织机构；形成网络传播主体利益凝练机制；建立网络传播主体利益协调机制。二是建立中国网络传播制度绩效评估机制，可以从网络传播制度利益主体认同度变化、网络传播行业社会责任彰显度变化两个方面对中国网络传播制度的社会效益进行评估，从网络传播制度实施导致的投入/产出比变化、网络传播制度实施导致的网络传媒业成长性变化两个方面对中国网络传播制度的经济效益进行评估，从网络道德调整目标、网络伦理原则和道德规范、网络伦理系统内部各构成要素的协同程度、网络伦理规范的可实现性四个方面对中国网络传播制度的道德效益进行评估。三是建立中国网络传播制度执行力递增机制，增强制度意识，提高制度制定的科学化水平，加强制度执行的检查监督，加强网络文化建设，不断提高中国网络传播制度执行力；形成网络传播制度执行的评估标准，构建制度执行的多元主体评估体系，建立和完善制度评估的网络信息平台，努力构建起科学的网络传播制度执行评估体系。四是建立中国网络传播制度"帕累托"改进机制，逐步形成网络传播制度的有效供给机制；建立网络传播技术风险防控机制和互信机制；主动设置网络传播议程，动态追踪网络舆论，健全网络舆论引导机制；大力发展健康向上的网络文化，促进网络传播制度的有效制定和贯彻实施，建立网络传播制度与文化的互动机制。

Brief Introduction

As an inter-discipline subject, communication studies arising in the1920's and 1930's becomes one of the fastest developed subjects in the world with the help of the theories and the approaches of other disciplines, so as to be a famous doctrine. Since the 21st century, network communication has made profound impacts on the development of economy and society, and become the mainstream communication. However, with its fast development, there appear some new questions, which may stumble for the sustainable development of network communication and challenge for the supply and change of the network communication institution. As for the study on the formation of and changes in network communication institution, the academic circles have made some researches on its practice concerned, but little is about the theoretical studies. This dissertation makes studies on the formation, change mechanism of network communication institution with the aids of basic theories, especially the institution change theory of neo-institutional economics.

From theview of the network communication origin, the primal network communication institution had a kind of spontaneous order; with the network communication subjects searching for the maximum profits, there appears negative externality, which results in the generating of the endogenous institutions; meanwhile, the publicity of network communication results in the market failure, which calls for the coming of the governments' management institution, that is the exogenous institutions. Over ten years, Chinese government has set up the basic internet management institution and the network information security system, which are the multiple results of the compulsory institution change and the inductive institution change. At the beginning of Chinese network communication development, the market competition is not sufficient, so the institution supply and the change are more compulsory; with the market competition's intensifying and the substantial increase of market-oriented level, the network communication subjects have their clearer profit-making, so the institution change becomes inductive. Therefore, Chinese network communication has had a process from the compulsory change to the combination of the compulsory one and the inductive one.

The impact factors of network communication institution are complex and diverse. In addition to the socio-economic and political institution and the basic legal institution, technology, costs, benefits, power, public opinion and culture are the main impact factors on the formation and change of network communication institution. First is technology. The birth of new network media is the product of network communication technology development, and affects the institutional arrangements of network communication in the level of micro and macro-management institution; the new network technologies change the operation mode of traditional media and the media usage of consumers, which is bound to act on the changes of the network communication institution. The second is cost. The level of institution formation cost decides the need to entering into a new network communication institution, the effectiveness of the institution, the effect size of the institution, and the change process of the institution. The third is benefit. The game of benefit is the basic approach of the formation of network communication institution and benefit sharing is the main trend of the change of network communication. The fourth is power, which is the main agent of the formation of network communication institution, and breaks the plight of network communication. The fifth is public opinion. Network public opinion promotes administrative reform, helps form the network communication institution, and hastens the multiple governance mechanism. The sixth is culture. The core value of network communication is the navigation light for the formation, consolidation, and sustainable development of network communication. As an important power to impede or promote the innovation of network communication institution, the internet culture is its soul and the spiritual foundation, which restricts the operation and the role-playing of network communication institution.

As mentioned above, the formation and the change of network communication institution have six impact factors, that are communication technology and cost, interest group, public power, network public opinion, and cultures, etc, which have made rigid or soft, manifest or covert constraints and influences. So, with the quasi biological change models, this dissertation puts forward the social biological change model about the change in network communication institution. This model shows that, the formal rules are the effective factors in the change process of network communication institution, and protecting the diversities of informal rules promotes the institution efficiency mostly, and studying and introducing other institutions is the effective alternative mechanism for breaking the restrain of institution change probability.

Changes in network communication institution can be truly realized only by letting so many impact factors influence and interact with each other in certain interactive way. Therefore, we need to establish and improve the mechanism of positive interaction network communication of institutional change. First is to establish and improve a sound network communication of the full main interests' expression mechanism, including: to establish a main channel to express interests based on network communication institution as the core network, to set up the interaction mechanism of network expression with the traditional expression, to form a smooth flow of network communication channels to express the main interests, to institutionalize the expression of the main interests of the network communication, to improve the interest expression institution specification, to make the basic institution of the interests expression be law, to improve the awareness of network communication subject, to promote the interests expression organizational, to improve the network communications industry development, to support the establishment of netizens union, to support the establishment of third-party non-governmental organizations, to set up the interest coordinating mechanism, etc. The second is to establish the achievement effect evaluation mechanism of network communication institution, which can begin from the social, the economic and the moral effects evaluation. The former aims at the identities change of network communication subjects and highlighting the degree of change in social responsibility of network communication organizations; the second aims at the input / output ratio changes and the network media industry growth changes; the last includes network moral adjustment targets, network ethical principles and code of ethics, synergy degree among the elements in the network ethics system, and the realizability of network code of ethics. The third is to establish the increasing execution mechanism of network communication institution, to enhance the system consciousness, to improve the scientific level of the institutional formulation, to strengthen the network culture construction, to form implementation evaluation criteria on network communication institution, to set up the network information platform of institution evaluation, etc. The fourth is to establish Pareto improvement mechanism of network communication institution, to gradually form the effective supply mechanism of network communication institutions, to set up network technology risk prevention and control mechanism and mutual trust mechanism, to set the network agenda, to track the network public opinion dynamically, to develop the active network culture, to establish interaction mechanism between network communication institution and its culture, etc.

目 录

绪 论

一、本课题研究的理论意义和应用价值

从口头传播、文字传播、印刷传播再到电子传播、网络传播，人类传播方式的每一次跃升都以信息技术的革命性进步为支撑和前提。人类传播史表明，人类传播技术的每次创新，都导致了传播方式的革命性突破，并且给一个社会的政治、经济、文化和社会生活带来巨大的影响，推动着人类的文明不断向新的高度迈进。网络传播是人类有史以来增长最快的传播手段，它不仅影响着经济发展和社会进步，而且影响着我们每个人的生活方式和思维方式。然而，网络传播海量性、即时性、交互性、多媒体性等特性，特别是传受界限模糊性趋势决定了它与传统大众传播方式截然不同，这就提出了人类传播史上从未有过的新问题和新挑战。我们迫切需要对网络传播进行科学管理和有效引导，而其中最根本的、最具有效性和长效性的，就是要建立健全适应网络传播特点和规律的网络传播制度，避免网络传播空间成为法外之地，消除其中的灰色地带，确保网络传播的健康发展。

（一）本课题的理论意义

1. 借鉴新制度经济学关于"制度"的基础理论，拓宽网络传播制度研究的理论视野。作为一门交叉性很强的学科，传播学兴起于 20 世纪二三十年代，随后，它借助于诸多学科的研究成果，迅速成为世界范围内发展最快的学科之一，目前已然步入"显学"之列。新制度经济学的代表人物之一道格拉斯·诺斯（Douglass Cecil North）认为，技术的革新固然为经济增长和社会进步注入了活力，但如果缺乏创新制度将技术创新成果固化下来，那么人类社会长期的经济增长和社会发展是不可设想的。日新月异的网络传播技术推动网络传播样态不断创新。与网络传播的这种迅猛态势相比，网络传播制度无论从理论上还是实践上都明显滞后，这在很大程度上限制了网络传播的健康发展。采用新制度经济学理论的新视野，借鉴其制度理论和研究方法，研究、探索网络传播制度的影响因素、形成规律和变迁规律，可以有效克服仅从政策层面、操作层面研究网络传播制度的不

足，有助于真正把握网络传播制度形成和变迁的规律，对网络传播制度提供理论指导和决策参考。

2. 从新制度的视角研究网络传播制度，有助于丰富和深化网络传播控制研究。网络传播是一个庞大的社会信息系统，世界各国纷纷将其纳入社会制度的轨道。考察和分析各种制度和制度因素在大众传播活动中的作用是网络传播理论研究的重要领域，即"控制研究"（control studies）。本课题研究属于网络传播的控制研究范畴，一方面注重考察权力、文化等外生因素对网络传播制度的形成与变迁的影响；另一方面着重考察技术、成本、舆论等内生因素对网络传播制度的形成与变迁的影响。更重要的是，在此基础上，探索如何使这些因素形成良性互动机制。

3. 从新制度的视角研究网络传播制度，对于丰富并发展传统传播制度理论具有积极意义。传播制度体现了社会制度或制度性因素对传媒活动的影响和制约，它对整个社会结构和社会关系的复杂性都有体现。网络传播的技术创新和全球应用，使传统传播制度理论在解释和解决网络传播发展中的问题和困难时显得力不从心。本课题将重点研究网络传播制度的形成机制、变迁路径及其发展规律，对网络传播发展中的管理问题、规制问题与社会制度的博弈问题等重要问题进行理性思考并提出解决方案，有助于推动传统传播制度理论的丰富和发展。

（二）本课题的实际应用价值

1. 为加强网络传播管控提供决策参考。党中央历来高度重视依法治网，强调要全面推进网络空间法治化。中共十八大明确提出，"加强网络社会管理，推进网络依法规范有序运行。"中共十八届三中全会通过的《中共中央关于全面深化改革若干重大问题的决定》指出，坚持积极利用、科学发展、依法管理、确保安全的方针，加大依法管理网络力度，加快完善互联网管理领导体制，确保国家网络和信息安全。2014 年 2 月，中国成立中央网络安全和信息化领导小组，将包括网络传播治理在内的国家网络安全和信息化法治建设上升为国家战略。在中央网络安全和信息化领导小组第一次会议上，习近平总书记强调指出："要抓紧制定立法规划，完善互联网信息内容管理、关键信息基础设施保护等法律法规，依法治理网络空间，维护公民合法权益。"① 中共十八届四中全会通过的《中共中央关于

---

① 新华社：《习近平的网络安全观》，2014 年 11 月 27 日，http：//news. xinhuanet. com/video/2014—11/27/c_127255235. htm。

全面推进依法治国若干重大问题的决定》提出，"加强互联网领域立法，完善网络信息服务、网络安全保护、网络社会管理等方面的法律法规，依法规范网络行为"。中央的一系列要求，为中国加强网络法治建设、依法管网治网提供了基本遵循，为互联网法律体系的构建指明了方向。从现实来看，网络传播自身发展与相关制度建设存在着诸多矛盾和问题，特别是制度建设滞后、治理模式落后、管理方式落后等问题比较突出。本课题将针对其中的重要问题，提出相应的解决思路或政策建设，为党和国家加强对网络传播的管理和引导提供政策参考。

2. 为推动网络传播的科学发展提供思路建议。习近平总书记在第二届世界互联网大会开幕式上指出："网络空间同现实社会一样，既要提倡自由，也要保持秩序。自由是秩序的目的，秩序是自由的保障。我们既要尊重网民交流思想、表达意愿的权利，也要依法构建良好网络秩序，这有利于保障广大网民合法权益。网络空间不是'法外之地'。网络空间是虚拟的，但运用网络空间的主体是现实的，大家都应该遵守法律，明确各方权利义务。要坚持依法治网、依法办网、依法上网，让互联网在法治轨道上健康运行。"伴随着互联网的飞速发展，网络安全问题日益凸显，网络攻击、网络恐怖等安全事件时有发生，侵犯个人隐私、窃取个人信息、诈骗网民钱财等违法犯罪行为时有发生，网上"黄赌毒"、网络谣言等屡见不鲜，已经成为影响国家公共安全的突出问题。最大限度地减小这些负面影响，需要采取多种手段加以解决，而制度是其中最重要、最稳定、最有力的途径。本课题研究将提出网络传播制度的形成机理、变迁模式以及创新方法，努力探索如何在制度层面引导网络传播的科学发展。

二、运用新制度经济学制度理论研究网络传播制度的必要性与可行性

传播学是一门不断吸纳社会科学精髓而产生和发展壮大的学科。传播学集大成者和创始人、美国传播学家威尔伯·施拉姆（Wilbur Schramm）说："总结像人类传播这样一个领域的困难在于：它没有只属于它自己的土地。传播是基本的社会过程。"[①] 美国著名传播理论家埃弗雷特·罗杰斯（E. M. Rogers）认为，传播学的崛起，在很大程度上受到了进化论、精神分析理论和马克思主义的影响。芝加哥学派将达尔文的进化论思想植入

---

① ［美］埃弗雷特·罗杰斯著，殷晓蓉译：《传播学史——一种传记式的方法》，上海：上海译文出版社2005年版，第1页。

传播学的主流学派之中，现代传播也因此被当作社会进步的一种力量；批判学派和帕洛阿尔托学派将弗洛伊德的精神分析理论引入传播学领域；法兰克福学派将马克思主义和弗洛伊德理论结合起来，引入批判的传播学理论之中。从传播学的起源来看，传播学史本质上是社会科学的历史。传播学的四位先驱——哈罗德·拉斯韦尔（Harold Lasswell）、保罗·拉扎斯菲尔德（Paul Lazarsfeld）、卡尔·霍夫兰（Carl Hovland 和库尔特·勒温（Kurt Lewin）都是杰出的社会学家，分别致力于政治学、社会学和心理学，并为传播学在相当长一个时期的发展奠定了经验的、数理的和以效果为中心的三个基本方向。"传播学之父"施拉姆是玛丽埃塔学院历史和政治学学士、哈佛大学美国文明硕士、衣阿华大学英国文学博士和实验心理学博士后。正是由于他有着十分广泛的社会科学的研究视野，才使他成为传播学的奠基人和传播学史的核心人物。也正是由于传播学研究对社会科学研究成果的不断吸纳，才有了传播学发展的蒸蒸日上和气象万千。

传播学界并非没有制度经济学的理论传统。从英尼斯（Harold Innis）、斯麦兹（Dallas W. Smythe）到贝比（Robert Babe），北美传播政治经济学派早期都是从旧制度经济学的角度来研究传播现象的。旧制度经济学十分强调文化、风俗、习惯等"制度"对于经济的影响，并驳斥新古典主义只注重价格的决定性力量的主张。20 世纪 30 年代，以诺贝尔经济学奖获得者罗纳德·科斯（Ronald H. Coase）为代表的新制度经济学派提出了交易成本的核心概念。新制度经济学派认为，零交易成本的经济活动是根本不存在的。由于交易成本的存在，所以需要制定制度以降低交易费用，提高经济效率；否则，旧的制度将会被新的制度所取代。科斯一共出版了五本专著（另有两本小册子），发表了 83 篇文章（包括报纸杂志的短论）。这五本专著中，就有两本与传播业有关；一本是《英国广播：针对垄断的研究》（British Broadcasting：A Study in Monopoly，1950）；另一本是《教育电视：谁该付费》（Educational TV：Who Should Pay? 1958）；在 83 篇文章中，有 13 篇专门探讨传播业，其中最著名的是《联邦通讯委员会》①。科斯认为，任何资源或是权力指派方式都有人受益、有人受害，言论自由和广告市场也不例外。权力或资源分配最重要的依据，是社会福利的最大化（受益大于受害）。权力或是资源分配最重要的方式是有效地降低交易成本，让资源流向能够创造最大收益的人身上。在科斯看来，传播

---

① 王盈勋：《传播新制度经济学的理论基础》，《传媒与社会学刊》（香港）第 12 期。

业和其他产业一样，都可以用同样的方法来管制，但是这并不等同于所有产业的管理与法规都应该是一样的①。2010 年，台湾淡江大学资讯传播学系原助理教授（现为国立台北艺术大学教授）王盈勋提出，新制度经济学为传播研究所开辟的研究路径中，有以下问题值得我们深入探究：一是传播的制度与政策分析应该超越"公共"与"私有"二分法，更细致深入地探讨多样制度可能性。管制与市场制度的运用并非一定是冲突的，管制的目的也不是限制市场，而是降低市场交易成本，减少市场运行的制度成本。制度比较分析的基础，则是不同制度间的制度成本；二是传播经济不应该被局限为传播的产业经济学，而是应该加入传播的制度经济学，特别是传播业的产业组织研究；三是探索从传播史的角度来研究传播体制演进的可能性②。

对于网络传播制度的研究，新制度经济学为我们开辟了一个新的研究视域。一般意义上的网络传播制度研究，注重从法理和管理的角度研究网络传播制度问题。运用交易成本的理论，新制度经济学比较了各种可替代的非市场组织和制度探讨在哪些条件下应用哪些组织和制度可以以较低的交易成本实现预期的目标③。交易成本理论已经被普遍应用于社会科学研究领域。在本书中，交易成本指的是制度形成或变迁时所耗费的经济成本、政治成本、文化成本和社会成本。运用新制度经济学的相关理论，可以将网络传播制度同样划分为正式规则和非正式规则，并且有其实施机制。制度的形成与变迁受到多种因素的影响和制约，研究这些因素、探索这些因素对于制度形成和变迁的影响机制，对于制度形成或变迁的科学性和有效性至关重要。将这些理论运用到网络传播制度研究领域，或许能够成为破解网络传播制度科学性、有效性和长效性问题的一把钥匙。

三、文献综述

（一）国外研究现状

国外学者对于网络传播研究比较成熟。除传统的传播学研究范式外，国外网络传播研究主要有三种研究范式：一是网络传播的社会学研究，如

---

① 王盈勋：传播新制度经济学的理论基础，《传媒与社会学刊》（香港）第 12 期。
② 王盈勋：传播新制度经济学的理论基础，《传媒与社会学刊》（香港）第 12 期。
③ 吴东民、董西明：《非营利组织管理》，北京：中国人民大学出版社 2003 年版，第 51—56 页。

美国南加州大学传播学院教授曼纽尔·卡斯特（Manuel Castells）的网络三部曲《网络社会的崛起》《认同的力量》和《千年终结》，对网络社会的诸多问题进行了深入的关注；二是网络传播的经济、政治、社会学等跨学科研究，如英国剑桥大学桑吉夫·戈伊尔（Sanjeev Goyal）教授的《社会关系：网络经济导论》，美国学者约森纳·罗森诺（Rosenoer Jonathan）的《网络法——关于因特网的法律》、斯坦福大学教授劳伦斯·莱斯格（Lawrence Lessig）的《代码2.0：网络空间中的法律》、英国学者安德鲁·查德威克（Andrew Chadwick）的《互联网政治学：国家、公民与新技术传播》；三是网络传播的文化研究范式，如迈克尔·海姆（M. Heim）的《从界面到网络空间——虚拟实在的形而上学》，特克尔（S. Turkle）的《屏幕生活》，尼葛洛庞蒂（N. Negro Ponte）的《数字化生存》，霍尔茨曼（S. Holtzman）《数字马赛克》，巴雷特（Heil Barrett）的《赛伯族状态：因特网的文化、政治和经济》。这些著作拓展了网络传播研究的视野，推动我们深入思考正在来临的信息时代、网络时代、数字时代。但这些著作并不能被视为网络传播制度的专著，充其量只能算作相关著作。令人遗憾的是，除此之外，直接研究网络传播制度的外国文献还很稀少。

（二）国内研究现状及其趋势

近年来，国内学者撰写了多部有关网络传播管理方面的专著，如刘文富的《网络政治：网络社会与国家治理》（2002），对网络政治进行了系统和全面的研究，提出了网络政治的理论模型；郑州大学李凌凌副教授编写的《网络传播理论与实务》（2004）从理论和实务两个层面出发，通过分析网络传播对于现实社会的影响，讨论了对网络传播的控制和管理问题；华中科大钟瑛教授编著的《网络传播伦理与法制》（2006）一书，对我国互联网法规管理与道德控制进行了系统探讨；钟瑛教授与刘瑛老师合著的《中国互联网管理与体制创新》（2006）从政策、法规、伦理诸多层面对中国网络管理体制进行了探讨；南京大学李永刚副教授的《我们的防火墙：网络时代的表达与监管》（2009），阐述了中国互联网内容监管过程中的多方互动关系，对行动背后的制度与结构因素展开了深度的探寻。

随着网络传播的迅猛发展，学术界对于网络传播及其管理的研究广度和深度不断拓展。一是开展了对网络传播管理的研究，如陈健、沈献君发表于《新闻界》2007年第6期的《试论网络媒介的传播特征和管理途径》；钟瑛发表于《南京邮电学院学报》2006年第2期的《我国互联网管理模式及其特征》等。二是对网络舆论管理进行了研究，如燕道成、蔡骐发表于

《当代传播》2007 年第 2 期的《国外网络舆论管理及启示》。三是对网络传播法律法规进行了研究，如张西明发表于《新闻与传播研究》1997 年第 1 期的《电子网络出版物的法律法规建设》；四是对网络传播中的伦理道德进行了研究，如钟瑛发表于《信息网络安全》2006 年第 4 期的《网络传播中的道德失范及其制约》；五是探讨了新闻媒体网站的建设与经营，如朱秀芬发表于《商场现代化》2008 年第 1 期的《网络企业信息技术风险管理体系研究》。

从国内网络传播研究趋势来看，传播学者越来越关注网络传播制度的研究，并注重从更广阔的学科视野来检讨网络传播制度，促进制度变迁和制度创新。但是，对于网络传播制度的研究，无论是在国外新闻传播学界还是在国内，都处于探索阶段，相关学术成果描述性、解释性、对策性的较多，系统性、学理性的相对较少。鲜有从新制度经济学的学科视野对网络传播制度进行系统研究的相关成果。

四、基本思路

（一）研究目标

1. 在引入新制度经济学关于制度基础理论的基础上，探索中国网络传播制度的基本内涵、影响因素、制度形成以及制度变迁，揭示中国网络传播制度的变迁规律，提出中国网络传播制度形成的简单模型和变迁机制。

2. 针对中国网络传播制度建设中面临的一系列突出问题，根据党和国家加强网络传播管理的需求以及中国网络传播自身发展的需要，从根本性、长远性的角度，提出有预见性、战略性、可行性的对策建议。这些对策建议既着眼于当前问题的实际解决，又能够从长远的角度关注网络传播制度形成和实施的外在环境变化，促进网络传播的社会管理有效运行以及网络传播自身的科学发展。

（二）本课题研究的基本思路

第一部分，厘清传播制度与网络传播制度的基本概念，概述中国传播制度，剖析网络传播制度的基本功能，为本书研究奠定基础。

第二部分，研究网络传播制度的起源与变迁，分析网络传播制度是如何形成的，分析中国网络传播的产生与现状，探究中国网络传播制度是如何变迁的。

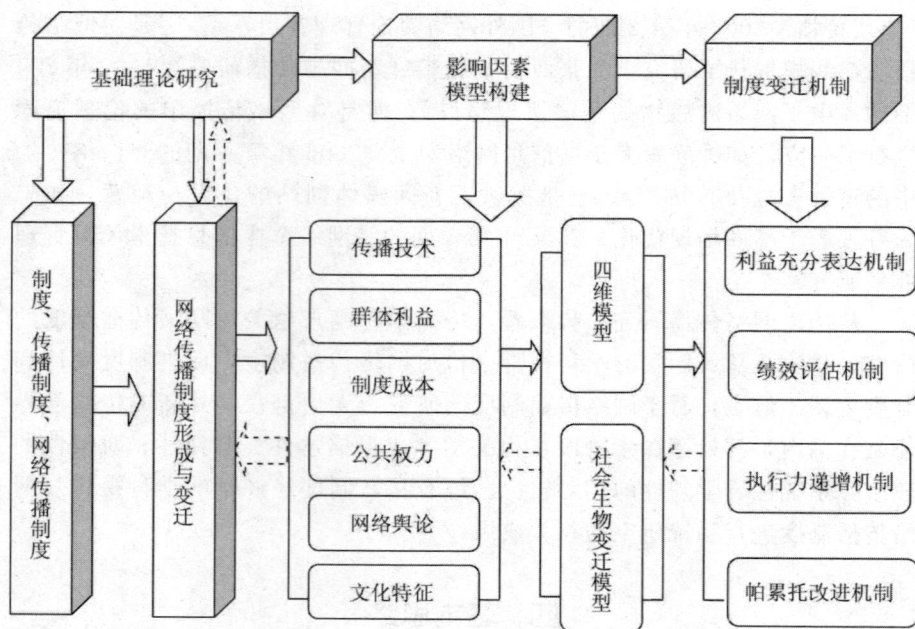

技术路线图

第三部分，重点分析网络传播制度的六大影响因素。除了社会基本法律制度这个背景制度外，网络传播制度的形成与变迁主要受六大因素的影响：网络传播技术促进网络传播制度的形成和变迁，制度成本是制度产生与变迁的核心变量，从利益博弈到利益共享——网络传播制度变迁的必然走向，权力是网络传播制度的强制性变迁的重要因素，网络舆论影响到网络传播制度形成或变迁的进程，网络文化则对网络传播制度的形成或变迁产生持久的影响。

第四部分，在第三部分的基础上，分析了媒介制度变迁动力机制，介绍了中国媒介制度变迁的"四维"模型；网络传播制度的变迁过程是一个社会生物学的演变过程，据此构建起中国网络传播制度的社会生物变迁模型，并对模型进行推演和验证。

第五部分，探索建立健全中国网络传播制度变迁的良性互动机制，一是健全中国网络传播主体利益充分表达机制；二是建立中国网络传播制度绩效评估机制；三是建立中国网络传播制度执行力递增机制；四是建立中国网络传播制度"帕累托"改进机制。

结语部分，对全文进行总结，得到结论。

五、研究方法

1. 系统分析法：由于目前对网络传播制度的研究还不够深入、全面，多为零散研究，缺乏完整的逻辑体系，因此本书将在前人研究的基础上，进行一定程度的理论抽象和逻辑演绎，得出系统的结论。

2. 文献分析法：分析现有文献资料，通过比较其异同，寻找研究进一步深入的可行路径。

3. 制度分析法：把制度本身作为变量，综合运用结构分析、历史分析和社会文化分析方法，揭示网络传播制度的影响因素及其对于制度形成和变迁中的作用机制，进而研究网络传播制度的变迁模型及其运行机制。

4. 案例分析法：本课题采用国内外网络传播制度的典型案例来支持文章的相关论点，以增强可信度与说服力。

5. 比较研究法：通过对比国内外网络传播制度，分析研究中国网络传播制度的起源、供给、变迁及其实施机制。

第一章　传播制度与网络传播制度

网络传播的飞速发展，导致了传播格局的重新建构，引起了传播制度的加速变迁。同时，网络传播自身不断创造新技术、不断涌现新的应用样态、不断突破原有的制度框架，为网络传播的管理提出了许多新问题和新挑战。"一个时代的迫切问题，有着和任何在内容上有根据的因而也是合理的问题共同的命运：主要的困难不是答案，而是问题"，"问题是时代的格言，是表现时代自己内心状态的最实际的呼声。"① 马克思早在《莱茵报》时期就曾如此揭示过"问题"的历史意义。传播发展史表明，在一种传播方式能够包容的内在矛盾突破自身之前，一定要有相应的有效制度供给和制度安排进行正确规范和引导。因此，无论依靠内生还是外生，与网络传播发展相适应的有效制度供给和制度安排都是网络传播走向良性发展的必然之举。

第一节　制度概述——一个新制度视角

恩格斯说："社会一旦有技术上的需要，则这种需要会比十所大学更能把科学推向前进。"② 社会交往越频繁、越复杂、越多样化，信息传播就越需要科学有效的制度供给和制度安排，这是社会信息传播与交换系统有效运行的重要保障。

一、制度的概念

制度（Institution）是社会科学的一个基本概念，其中经济学中的新制度经济学派将制度作为逻辑起点和核心概念进行系统研究，在制度研究中最深入、最具代表性。该学派的代表人物诺斯指出：制度是一个社会中的游戏规则，是人为制定出来的、用以约束人类互动行为的规则、守法秩序和道德伦理规范，它确立了人类在经济秩序中的合作与竞争关系。在新

---

① 《马克思恩格斯全集》第 1 卷·上，第 2 页。
② 《马克思恩格斯选集》第 4 卷，第 505 页。

制度经济学的分析视野里，制度作为一个特定的研究对象包含着丰富的内涵：

1. 制度是利益选择的结果

制度是历史发展过程中人类行为的积累和沉淀，历史上的任何一种制度，都是当时人们利益选择的结果，它一旦形成，便具有继承性和延续性。在新制度经济学的分析框架里，任何人都是在现实制度所赋予的规则或制约中从事活动或发生各种行为的，人类的社会、政治和经济活动都离不开制度，什么事能做，什么事不能做以及怎样来做实际上都是一个制度问题。人们的活动总是理性地追求效用最大化，而这种理性行为必须在一定的规则和制约条件下进行；没有这些规则或约束，就会造成追求效用最大化的行为的非理性，其结果必然是个体行为效用的低下和整个社会活动的混乱无序。

2. 制度是一种行为规则

新制度经济学派的代表人物之一、美国经济学家舒尔茨（Theodore W. Schultz）在 1968 年的《制度与人的经济价值的不断提高》一文中，为制度下了一个人们普遍认可的定义："一种行为规则，这些规则涉及社会、政治及经济行为。例如它们包括管束结婚与离婚的规则，支配政治权力的配置与使用的宪法中所包含的规则，以及确立由市场资本主义或政府来分配资源与收入的规则。"[①] 而且，舒尔茨从横向上对制度做了如下的分类：一是用于降低交易费用的制度（如货币、期货市场）；二是用于影响生产要素的所有者之间配置风险的制度（如合约、分成制、合作社、保险、公共安全计划）；三是提供职能组织与个人收入流之间联系的制度（如财产、资历和劳动者的其他权利）；四是用于确定公共品和服务的生产与分配的框架的制度（如学校、农业试验站）。在舒尔茨那里，凡是制约人们行为的政治、经济、法律、社会规则都属于"制度"。

3. 制度是一组权力束

制度具有强制性和约束性，其中法律、法规和政策是重要的制度，它们是人们"制造"或"发明"出来的，用以规范人们的活动和行为。人们长期以来形成的某些习惯行为（或惯例）是一种无形的制度，它与特定的文化模式和社会过程密切相关，对人们行为同样具有约束作用。制度是若

---

① ［美］T. W. 舒尔茨，译者：《制度与人的经济价值的不断提高》，载科斯《财产权利与制度变迁——产权学派与新制度学派译文集》，上海：三联书店 1994 年版，第253 页。

干权力构成的权力束（a bunch of rights），这些权力既可结合在一起，由一个主体行使，也可以互相分离、分割，由不同的主体行使。

4. 制度是准公共产品

公共产品是私人产品的对称，是指具有消费或使用上的非竞争性和受益上的非排他性的产品。公共产品可分为纯公共产品和准公共产品两类。纯公共产品是为整个社会共同消费的产品，如环境保护。准公共产品有两种情况：一种是具有非排他性和不充分的非竞争性的公共产品，如教育产品；另一种是具有非竞争性特征，但非排他性不充分的准公共产品，如公共道路和公共桥梁。制度是一种准公共产品，它适用于在一定范围内所有的人。制度在形成过程中，最初可能并不具"公共性"，历史上很多制度是从最初为少数人制定的规则中衍生的。从"公共性"的角度来说，制度与纯公共产品有区别。从非排他性特征来看，制度对于它制约范围内的每一个人来说都具有约束力和制约力，具有非排他性。

5. 制度需要实际载体

制度的存在要有具体的载体，即有家庭、单位、企业（或公司）、市场、国家等组织。没有具体载体的制度是不存在的，也是没有意义的。单位、企业、国家等组织都是制度的特定形式。某些制度之所以产生，并非因为它提高了人们的收益，而是提高了组织存在的合法性，所以，某一组织之所以会采用某种特定的制度形式或实践模式，是因为后者在一个更大的文化环境内具有更大的价值。

二、制度的构成

弄清制度的构成是进行制度分析的基本理论前提。新制度经济学认为，制度的构成包括三个基本要素，即：非正式规则（informal constraints）、正式规则（formal constraints）和实施机制（enforcement）。

（一）非正式规则

非正式规则也称非正规制约或非正式制度，是指人们在长期交往中无意识形成的，具有持久的生命力，并构成代代相传的文化的一部分，它主要包括价值观念、道德规范、习惯做法、伦理规范、意识形态及传统因素等，其中意识形态处于核心地位[1]。正如新制度经济学派代表人物、美国

---

① 张全忠、吕元礼：非正式规则的涵义、特征及作用，《社会科学家》2003 年第 3 期。

制度经济学家诺斯所说："我们日常在与他人发生作用时，无论是在家庭、在外部社会关系中，还是在商业活动中，控制结构差不多主要是由行为规范、行为准则和习俗来确定的。"[①] 非正式规则非常重要，它是正式规则得以实施的基本条件，同样地，正式规则在不同的社会实施其结果会截然不同，原因就在于不同的社会具有不同的非正式规则。与正式规则可能被迅速改变相反，非正式规则变迁的过程十分缓慢，无法在短期内加以改变。

（二）正式规则

正式规则是对社会经济活动进行规范而制定的一系列不同层次和不同方面的规则。正式规则主要包括政治规则、经济规则和合约，从法律条文规定到具体实施细则再到单个的行为合约，正式规则组成了系统的行为准则网络，它从不同方面、不同层次、不同角度规范和约束着人们的行为。在正式规则中，政治规则所体现的是政治利益集团的等级结构及其基本决策结构，经济规则的核心是对产权进行界定，规定如何保护和使用财产，如何获得收入的权利，如何转让资产或资源等。合约是在社会交换中对一个具体决议的特定条款。诺斯认为，政治规则会导致相应的经济规则，例如，宪法规范着一切经济规则，产权和单个合约也是通过政治决策来界定与实施的。但他同时认为，经济利益结构也将影响政治结构，在均衡状态下，一个给定的产权结构与特定的政治规则及其实施机制一致。政治规则与有效产权的形成有着密切的关系。产权在设计一项规则使产权的预期收益大于其成本的情况下才会出现，政治规则的有效性是决定产权有效性的关键。"如果政治交易费用较低，且政治行为者有准确的模型来指导他们，其结果就是有效的产权"[②]。社会越复杂，越能提高正规制约的效率，因为规则的制定和实施需要成本和费用，规则使用的范围越广，越能降低规则实施的边际成本。正式规则与非正式规则间存在着紧密的关系。正式规则能提高非正式规则的有效性，而非正式规则又会在一定程度上降低获得制度制定的相关信息、进行监督和实施的成本，因而，非正式规则在解决更复杂问题时，显得十分有效。对于个体而言，正式规则是一种来自外部的约束，规定人们应当做什么、可以做什么、不可以做什么，并且具有强制性。而非正式规则虽然也是来自外部，但要通过内化为个体的价值观、信

---

① 王雷、韦海鸣：论 FDI 对西部制度变迁的影响及对策，《科学管理研究》2003 年第 2 期。

② ［美］道格拉斯·C. 诺斯著，刘守英译：《制度、制度变迁与经济绩效》，上海：三联书店 1994 年版，第 70—71 页。

念、道德等才能发挥作用，其实施主要依靠舆论监督和内心自制。同时，正式规则发挥作用要与非正式规则相容，二者之间相互作用、相互影响，其实是难以分割开来的。

（三）实施机制

一个制度是否有效，除了正式规则和非正式规则外，还要看规则的实施机制是否健全。没有实施机制，任何一种规则，尤其是正式规则由于无法真正落到实处，就变得形同虚设。从这一角度看，"有法不依"比"无法可依"更糟。历史上的很多制度就是因为没有建立起与法律规则相配套的实施机制，使规则无法实施，以至于出现了以"人治"代替"法制"的现象。在社会经济生活领域，交易成本很高，从欺骗和违约中获得的收益可能大于从合作中获得的收益，因此，建立实施机制是必要的，这就是通过规则的实施为合作者提供足够的信息，监控合约的履行和实施。实施机制之所以建立，是因为人类社会的交换活动的复杂程度不断提高。在人类最初的交换活动中，交换很简单，交易的衡量成本非常低，交易中的"搭便车"行为非常少甚至没有，合约的履行一般都很顺利，此时，实施机制没有存在的必要。当人类交换活动越来越复杂，"搭便车"现象普遍存在时，就迫切需要建立实施机制以督促合约的履行。当从事违约行为的收益大于合作和遵守合同的收益时，交易行为人就会选择违约；当从事违约行为的收益小于合作和遵守合约的收益时，交易行为人自然会选择履约。有效的实施机制会大幅提高违约成本，使交易中任何一项违约行为的收益都明显高于违约成本，这样，违约行为就会减少乃至消失。

三、制度的起源

制度是一系列正式规则和非正式规则组成的规则网络，它约束着人们的行为，减少专业化和分工发展带来的交易费用的增加，解决人类所面临的合作问题，创造有效组织运行的条件。以往的经济理论都把制度看成资源配置的外生变量，从而只能说明竞争，而不能说明合作带来的效率。但现代经济学的分析表明通过合作方式解决争端所达成的效率总是最大的。那么，制度是如何起源的呢？新制度经济学在理论模型中引入制度变量后，就能说明竞争的双方为什么要进行合作，如何才能实现合作。

（一）"囚犯困境"模型

1. "囚犯困境"（prisoner's dilemma）

1950年，世界最负盛名的决策咨询机构美国兰德公司的梅里尔·弗勒德（Merrill Flood）和梅尔文·德雷希尔（Melvin Dresher）拟定出困境理论，艾伯特·塔克（Albert Tucker）以囚犯方式阐述，并命名为"囚犯困境"。经典的囚犯困境如下：

警方逮捕甲、乙两名嫌疑犯，但没有足够证据指控二人入罪。于是警方分开囚禁嫌疑犯，分别和二人见面，并向双方提供以下相同的选择：

若一人认罪并作证检控对方（相关术语称"背叛"对方），而对方保持沉默，此人将即时获释，沉默者将判监10年。

若二人都保持沉默（相关术语称互相"合作"），则二人都判监半年。

若二人都互相检举（互相"背叛"），则二人都判监2年。

用表格概述如下（见表1—1）：

表1—1 囚犯的困境选择

囚犯甲 囚犯乙	坦白	不坦白
坦白	（−2，−2）	（0，−10）
不坦白	（−10，0）	（−0.5，−0.5）

囚犯困境反映的是个人最佳选择而非团体最佳选择。虽然困境本身只属模型性质，但现实中的价格竞争、环境保护等方面，也会频繁出现类似情况。囚犯困境表明，囚犯们虽然彼此合作，坚不吐实，可为全体带来最佳利益（分别只有半年监禁），但在资讯不明的情况下，因为出卖同伙可为自己带来利益（缩短刑期），也因为同伙把自己招出来可为他带来利益，因此彼此出卖虽违反最佳共同利益，反而是自己最大利益所在。但实际上，执法机构不可能设立如此情境来诱使所有囚犯招供，因为囚犯们必须考虑刑期以外的因素（出卖同伙会受到报复等），而无法完全以执法者所设立之利益（刑期）作考量。

2. 合作的起源：关于财产问题

贝茨（R. H. Bates, 1983）设想过无国家、社会的两个大家庭的情形。X和Y，每家都拥有同样的武力潜能和侵犯倾向，都拥有相当于10头牛的净财产。每家都有两种行为选择：侵犯对方行为A，不侵犯对方行为N。

两个策略的收益与另一家的策略选择有关，因而就有四个可能的结果①。表1-2就是一个假设的收益矩阵：

表1-2　囚犯困境选择矩阵表

		A（侵犯）	N（不侵犯）
家庭Y的选择	A（侵犯）	（4，4）	（18，2）
	N（不侵犯）	（2，18）	（10，10）

　　X、Y实现均衡的选择有两种：一是X、Y同时选择不侵犯策略N，使财富总量达到20头牛并两家平分；如果双方同时选择侵犯策略A，由于侵犯过程中资源被消耗了，财富总量降为8头牛，也同样由两家平分。如果只有一方采用侵犯策略，则两家总财富不变，但从（10，10）的分配变成了（2，18）或（18，2）的分配。在不知道对方行动策略的情况下，要求每一方都作出不可更改的选择，就会导致"囚犯困境"。这时，不管对方采取什么策略，每一方选择侵犯策略可以使他的期望财富达到最大化，因为存在4＞2或18＞10，于是，均衡的结果便为（A，A）。这就是说，双方采用非合作而不是选择合作的情况下，财富分配的结果是一种"纳什均衡"，即（4，4）②。

　　解决这个基本的社会困境可以有两个办法：一个是让两个家庭反复博弈而不是一次性博弈。从长期来看，在一个囚犯困境多重博弈中，交易双方会发现，相互对抗的机会成本会远远大于合作的预期收益；单方的侵犯会招致对方的报复。只要博弈不是有限次，那么理性的和追求财富最大化的家庭终会选择非暴力，这样，最优的结果（10，10）便会实现。二是通过一个第三者传达信息，从而解决了信息不对称问题，使二者可以理性地作出（10，10）的最优选择。

　　3. 合作问题：引入非经济因素

　　在"囚犯困境"的博弈中，有两个疑问尚未解决。一是博弈论的运用假定，个人选择什么样的策略、从各种可能的事件中获得的收益情况事先是可知的，遭到对方的报复也是明确的。但是，在实际中，结果并不一定可知。二是影响个人目的和目标设定的因素没有受到重视，特别是传统、习惯、观念等非经济因素被忽视掉了。所以，社会合作问题的解决，需要

---

① 罗必良：学习机制、意识形态与社会经济发展，《广东社会科学》2002年第1期。
② 罗必良：学习机制、意识形态与社会经济发展，《广东社会科学》2002年第1期。

加上一些非经济因素（如习俗等）和社会因素（如忠诚、声誉等）来限制个人行动。于是，制度便应运而生。

（二）科斯的制度起源论：交易费用

交易费用是罗纳德·科斯的制度起源理论的核心范畴。传统经济理论总的来说是论述无交易费用（或零交易费用）时的经济活动及其规律的。实际上，社会经济生活中的交易费用是相当大的。沃利斯和诺斯（Wallis and North）已经估计出交易费用为 GNP（国民生产总值）的 50％左右[①]。科斯指出，在交易费用为零时，任何一种制度安排只对财富或收入的分配有影响，而对产出的构成，亦即对资源配置没有影响，有效率的结果总可以通过无代价的市场谈判达到。在交易费用大于零时，制度安排不仅对分配有影响，而且对资源配置，及其对产出的构成有影响。因为在某些制度安排下会产生较高的交易费用，从而使有效益的结果不能出现。交易费用的存在必然导致制度的产生，制度的运行又有利于降低交易费用。没有制度约束，斯密"看不见的手"的作用带来的可能不是繁荣，而是社会经济生活的混乱。制度和现存技术水平决定了交易和转型成本，二者之和等于生产成本。新制度经济学认为，竞争性市场的规范模型隐含了一个严格的要求，当存在明显的交易费用的时候，随之而来的市场制度就被制定出来，以引导交易人获得使之具有正确模式的信息。这就意味着制度不仅被制定出来以获得有效率的产出，而且因其在经济实绩中不单独起作用而在经济分析中可能被忽略。交易费用和制度分析的引入，使整个西方微观经济学理论发生深刻的变化。

（三）制度起源：一种社会控制方法

如果不对人力资源、物质资本和自然资源的自由使用进行约束，那么没有一个社会能够生存。在原始社会里，在恶劣的环境中，原始人无法依靠个体的力量在大自然的肆虐中获得生存，因此人类不得不把一切资源都集中起来，形成了原始的共产主义社会。也正因为人类是长于合作的群居动物，才使自身得以生生不息、长盛不衰。正如荀子所言，人"力不若牛，走不若马，而牛马为用，何也？曰：人能群，彼不能群也"[②]。只有在社会生活中，个人的聪明才智才能够得到全面的发展，个体的价值才能够得到充分的实现，人类才能够世世代代繁衍生息，才能够不断向前发展。

---

① 卢现祥：《西方新制度经济学》，北京：中国发展出版社 2003 年版，第 40 页。
② 《荀子·王制》。

但是，人毕竟不像蚂蚁那样具有天生的群居本能，在自然禀赋上，人似乎具有强烈的自我中心性格，虽然人的体格相对脆弱，因此迫使他寻求合作，但是他的不受羁勒的内心力量会使他破坏与同伴之间的合作关系。经过漫长的反复学习，人类学会了三种办法来控制社会，以防止社会可能面临崩溃的危险。

第一种办法：利用传统观念来组织社会。传统观念保证了一个社会的稳定。它在不断地重复中养成了习惯、形成了惯例；不断地交流与学习，形成了习俗、文化与传统，与环境的不断博弈，形成了认知体系，从而构建了意识形态。因此，传统观念一方面为合作提供了合理性辩护，另一方面也同时对合作中的个人提供了一套约束。

第二种办法：利用强制来控制社会。维护社会存续，利益协调的重点是关照弱势群体的利益。而任何在社会生产生活中占主要地位的主体，都不可能轻易让渡利益。因此，必须依靠社会强制，通过武力或武力威胁、权力或权威的强制来建立和维护社会基础秩序。它通过强制性手段实现社会控制，通过处罚使违令者付出高昂代价，由此保证社会的持续存在。

第三种办法：用制度来控制社会。社会的形成和发展，要有制度来进行控制，否则社会秩序混乱无序，更不可能发展成繁荣昌盛的社会。目前人类社会先后形成了原始制度社会、奴隶制度社会、封建制度社会、资本主义制度社会和社会主义制度社会，未来有共产主义社会或其他类型的高级社会形态。马克思主义认为，社会制度是随着社会生产力的进步而变迁的，出现先进的社会生产力，就会出现相应先进的社会制度，否则社会就会容易发生混乱，会被其他先进的社会制度所取代。社会先进生产力跟社会制度是相辅相成的，先进的社会生产力会促进社会制度的发展，先进的社会制度也会促进社会生产力的进一步发展。例如：在现有制度的管理下，人类研究出很多先进的科学技术，发明了电脑、火箭、互联网、核能等。反之，社会生产力的发展需要与之相适应的先进的社会制度，否则，就会被其他先进的社会制度所取代。

四、制度的功能

制度有哪些功能，是一个难以简单概括的问题。林毅夫认为，制度提供了安全（对付不确定性）与经济（规模经济与外部效果内部化）两方面的功能服务。张春霖则认为资源配置功能与行为动力功能是制度的两个基本功能。刘世锦则将制度的功能分为激励、配置、保险和约束四个方面的功能等[①]（见表1—3）。

表1—3　制度的激励、配置、保险和约束功能

行为　＼环境	追求自身利益	偏好多样性	有限理性	机会主义倾向
资源稀缺性	激励	配置	—	—
机会成本	激励	配置	—	约束
规模经济	—	配置	—	约束
资产专用性	—	—	保险	约束
复杂性与不确定性	—	—	保险	约束

　　总体来说，制度决定了社会和经济的激励结构。虽然对于制度的具体功能有不同的观点，但一般而言，制度功能至少应包括以下五项基本功能：

　　1. 降低交易成本。过高的交易成本会减少交易者的收益，阻碍交易的正常进行，从而使正常的交易量减少，使市场主体主动寻求交易的激励弱化，从而阻碍资源的有效配置。有效的制度能降低市场中的不确定性、抑制人的机会主义行为倾向，从而降低交易成本。

　　2. 服务经济。舒尔茨指出，制度的功能就是为经济提供服务。每种制度都有其特定的功能和经济价值，如用于降低交易费用的制度，用于影响生产要素的所有者之间配置风险的制度，用于提供职能组织与个人收入流之间的联系的制度，用于确立公共品和服务的生产与分配的框架的制度。为适应人的经济价值提高的制度滞后，相关立法和法律就是为适应由人的经济价值提高所致的制度的压力与限制而作出的滞后调整[②]。

　　3. 促进合作。制度为人们在广泛的社会分工中的合作提供了一个基本的框架。通过规范人们之间的相互关系，减少信息成本和不确定性，制度能够促进合作的顺利进行。从这一角度来讲，可以说制度就是人们在社会分工与协作过程中经过多次博弈而达到的一系列契约的总和。制度为人们在广泛的社会分工中的合作提供了一个基本的框架，通过规范人们之间

[①]　参见马基伟：《政府管理创新与经济发展软环境研究》，北京交通大学硕士学位论文，2009年。

[②]　杨芳、雷琼：制度的功能及其对产业发展的影响分析，《综合竞争力》2011年第4期。

的相互关系，减少信息成本和不确定性，从而促进了合作的顺利进行。

4. 减少不确定性。经济活动所面临的环境总是复杂的和多变的，充满了不确定性。制度的功能就在于力求减少这种不确定性。制度通过对人们经济活动进行规范和约束，就能在很大程度上减少不确定性。如产权规属于一种重要的经济制度，人们设置的产权、设计种种的产权规则等，都具有对付不确定性和复杂性，以克服人类理性不完全的功能。正如诺斯所言："制度通过向人们提供一个日常生活的结构来减少不确定性。……用经济学的行话来说，制度确立和限制了人们的选择集合。"[①]

5. 降低负外部性。外部性是指一个人或一群人的行动和决策使另一个人或一群人受损或受益的情况。正外部性是某个经济行为个体的活动使他人或社会受益，而受益者无须花费代价，负外部性是某个经济行为个体的活动使他人或社会受损，而造成外部不经济的人没有为此承担成本。许多负外部性的产生在于产权界定不清，制度的建立在一定程度上可以降低负外部性，使个人理性不断逼近集体理性。

五、制度的绩效

之所以设计出制度，就是为了降低交易成本，以获得更好的收益。而不同制度安排下的经济绩效是不一样的。制度是否能够达到预期的目的，就需要对制度的绩效进行评估。新制度经济学派的代表人物诺斯认为，制度对经济增长起着决定性的作用，"我把经济史的任务理解成解释经济在整个时期的结构和绩效。所谓'绩效'，我指的是经济学家所关心的、有代表性的事物，如生产多少，成本和收益的分配或生产的稳定性。"[②] 诺斯认为，制度的绩效有高低之分：效率高的制度资源配置较为合理、浪费较少、经济增长率较高、人民生活水平提高较快和满足程度较高，效率低的制度资源配置不当、浪费或闲置严重、生产增长率较低、人民生活水平提高不快。我们很难用精确的方法来量化制度的绩效，越来越多的理论家们开始认识到，发展中国家与发达国家的差异主要是一种制度上的差异，也就是讲，发展中国家在制度（包括法律制度等）上落后于发达国家。制度

---

① 杨芳、雷琼：制度的功能及其对产业发展的影响分析，《综合竞争力》2011 年第 4 期。

② ［美］道格拉斯·C. 诺斯著，厉以平译：《经济史上的结构和变革》，北京：商务印书馆 1992 年版，第 5 页。

瓶颈使发展中国家的各种要素难以通过市场机制有效地配置。

美国经济学家保罗·R. 格雷戈里（Paul. R. Gregory）和罗伯特·C. 斯图尔特（Robert. C. Stuart）提出了六个评价经济制度绩效的标准：[①]

第一，经济增长，这是应用最广泛的经济绩效指标，指在一定时期内某一经济创造的产出量的增加或人均国民产值的增加。

第二，经济效率，指一个经济体制在特定时点（静态效率）或在一定时期内（动态效率）对可获得的资源（包括知识）的有效利用。效率的概率可通过生产可能性曲线得到说明。静态效率指在某一时点上不需要增加或获得的资源就能够生产更多的生产资料和消费资料，动态效率指一个经济体制在不增加资本和劳动投入的条件下而能提高一定时期内生产和劳务的能力。

第三，收入分配，通过著名的洛伦茨曲线或基尼系数来计量。

第四，稳定性，指不存在经济增长率的重大波动，保持可接受的失业率，避免过高的通货膨胀率，而不管通货膨胀和失业是否周期性。

第五，发展目标，这是个复杂的指标，因为实现了前面的四项目标（特别是经济增长），也就实现了这一经济体制的发展目标。

第六，维持国家生存，要求具有能够对威胁国家生存力量进行反击的政治、军事和社会实力。从经济观点看，要维持国家生存，就要求能把足够的人力资源投入国防（在充满敌对的世界中），以防御外部力量对这些体制的颠覆。它还需要高度的内部团结和强盛，以避免经济体制的内部崩溃。

第二节 传播制度概述

传播制度体现了社会制度或制度性因素在各个方面对传播媒介活动的制约和影响。经过长期发展，中国传播制度初步形成了由正式规则、非正式规则和实施机制构成的相对完整的体系。

一、传播制度的概念

传播制度就是社会制度中对大众传播活动直接或间接地起着制约和控

---

① 参见程恩富、任绍敏：西方学者关于计划社会主义绩效的分析，载《中国海派经济论坛》（2001），上海：上海财经大学出版社 2001 年版，第 246—260 页。

制作用的部分，一定的社会制度对大众传播的控制体现着与之相一致的传播制度。传播制度作为社会制度在大众传播领域的应用和反映，其内容十分繁杂，它体现了社会制度或制度性的因素在各个方面对传播媒介活动的影响和制约。传播制度研究既包括诸如媒介与政府之间的关系这种宏大的问题，也对一些较为微观的问题如媒介与社会群体以及广大受众的关系予以关注；既包括言论出版的自由与权利这种抽象的问题，也包括言论出版者所应承担的责任和义务等具体的问题。因此，可以说传播制度对社会整体结构和所有关系的复杂性都有所体现。

传播媒介特别是大众媒介，因为其拥有强大的社会影响力，所以传播媒介的发展一直被纳入一定的社会规范、制度中进行约束，由此形成不同的传播制度。传播制度中一项核心内容就是政府与大众媒介的关系，不同的传播制度，传播媒介与政府关系不同。在古代以及近代时期，传播制度应属于极权主义范围，政府对传播媒介的发展采取的是干预主义的态度，政府与传播媒介是政治威权下绝对的控制与被控制的关系：古代中国民间"小报"屡遭朝廷查封、禁止，在近代印刷技术出现后，英国王室对印刷有"特许制度"，甚至通过"印花税"来控制印刷媒体的生存，擅自印刷报纸的行为会遭到残酷镇压。在极权主义传播制度中，传播媒介与政府之间的关系是：媒介的存在与发展受到政府的严密干预，传播媒介是政府或执政者权力的附属物。

进入近现代社会后，西方资本主义国家通过民主革命，确立了"出版自由"的理念，提出人人都有自由出版的权利；美国的宪法第一修正案规定，国会不得制定剥夺人们言论和出版自由和法律，这意味着人们有权使用各种媒介或方式接受信息，并将自己的思想、观点、主张、看法、信仰、信念、见解等传播给他人或社会而不受无端、非法干涉、约束或惩罚。总体来说，进入现代社会以后西方各国无论信奉自由主义还是社会责任的传播制度，政府与大众传播媒介之间的关系，已不是如中世纪以及近代时期的威权严密控制与被控制的关系，大众媒介被广泛地看作"第四种权利"，与政府公权力之间处于平衡状态，政府只能依法规范传播媒介的发展。政府的行为是规范性的和法律约束下的。无论是1844年美国人莫尔斯发出世界上第一条电报，还是到后来广播、电视的出现，政府对不同时期新媒介的出现和普及一直紧守约束，不进行干预，西方政府没有制订所谓的规划、计划来普及报纸、电讯社、广播电台、电视传播。而社会主义的传播制度中对公民的出版自由也予以肯定，虽然大众传播媒介是属于国有，在国家对大众传播媒介进行完大规模建设后，政府与大众传播媒介的关系也处于稳定状态，即通过法律与行政管理，侧重媒介的政治管控。

二、传播制度的规范理论

作为传播制度的规范理论（normative theory），应当解决好以下问题：①媒介是只传播能够赢利的内容，还是应当肩负起应有的社会责任？②媒介是否应当提供必要的公共服务？③媒介是否应该参与到社会问题的识别和解决中去？④媒介是否应该作为"看门狗"，保护消费者不受商业欺诈和腐败官僚的侵害？⑤应该如何组织媒介的管理和生产工作？⑥应该使用何种道德伦理标准去指导媒介从业者？1956 年，美国传播学之父威尔伯·施拉姆教授（Wilbur Schramm）等三位长期从事新闻学的研究者在研究大量的新闻应用及实践后认为：报刊总是带有它所属社会和政治结构的形式和色彩，特别是报刊反映一种调节个人和社会关系的社会控制方式，因而提出"四种理论"：集权主义理论、自由主义理论、社会责任理论和苏联共产主义理论。后来，随着媒介与政府、与社会关系的变迁，又相继产生了发展媒介理论、民主参与理论和新自由主义理论。

（一）集权主义理论

集权主义理论（authoritarian theory）也称"独裁主义报刊理论"，是主张由政府对报刊活动实行严密控制的专制理论。该理论是一种早期西方报刊理论，是在印刷术发明不久的文艺复兴后期的集权主义气候下的产物。该理论在哲学思想和理论观点上受到希腊哲学家柏拉图（公元前 427－347年）、意大利政治家马基雅弗利（Niccolò Machiavelli，1461－1527）和德国唯心主义集大成者黑格尔（1770－1831）的影响。集权主义报刊理论反映了"民可使由之，不可使知之"文化专制主义的思想观念，宣扬统治者"英明"，视报刊为政府的一项特权，未经政府许可并发给证明，任何人不得创办报刊；强调报刊的功能和活动应受到控制和管理，其报道言论须支持政府、维护安定，反对言论多样性和多元化拥护新闻检查，使报刊完全成为统治者的工具；政府对报刊实施新闻检查，报刊公布公众应该知道的事情和应该支持的政策和决定，不进行政治或政策问题的讨论，传播消息、意见和思想，必须促进国家目标和政策的实现，不得损害国家利益；政府积极参与报业，经办官方报刊，也可以补贴私营报刊，以此达到控制的目的。集权主义报刊理论重视国家和民族利益，认为它们也是人民整体利益的重要组成部分。但它否定人民的聪明才智和创造力，否定人民应有的民主权利，否定组织社会的革新和发展。

集权主义理论到德国法西斯时期发展到登峰造极的程度，纳粹党头目认为所有的报刊、广播、电影、艺术、文学都必须无条件地为法西斯政权的宣传目的和野蛮哲学服务，每一项课题、每一张报纸都必须送宣传部审查，经其认可，方可问世。随着德国法西斯政权的灭亡和第二次世界大战的结束，这一理论的影响已大大衰弱了。

（二）自由主义理论

自由主义理论（liberalist theory）强调新闻业不受政府干预的新闻观念。它是以"天赋人权"为主导思想提出的理论，在资产阶级民主革命时期和资本主义社会前期的新闻学中占主导地位。该思想渊源于法国哲学家R. 笛卡儿、英国思想家 J. 弥尔顿、英国法理学家 J. 厄斯金、美国政治家T. 杰斐逊、英国哲学家 J. S. 密尔顿等人的思想和学说。早期的自由主义者认为，如果个体能挣脱教会和国家对传播活动的专断控制，他们将会"自然"地接受良心的指引，探寻真理，参与公众辩论，最终为自己和他人创造更美好的生活。他们坚信不受限制的公共辩论和讨论的力量会发展出更自然的建构社会的方法。1644 年，约翰·弥尔顿（John Milton）在其自由主义论著《论出版自由》（Aeropagetica）提出了被视为"自由至上主义"的中心教义："虽然各种学说流派可以随便在大地上传播，然而真理却已经亲自上阵；我们如果怀疑她的力量而实行许可制和查禁制，那就是伤害了她。让她和虚伪交手吧。谁又看见过真理在放胆地交手时吃过败仗呢？"[①] 他们认为理性是判断是非的标准，主张任何人都可以不受限制地传播新闻和发表意见，在"观念的自由市场"中，通过"竞争"使正确的意见最终得到承认，反映了自由竞争时期资本主义的经济利益和政治需要。进入市场经济时代，自由主义出现了新形式——观点市场（marketplace of ideas）。这种观点认为媒介应当被看成一个具有自我调节（self－regulating）功能的观点市场，应该把所有的观点呈现给公众，公众可以从这个"市场"中选择最好的。

（三）社会责任理论

社会责任理论（social responsibility theory）主张用媒介产业的公共责任心取代媒介的完全自由以及对媒介施加的外部控制。19 世纪中期，在自

---

① ［英］约翰·弥尔顿著，吴之椿译：《论出版自由》，商务印书馆 1958 年版，第 46 页。

由主义理论的指导下的资本主义传播活动产生了两大危机：一是为了追逐商业利益或政治利益，一些组织、机构和个人滥用新闻自由的现象越来越严重和普遍；二是新闻事业高度垄断，广大公众越来越依赖新闻工具，而新闻工具的所有权越来越集中在少数垄断资本集团手里。媒体集中和垄断的加剧，使资源被少数人所控制，而多数人则逐渐失去了表达思想的手段和机会。在利益的驱使下，报业屈从于大企业广告主的操纵，虚假新闻层出不穷，广告泛滥成灾，新闻报道常常危及社会公德和个人隐私，甚至报纸有时还会对抗社会变革。这时的新闻与原先的自由主义理论所标榜的崇高理想背道而驰，报纸往往成为混淆视听、模糊是非道德标准的帮凶，它带来了不少的社会问题，引起了人们对传统自由主义理论的不满与反思。社会责任理论就是在这种背景下，作为对传统新闻自由理论的修正而出现的。

20世纪40年代，美国和英国先后进行了两次有关新闻事业的调查活动。在时代公司的资助下，以芝加哥大学校长哈钦斯为首的新闻自由委员会对美国新闻自由的现状和前景进行了一番调查分析，并从1947年起陆续出版了一个总报告（题为"一个自由而负责的新闻界"）和六个分报告，提出了一系列新的观点和主张。1947年，英国议会设立的皇家报刊委员会就报业垄断情况进行了调查，事后提出了改进建议，在一定程度上补充和支持了美国新闻自由委员会的观点。这样就形成了西方社会责任理论的基本框架。在威尔伯·施拉姆主编的《报刊的四种理论》一书中，美国伊利诺大学传播学院院长彼德森执笔了"社会责任传播理论"这一部分。自由主义者认为，大众媒介的目标在于反映世界的全貌，加之人的理性可以把真理从谬误中分辨出来，因此报纸可以发表伪善、虚假的意见、观点等。彼德森对此进行分析研究，结果表明：实际上，人并非道德的恪守者，传播者也无法时刻保持高度的道德感。在言行上，人的表现并非完全合乎理性；受传者也往往经不起诱惑，他们易于堕落，对于媒体上出现的不道德事物，会不假思索地接受。因此，大众媒介必须负起一种责任，对于超乎常人抵御能力的诱惑应该作适当的处理。如同埃弗雷特·丹尼斯所描述的那样："我们所拥有的应该是一个社会责任的体制。在这个体制中，新闻业享有某些权利，同时也承担责任和义务。"彼德森认为，自由与责任同时存在，大众媒介在宪法的保障下享有特殊的地位，相应地，它也须承担社会责任，并对社会恪尽职守。大众媒介如能恪守自身的责任，并以之为经营的基础，则自由制度当能满足大众的需要。反之，若大众媒介无法恪尽己责，其他团体便应出来干预，使其社会责任得以履行。1957年，随着施

— 25 —

拉姆《大众传播的责任》的问世，社会责任传播理论逐渐为世人所知，从此新闻界开始了以"自由与责任"为主题的社会责任传播理论研究和思想传播。

社会责任理论的基本原则是：第一，媒介应该接受和履行对社会的特定义务；第二，这些义务主要通过制定关于信息性、真实性、准确性、客观性和平衡性的高度或专业化标准而实现；第三，媒介应该在法律和已有规章制度的框架内进行自我规范。社会责任理论强调媒介和受众的责任，允许政府合理地控制媒介，但也限制政府对媒介运作的介入，重视差异和多元化，帮助"少数派"，呼吁媒介从业者和受众的理想主义，与美国的法律传统一致。但这种理论对媒介履行责任的积极性和个体的责任心过于乐观，低估了利益驱动和竞争的力量，努力使现状合法化。

（四）苏联共产主义理论

西方国家的新闻媒体是独立于政府、国会、最高法院之外的"第四等级"，在国家的政治生活中发挥着重要的影响。苏联的媒体则大大不同。它是苏联共产党的耳目、喉舌，是当局实现其共产主义目标的工具，从属于"第一等级"。施拉姆认为，苏联媒体是作为国家政权来使用的工具。它们是与国家政权的其他工具及党的影响密切结合在一起的，是在国内和党内实现统一的工具，是国家和党发布指示的工具，是专用于宣传和鼓动的工具，它们的特点表现在严格地强制的责任。① 作为一个有效的国家机器，苏联媒体的性质应该是"宣传者、组织者和鼓动者"；作为负责的工作，负有极大的责任并享有法律赋予的"自由"。施威尔伯·施拉姆认为，这一理论既是集权主义的变体，也可以从马克思那里找到它的"根"，在列宁和斯大林的花园中看到它的"茎"。在施拉姆的笔下，苏维埃国家的大众传播媒介被描述为：大众传播媒介与组织传播媒介不可分割；大众传播媒介是作为国家和党的工具来使用的，并作为党实现统一的工具、发布"指示"的工具；它们几乎是专用于宣传和鼓动；传播者被强制性地要求承担严格的宣传责任；它们由国家经营和控制；传播者的自由和责任也不可分地连在一起。施拉姆曾撰写过许多较为客观、公正的学术著作，但他在这一理论的分析上则带有明显的片面性、主观性和"冷战"色彩。而英国人丹尼斯·麦奎尔（Denis McQuail）的分析则冷静得多："毫不奇怪，该理论并不赞成自由表达，但它建议传媒在社会上和在世界上发挥积极作

---

① ［美］施拉姆等：《报刊的四种理论》，北京：新华出版社1980年版，第148页。

用，非常重视文化和资讯，重视经济和社会发展的任务。"而且，"它在其祖国，也在很大程度上被抛弃。"

（五）发展媒介理论

该理论主张，除非一个国家已经被很好地建立起来，它的经济已步入正轨，否则媒介对政府必须支持而非批评。民主参与理论提倡媒介在"草根"层面上支持文化的多元性。20 世纪 80 年代初，麦奎尔对这一理论进行补充，又提出"发展媒介的理论"和"民主参与的理论"。"发展媒介理论"主要是针对第三世界国家。他认为发达的大众传播体系必须具备以下特征：完善的大众传播基础结构（如印刷条件、通信设备等；受过专业训练的大众传播的职业工作者；经济和文化的资源；能够获得大量的受众。该理论的基本要点是：大众传播媒介必须在符合国家政策的前提下，接受和执行积极的发展道路；根据经济和社会发展的需要，大众传播谋介的自由应该接受限制和约束；大众传播媒介必须优先考虑其传播的内容对民族文化和语言的影响；大众传播在所传播的新闻和其他信息中应重点强调那些与本国在地理上、文化上、政治上联系较紧密的其他发展中国家的内容；大众传播从业人员在新闻采访和传播过程中，既享有自由，又要负责任；为了发展的最终利益，国家有权干涉或约束大众传播媒介的管理，有权采取各种检查制度。国家给予大众传播媒介经济上的资助，或者直接控制也是正当的。

（六）民主参与理论

民主参与理论也称受众参与理论，是在在美国和欧洲、日本等一些发达国家出现的一种新的媒介规范理论。20 世纪 70 年代以后，随着人类社会信息化的发展，一方面，使信息与传播的问题在社会政治、经济、文化生活中的作用越来越重要，并与每个社会成员发生了越来越直接的联系。另一方面，现实的媒介垄断使传播资源越来越集中在少数人手中，在资本主义的排他性私人占有制下，一般民众接近和使用传播媒介的机会越来越少。民主参与理论正是在一般民众要求自主利用媒介的意识不断提高，而现实中又缺乏可以利用的传播资源的矛盾状态下出现的。在民主参与理论诞生和发展的过程中，美国学者 J. A. 巴露：《媒介接近权：为了谁的出版自由》（1973 年出版）、B. H. 巴格迪坎的《传播媒介的垄断》（1983 年出版）产生过重要的影响。

民主参与理论要求大众传播媒介向一般民众开放，允许民众个人和群体的自主参与。这种理论认为：任何民众个人和弱小社会群体都拥有知晓权、传播权、对媒介的接近和使用权、接受媒介服务的权利；媒介应主要为受众而存在，不应该主要为媒介组织、职业宣传或广告赞助人而存在；社会各群体、组织、社区都应该拥有自己的媒介；小规模的、双向的、参与性的媒介比大规模的、单向的、垄断性的巨大媒介更合乎社会理想。民主参与理论的核心价值是多元性、小规模性、双向互动性、传播关系的横向性或平等性。在西方资本主义国家，民主参与理论属于一种体外制的规范理论，但由于它是社会公众的呼声，其力量也是不可忽视的，特别是在公共性加强的广播、电视、有线电视以及社区媒介领域，民主参与理论产生了广泛的影响。

（七）新自由主义与全球传媒放松规制潮流

新自由式主义政策兴起于 1980 年，它是美英等资本主义国家凯恩斯主义经济政策的替代物。美国里根总统与英国撒切尔夫人是新自由主义的主要推行者。在经济方面，新自由主义强调市场的作用，保护公司的利益最大化，主张政府无为而治。它提倡政府放松对媒体的规制，允许媒体作最大程度的联合。在政治方面，新自由主义假定，在经济统治一切、政府"干预"经济最少的情况下，社会发展才能渐入佳境。

新自由主义认为：少数精英人物是政治和意识形态的主宰，因此有能力代表那些原子化公民的意愿。照此推理，美国社会中，凡是重大公共事务都没有必要进行公共辩论，少数决策者私下讨价还价就是公共政策的制定过程。

在新自由主义背景下，民族国家内部的公共传播体制面临空前的政策压力，而在全球范围内，信息媒介产业从建立国际信息传播新秩序（NWICO）转向了以自由市场原则为主导，特别是在 WTO 体系中的国家更是如此。

1996 年美国出台的《电信法》是对新政策最好的注脚。美国联邦电信委员会（FCC）进一步放松对媒介产业所有制的管制，允许更大的媒介集团扩张，如拥有更多的台和更大的覆盖面等。跨媒介交叉所有权的限制被逐步取消。

三、中国的传播制度

（一）中国传播制度的正式规则

正式规则是人们为规范社会经济活动行为而有意识创造的一系列政策

及法则。中国制定了一系列政策及法规，用正式规则的形式明确规范了传播媒体的政治地位、产权归属和财经制度。

1. 传媒的政治地位

1949 年我国通过的具有临时宪法作用的《共同纲领》第 5 条规定："中华人民共和国人民享有言论、出版等自由权。"1954 年宪法第 87 条规定："中华人民共和国公民有言论、出版自由。"宪法是国家的根本大法，是传播制度的元制度，明确地把公民基本权利的言论、出版自由纳入其保障的范畴之内，而这成为中国传播制度的最高原则。由于中国共产党建党以来，长期处于与国民党的武装斗争之中，只能选择把传媒当作宣传鼓动的武器、组织革命的阵地、指导工作的工具，而不是作为人民民主的载体、公众舆论的平台。[①] 新中国成立后，这一定位延续下来，传媒"是党所开动的社会主义机器上的齿轮和螺丝钉，大都是党或政府和人民团体的一个工作部门"[②]，其功能以政治宣传和舆论指导为主。1949 年至 20 世纪 80 年代初，报纸一直是党报独大，广播电台均被以"人民"的头衔[③]。

2. 传媒的所有制形式

传媒的所有制形式是国家从生产关系层面对传媒的性质、地位和功能的一种定位，所以，与社会主义制度生产资料公有制相适应，中国传媒的所有制形式必然采取公有制形式。新中国成立之初，国营、公私合营、私营媒体并存，随后，传媒领域较早地进行了社会主义改造，非公有制媒体迅速减少直至消失。"1950 年 3 月全国有私营报纸 58 家，同年下半年起，《大公报》《文汇报》等相继实行公私合营，1951 年 8 月私营报纸减至 25 家，到 1953 年初全部实行公私合营，后来又逐渐退还私股，全部成为公营报纸"[④]。全国解放时共有私营广播电台 34 座，"至 1952 年底，中央广播事业局宣布，全国 34 家私营广播电台全部改造完毕。"[⑤] 之所以私营传媒

---

① 丁和根：《中国传媒制度绩效研究》，广州：南方日报出版社 2007 年版，第 20 页。

② 刘志筠、童兵：《新闻事业概论》（修订本），太原：山西教育出版社 1987 年版，第 281 页。

③ 1949 年 6 月 30 日，中央广播事业管理处发出对各地广播电台暂行管理办法，规定各地广播电台一律统称某地人民广播电台。参见《中国广播电视年鉴》（1986），北京：中国广播电视出版社 1987 年版，第 1083 页。

④ 顾潜：《中西方新闻传播：冲突·交融·共存》，上海：复旦大学出版社 2003 年版，第 37 页。

⑤ 方汉奇、陈业劭主编：《中国新闻事业通史》（第三卷），北京：中国人民大学出版社，1999 年版，第 42 页。

率先完成社会主义改造，是因为大众传媒和物质产品生产企业不同，提供的是精神产品，"所谓新闻，不外是阶级对立的人类社会中阶级斗争的武器。"① 不同所有制的传媒具有不同的意识形态属性，私营传媒是具有意识形态属性的私营资本企业，而且具有同步参与现实的新闻传播特征。新中国成立的新闻业体系是一个集中统一的结构，与政权组织形式契合。随着党的各级机关报逐渐承担起综合性报纸的功能，中央政府各部门报纸逐渐成为本系统指导工作的渠道，传播环境尤其是制度环境的变迁必然使私营传媒失去存在的基础。

3. 传媒的著作权保护制度

传播者在传播产品的过程中，要投入大量人力、财力和物力，特别是投入自己的智力劳动，赋予作品新的传播形式。这种新的传播形式是传播者创造的，是传播者的智力成果，传播者理应享有权利。著作权法律制度就是对传播者权利的保护。我国的《宪法》《民法通则》《刑法》《著作权法》《广告法》等法律对著作权保护作了明文规定，并制定了《计算机软件保护条例》《著作权法实施条例》《信息网络传播权保护条例》《音像制品管理条例》《出版管理条例》《印刷业管理条例》等政策法规对著作权进行保护。此外，我国还加入了国际著作权保护的国际公约，如《世界版权公约》《伯尔尼保护文学和艺术作品公约》《录音制品公约》《罗马公约》《与贸易有关的知识产权协议》。

我国法律规定，形成汇编作品、演绎作品或电影及类似电影方法制作的作品，受著作权保护；在传播原有作品过程中形成的独创性的传播行为，是邻接权保护的对象；由于这种权利是传播者，是与原有作品相邻的，故称为邻接权（包括出版者权、表演者权、录音录像制作者权和电台电视台播放权）；网络传播中，提供连线的网络服务提供者（ISP）享有传播者的权利，互联网内容服务者享有专有使用权。报纸、期刊、广播电视在尊重作品的原著作权人的基础上，可以对自己编辑的作品或制作的视听节目等享有著作权，可以通过合同约定对委托他人创作的作品享有著作权；广播电视机构对属于自己的节目拥有版权，即：播放、许可他人播放并获得报酬，许可他人复制并发行其节目并获得报酬；对未经许可而复制并发行视听节目的侵权行为，拥有著作权的相应机构可以提请执法部门予以处罚。

---

① 张友渔：《张友渔新闻学论文选》，北京：新华出版社 1988 年版，第 2 页。

（二）中国传播制度的非正式规则

非正式规则是指由社会和行业认可并对新闻从业者产生重要影响的因素，包括价值观念、伦理道德、风俗习惯、意识形态等。其中，意识形态处于核心地位，并且以"指导思想"的形式成为正式规则的"理论基础"和最高准则。新中国是社会主义国家，指导传播制度的思想，理所当然地是马克思主义新闻思想。

马克思指出："报刊按其使命来说，是社会的捍卫者，是针对当权者的孜孜不倦的揭露者，是无处不在的耳目，是热情维护自己自由的人民精神的千呼万应的喉舌。"① 这段话明确地表达了工人报刊应该成为党的"耳目"和"喉舌"的主张，这个提法一直为后来的马克思主义政党报刊所沿用。列宁对马克思的这个提法进行了继承和创新，他在《论俄国社会民主工党的现状》中说："合法存在的，以马克思主义思想为指针的俄国报纸，目前已成为向俄国社会民主党工人群众进行党的宣传鼓动工作的一个最重要的公开喉舌。"②

中国共产党党报的定性，是受马克思和列宁"喉舌论"新闻思想的具体实践和体现。1930 年 8 月 10 日，《红旗日报》在发刊词中说："本报是中国共产党机关报，同时在目前革命阶段中必然要成为全国广大工农群众之反帝国主义与反国民党的喉舌。"③ 新中国成立后的相当长时期内，党报都被定位为党和政府的喉舌。

（三）中国传播制度的实施机制

1. 组织架构

党对新闻事业拥有绝对的领导权，党的宣传部门制定不同时期的新闻政策、对新闻媒体实施统一管理，各级党组织对同级新闻机构进行直接指挥，党组织对同级新闻机构负责人进行任免。"各新闻机构制订重大宣传工作计划，必须根据党的路线、纲领、方针、政策和当前工作中心，并报经同级党委审查同意；必定定期向同级党委汇报贯彻落实执行情况，并根据党委指示改进自己的工作……各新闻机构主要党员领导人列席同级党委

---

① 《马克思恩格斯论新闻》，北京：新华出版社，1985 年版，第 234 页。
② 《列宁全集》第 21 卷，北京：人民出版社，1990 年版，第 453 页。
③ 《中国共产党新闻工作文件汇编》（下），北京：新华出版社，1980 年版，第 22 页。

会议，有的新闻机构主要领导人由党委宣传部门领导干部兼任。"①

中共中央宣传部是代表党中央负责新闻宣传工作的最高领导机关。1949 年 11 月 1 日，中央人民政府政务院专门设立新闻总署，领导全国新闻事业，管理国家新闻机构，初步发展了不同于党管理媒体的行政管理模式。1952 年 2 月 18 日，新闻总署被撤销，由政务院文化教育委员会领导广播业务管理，宣传业务由中宣部直接领导。直到改革开放后，国家新闻出版署重新恢复，新闻事业的部分行政职能归该署管理，但中宣部和地方党委宣传部仍具体领导并指导各级新闻媒体的宣传报道工作②。

再从传媒内部组织架构来看，在各级党报中，各级党委任命同级报纸总编辑和编委，组成编辑委员会，在编委会领导下分级管理报业行政。其他非党报则由主办部门领导机关提出总编人选，报主管部门批准。中央和地方的广播电台、电视台的领导，由领导该台的主管部门提名并经有关部门同意。所有经批准的媒体领导人，均在同级党委（或政府、主办部门）的领导下开展工作。各家媒体分别设立社（台）委会或编委会，在它们的领导下分层授权，全面管理媒体的各项工作③。

2. 传媒网络设置

新中国成立初期，中央政府为适应政治宣传和经济建设的需要，打破了以往围绕上海、北京、广州等经济中心形成的传媒格局，代之以依照行政区划来配置传媒网络。每个省、自治区、直辖市都设立省级党政机关报和省级广播电台各一家，后来又设立省级电视台。以后又在地级市（自治州）设置了类似传媒网络。每一级党委和行政管理使用直属的媒体并负担其财政需要，而各家传媒的发行和收视市场都不得逾越本地区④。

由于党委的执政权、政府的行政权对传媒高度内控，新中国的传播制度带有浓厚的政治化和行政性色彩：媒体是科层式权力结构中的一级，媒体自身无法摆脱行政化科层关系，运行效率不高，缺乏发展所需的内生动力，新闻传播的客观、真实、及时、公开等原则未得到充分彰显；主管部

---

① 刘志筠、童兵：《新闻事业概论（修订本）》，太原：山西教育出版社，1987 年版，第 280 页。

② 顾潜：《中西方新闻传播：冲突·交融·共存》，上海：复旦大学出版社，2003 年版，第 41 页。

③ 参见刘志筠、童兵：《新闻事业概论（修订本）》，太原：山西教育出版社，1987 年版，第 280 页。

④ 参见陈怀林：九十年代中国传媒的制度演变，载《二十一世纪评论》（台北），1999 年第 53 期。

门对媒体拥有绝对权威，传媒必须服务于党委和主管部门的中心工作，甚至成为谋取部门利益的工作，媒体功能的单一化使传媒蜕化为单纯的宣传工具，无法对社会进行真正的监测；条块分割的传媒网络重复建设，资源浪费严重。随着经济社会发展水平和制度环境的变化，过去的传播制度已经无法适应社会发展的需要，无法适应传媒自身发展的需要，传播制度的变迁成为不可遏制的演变趋势。

第三节　网络传播制度

网络传播是以"自由"作为价值取向的，它与网络传播制度之间表面上存在明显的管理悖论。破解这个悖论，需要我们深入研究网络传播的发展规律、网络传播制度的形成与变迁的特点和规律，并据此正确引导网络传播的科学发展。

一、网络传播制度——一个管理悖论

对于生活在 21 世纪的人们来说，互联网已经成了大家工作和生活中不可缺少的一部分。每天上网看新闻、聊天、收邮件，已经成了工作和生活的一部分。而 Web2.0 时代到来，让互联网有了更多的互动性，博客的出现，让很多人多了一个表达自己内心声音的渠道，而微博、SNS 社交网站、论坛、贴吧等，让互联网成为一个畅所欲言、自由交流的虚拟社区。互联网已经与人类的生活融为了一体。同时，信息时代彻底改变了传播管理的条件和环境，对网络传播管理提出了全新的挑战：一方面，作为信息时代的主要传播方式，网络传播是新兴的传播方式，人类没有成熟的管理经验可资借鉴，也尚未形成成熟的系统理论；另一方面，网络传播的迅猛发展也迫切要求遵循网络传播规律，形成网络传播管理制度，使其得以良性发展。网络传播发展与网络传播制度之间存在着明显悖论：

（一）信息的无限增长与信息管理滞后

信息时代，信息呈海量巨增。摩尔定律（Moore's Law）提出：当价格不变时，集成电路上可容纳的晶体管数目，约每隔 18 个月便会增加一倍，性能也将提升一倍。这一定律揭示了信息时代，以信息技术支撑的信息呈几何级数激增。而在中国，则有"新摩尔定律"的提法，指的是中国 Internet 联网主机数和上网用户人数的递增速度，大约每半年就翻一番。

中国互联网普及率从 2006 年达到两位数开始，网民规模迎来一轮快速增长，2013 年增长率达到最高的 45.8%，平均每年普及率提升约 6 个百分点（见图 1-1）。2016 年 6 月，中国网民规模达 7.1 亿，上半年新增网民 2132 万人，增长率为 3.1%。中国互联网普及率达到 51.7%，与 2015 年底相比提高 1.3 个百分点，超过全球平均水平 3.1 个百分点，超过亚洲平均水平 8.1 个百分点，网民规模连续 9 年位居全球首位①。

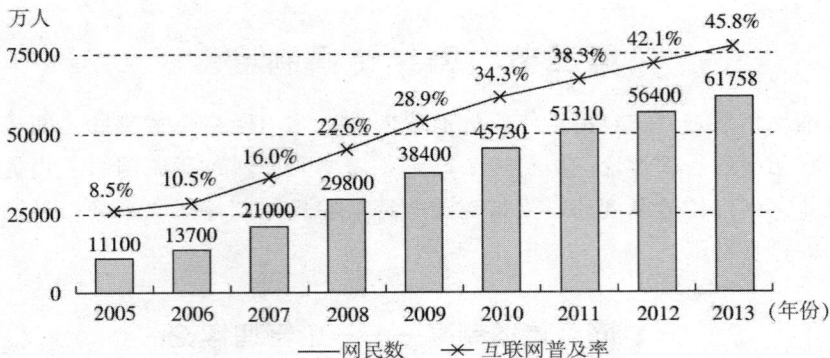

图 1-1　中国网民规模和互联网普及率②

　　不论对于工作还是生活，信息的无限丰富都给人们带来了巨大便利，获取信息更加及时、更加对称、更加有效。然而，由于我们能够接受和处理的信息量有限，当我们不加限制地接受或者面对汹涌而来的海量信息时，就会被信息所湮没，出现"信息过度"，造成一种无所适从的情形。更为重要的是，信息的丰富性其实也是对信息高质量的挑战，网络传播将人类的信息制造与传播能力提高到了从未有过的高度，当然这其中也包括制造噪声与垃圾信息的能力。与其他传统媒体相比，互联网具有更大的开放性和自由性，任何人都可能成为信息的发布者、传播者、接收者，这使网上信息泥沙俱下、真假难辩。根据经典理论，在消费者不能获取可信赖的信息时，信号暗示现象就会变得很普遍。但现实是，与信息匮乏的年代相比，信号暗示实际在我们这个信息丰富的年代发挥的作用更大。

　　信息的数量与质量之间的矛盾似乎是与生俱来的，因而需要制定网络传播制度，加强网络传播管理。加强管理，意味着要用权力杠杆加强信息

① 中国互联网络信息中心：《第 38 次中国互联网络发展状况统计报告》。
② 中国互联网络信息中心：《第 32 次中国互联网络发展状况统计报告》。

传播的监管，倘若遵循网络传播规律进行管理，则会使网络传播主体的传播行为更加合理、有序，促进网络传播的良性发展；如果忽视网络传播规律，按照传统行政手法和方法来管理网络传播，很可能会窒息网络传播行为，使网络传播陷入发展困境。

（二）网络开放性与信息安全性

在信息社会中，信息呈几何级数增长，知识更新速度大大加快，近 50 年来人类社会所创造的知识比过去 3000 年的总和还要多[①]。在传统工业时代，这些信息和知识要在全社会进行共享是难以想象的；而在信息时代，信息和知识的共享完全可以通过网络传播技术来实现，信息开放、即时更新的互联网已经成为社会知识和信息传播与共享的主要平台。

要实现信息传播的畅通无阻，网络就必须保持其开放共享。但是，越开放的网络，它自身的安全性受到的挑战就越大，一方面，铺天盖地的信息资源产生以后，存储、保护、保密信息的难度都会加大，并且经过多渠道交叉而无序传递，也会导致信息失控，给信息安全带来很大的威胁；另一方面，病毒、垃圾邮件、间谍软件、广告软件、网络"钓鱼"等，对网络安全造成了很大的威胁。近年来，政府和商务网站屡遭攻击，网络欺诈事件层出不穷，信用卡及网上银行账号信息被频繁盗用，各类网络安全事件已经成为互联网健康发展的桎梏。美国迈克菲公司（McAfee）在其 2009 年 12 月发布的《2010 威胁预测》报告中称，"僵尸"网络导致了 103 个国家 1295 台电脑受到感染。[②] 2010 年上半年，国家互联网应急中心（CNCERT）共接收 4780 次网络安全事件报告（不包括扫描和垃圾邮件类事件），比 2009 年上半年同比增长 105%。其中，恶意代码、漏洞和网页仿冒事件报告次数居前三位，所占比例分别为：57.57%，25.96% 和 15.48%[③]。

网络的开放性与网络安全之间存在固有的矛盾。要解决这一矛盾，不但要花费很多的成本来维护网络安全，更重要的是要建构全新的管理制度。

---

① 张进中、单庆：《更加重视学习 更加善于学习 更加崇尚学习——十位专家谈学习》，http://theory.people.com.cn/GB/12834801.html。

② 《网络安全战争继续上演 企业面临的最大安全威胁》，http://security.ctocio.com.cn/117/9432117.shtml。

③ 《国家互联网应急中心：2010 年上半年中国互联网网络安全报告》，http://www.cert.org.cn/UserFiles/File/2010%20first%20half.pdf。

(三) 信息化管理与信息化陷阱

在信息化、全球化的今天，信息技术正以空前的影响力和渗透力，不可阻挡地改变着社会的经济结构、生产方式和生活方式。政府作为经济生活和社会生活的管理者和推动者，必须积极顺应发展趋势，主动融入发展潮流，应用现代信息和通信技术，将管理和服务通过网络技术进行集成，以及对政府需要和拥有的信息资源进行开发和管理，来提高政府的工作效率、决策质量、调控能力、廉洁程度、节约政府开支，改进政府的组织结构、业务流程和工作方式，全方位地向社会民众提供超越时间、空间与部门分隔的限制的优质、规范、透明、符合国际水准的管理和服务，最终实现信息化管理。据 Accenture 公司对 22 个国家的调查显示，在网络服务和电子政务成熟度方面，加拿大名列第一位，紧随其后的是新加坡、美国、丹麦、澳大利亚等国。我国的北京、上海等城市电子政务系统也比较完善。同时，企业更要将现代信息技术与先进的管理理念相融合，转变企业生产方式、经营方式、业务流程、传统管理方式和组织方式，重新整合企业内外部资源，提高企业效率和效益、增强企业竞争力，以信息化带动工业化，实现企业管理现代化。在一些行业，信息技术已经成为企业生存与发展的基础条件，也是提高管理效率的重要手段。例如，全球最大的零售巨头沃尔玛，与供应商建立起了复杂的电子数据交换网络，数据即时更新，从而使管理效率大大提高、库存水平明显降低，在激烈的竞争中赢得了优势。

但是，人类在管理信息化道路上不断迈进的同时，也不得不提防掉入信息化"陷阱"：一是技术的滥用或误用。过分地追求高技术产生的并不是伴随而来的高效率，建立的管理信息系统只能使组织背上沉重的信息包袱，既要满足人工处理的习惯（人性化），还必须维护信息系统，甚至由于数据资料过时，信息反馈滞后，高技术处理时产生错误的信息，导致管理决策失误，于是组织又寻求更先进的技术来解决这一漏洞，或者网易、凤凰网严重影响组织的管理信息化的应用积极性，其结果是不但无法产生应有的经济效益，反而降低了劳动效率。二是投入的确定性和产出不确定性。在组织的管理信息化应用过程中，组织的决策者已经不是不愿意投资的问题，而更多的是如何获得可靠的、可预见性的产出。夸大了的技术性能与成本总是带来乐观的性价比，对原有的高技术的改进或更新增加的除了技术本身以外，技术人员和管理人员的学习费用会大幅度增加预算并带来工作效率的降低。某企业的信息化建设假设需要投入 180 万元以及三年时间的知识积累，如果企业第一年投入了 60 万元，积累了一年时间相关知识，却并不能确保获得 30％的预期收益。事实上，第一年的建设投入和知识积累的收益很可能是零。即使投入了 120 万元，积累了两年的知识，收益也不可能达到 60％，甚至可能只有 1％。三是人力资源的配置面临绩效低下的风险。如果企业管理者一味追求高度信息化，其他知识储备和配套政策并未同步推进，其结果不是随之而来的高效率，反而可能陷入木桶理论的危机。例如，信息技术不成熟导致的信息管理系统不稳定，甚至丢失重要信息，客户对新的信息化平台不习惯，很多人甚至选择沿用原来的手工方法；员工不适应新的信息系统，在操作中常常犯错误，生产效率反而会降低，甚至可能对信息系统的理解和应用有误，导致错误的信息和决策。企业为了解决现有系统的这些问题，又不得不投入更多的资金来更新系统，或采用更大、更新的信息系统来集成或代替现有系统，最终有可能使企业陷入管理信息化建设问题的怪圈。

（四）管理虚拟化与人的个性化

随着计算机技术、通信技术、互联网技术的日益成熟，社会管理、企业管理甚至家政管理正逐步实现虚拟化。美国 Forrester Consulting 公司在其 2010 年 1 月 28 日发布的《虚拟化管理和发展趋势》报告中认为，虚拟化正在爆炸式发展，所受调查的所有企业都在生产工作环境中采用了一定程度的虚拟化技术[①]。然而，虚拟化技术整体上尚未进入成熟期，用户的管理需求却已经开始放大。用户将虚拟化资源纳入虚拟管理体系的要求，促使虚拟化和管理技术供应商推出各式各样的虚拟化管理工具。但遗憾的是，截至目前，这些管理工具无法满足用户虚拟管理的要求。

但是，虚拟化管理主要借助于电脑网络实现，虚拟系统把现实生活中的人际交流转换成计算机语言，人的音容笑貌以数字化的方式在电脑屏幕上传播。虚拟的人物和场景在突破沟通和交流的时空限制的同时，使政府、企业、单位等组织内部的真实接触和交流逐渐趋于弱化，组织的各种群体纽带越来越松弛。未来虚拟化管理的发展前景是人的技术化还是技术的人性化？这的确是一个棘手的管理悖论。

（五）科层制管理形式与网络化复杂管理模式

科层制是马克斯·韦伯在其《社会组织与经济组织理论》一书中构建

---

① Forrester Consulting：Virtualization Management And Trends，http：//www. ca. com/us/collateral/industry-analyst-reports/na/virtualization-management-and-trends. aspx.

的一种基于法理的、以实现高效率和合理化为目标的、理想化的组织管理模式。长期以来，科层制就被人们认为是理性、高效、科学、制度化的代名词，逐渐成为政府、企业、事业单位等组织最常用的管理模式。科层制的组织管理模式是相对封闭的层级管理形态，它的管理往往只能依靠各层级之间的信息传递，而这种传递的主要方向是自上而下的单向传递，信息的沟通和互动则很稀少。因为层级众多，使信息沟通渠道不畅，信息交流容易产生障碍、阻塞、遗漏甚至畸变。特别是在信息极度膨胀的网络时代，科层制组织传统的知识信息交流方式导致科层之间信息不对称，越来越不适应信息时代的需要，过多的不加选择的非必要信息流入，不但会干扰组织内部有效信息的流通，还会导致各部门在自以为获得充分信息的假设下，干扰组织目标的实现。再者，现代社会的社会分工高度发达，这一方面提高了劳动效率；另一方面却陷入过度追求高效率的泥潭，导致社会分工越来越细，组织的部门划分更加庞杂，加剧了各部门之间的信息沟通障碍。

网络信息传播方式的出现是对这种管理模式的一种颠覆式变革。在网络传播系统中，组织管理结构具有多层网络、相互依存的单元，拥有双向信息传递的功能。在传统管理框架下，组织的运行和管理需要各部门按照刻板的组织程序层层展开；在网络传播模式下，组织管理通过网络信息传播平台被高度简化，组织中的所有部门都可以在网络信息传播平台上进行文件的批量处理，如果需要，还可以根据具体的工作要求组成各种灵活的团队。这种因互联网产生的新的组织管理结构简化了管理机构和层级，实现了信息资源的最大范围的更新和整合，降低了管理成本，提高了管理效益，促进了管理效益质的飞跃。但是，在网络传播环境下，任何层级的员工都可以构造自己的信息网络，而不用像以前一样必须依附于层级管理体系，甚至还可以越过层级关系直接和最高管理者开展对话，科层组织中的等级阶梯被"拆除"，并由此引发了一些新问题，新网络的蛛网式、发散式的组织形态和原有的固定管理结构之间就会发生矛盾冲突，对科层组织的管理模式带来相当大的冲击。

虽然网络传播发展与网络传播制度之间表面上存在着五个管理悖论，但这并不意味着二者之间是根本对立的。网络传播对自由的追求靠什么来实现和维护？法国启蒙思想家孟德斯鸠说："自由就是做法律所许可的一切事情的权力。"也就是说，自由本身就意味着对制度的遵守。自由与制度紧密相连、不可分割，自由是制度的目的，制度是自由的保障，离开了制度的自由是不存在的。没有制度的地方，一定没有自由。我们越追求自由，就越需要制度。因此，网络传播与其管理其实是内在统一的，网络传播的可持续发展必须依靠科学的制度，没有制度的网络传播世界是无法想象的，也不可能存续太久。因此，必须建立健全网络传播制度，以正确引导网络传播的科学发展。

二、网络传播制度的功能

网络传播强化了传统传播的功能，同时被赋予网络传播条件下的新功能。网络传播制度的功能就是保障网络传播功能的实现。

（一）网络传播的功能

1. 传统传播的功能

美国政治学家、传播学的先驱哈罗德·拉斯韦尔（Harold Lasswell）在《传播的社会结构与功能》（1948）一文中归纳了传播的三种社会功能：监视社会环境、协调社会关系以及传衍社会遗产。他认为，传播媒介应是环境的瞭望者、政策的塑造者、知识的传播者。后来，社会学家查尔斯·赖特·米尔斯（Charles Wright Mills）在《大众传播：功能的探讨》（1959）一书中，在上述三个功能之外补充了一个功能：提供娱乐。1948年，美国社会学家拉扎斯菲尔德在《大众传播的社会作用》一文中提出，大众传播有三种主要功能：授予地位、促进社会准则的实行和麻醉受众神经。前两种为正功能；后一种为负功能[①]。

威尔伯·施拉姆曾先后两次对传播的功能进行探讨和总结，在《传播学概论》（1982）一书中，他正式将传播功能定为：雷达功能、控制功能、教育功能、娱乐功能，同时又分为外向功能和内向功能。在传播学研究中，施拉姆的"四功能说"已被许多传播学者接受，但它一般只适用于大众传播研究的某些方面，不太适用于人际传播[②]。

1981年，联合国教科文组织的国际传播问题研究委员会（The International Commission on the Study of Communication Problems）在其发表的当代国际传播领域最重要的学术文献《多种声音，一个世界》中，以全球眼光归纳了八种传播功能：（1）获得消息情报；（2）社会化；（3）动

① 郭庆光：《传播学教程》，北京：中国人民大学出版社1999年版，第113—114页。
② 郭庆光：《传播学教程》，北京：中国人民大学出版社1999年版，第114—115页。

力；（4）辩论和讨论；（5）教育；（6）发展文化；（7）娱乐；（8）一体化①。英国传播学家沃森和希尔（Werson and Hill）在他们编撰的《传播学和媒介研究词典》（1984）一书中，提出了传播的八项功能：（1）工具功能，即实现某事或获得某物；（2）控制功能，即劝导某人按一定的方式行动；（3）报道功能，就是认识或解释某事物；（4）表达功能，即表达感情，或通过某种方式使自己为他人所理解；（5）社会联系功能，即参与社会交际；（6）减轻忧虑功能，即处理好某一问题，减少对某事物的忧虑；（7）刺激功能，就是对感兴趣的事物作出反应；（8）明确角色功能，是指由于情况需要而扮演某种角色。

2. 网络传播的功能

网络传播主要通过 TCP/UDP 协议及电子邮件（E－mail）、远程登录（Telnet）、网络新闻组（Usenet News）、文件传送（FTP）、万维网浏览（WWW）、网络论坛（BBS）等各类强大功能实现的，它为所有网络使用者提供了信息多元和舆论多元的广阔空间，形成了网络双向传播模式：信息源通过网络传播到另外一个接收的信息源，然后又经由网络反向传播回去，而且网络传播的接收者又有很多，所以它又可以是以一个点作为基础传播源向四方受众传播形成类似网状的传播模式。并且信息在受众和基础传播源之间来回循环流动，不断扩大。因此，它体现出它与传统大众传播截然不同的功能：

（1）强化传统传播功能。比如，网络使监视环境功能变得更加透明和有力度。舆论监督的力量变得更加强大。自媒体是普通大众都可以使用的一种网络传播媒体，它通过数字科技的技术支持并与全球知识体系相连之后，普通网民可以通过自媒体分享他们身边的人和事、分享他们的所思所想所感。自媒体是私人化、平民化、普遍化、自主化的传播者，以现代化、电子化的手段，向不特定的大多数或者特定的单个人传递规范性及非规范性信息的新媒体的总称，博客只是其一种方式。美国新闻学会的媒体中心于 2003 年 7 月出版了由谢因波曼与克里斯威理斯两位联合提出的"We Media（自媒体）"研究报告，里面对"We Media（自媒体）"下了一个十分严谨的定义："We Media 是普通大众经由数字科技强化、与全球知识体系相连之后，一种开始理解普通大众如何提供与分享他们本身的事

---

① 参见［爱尔兰］肖恩·麦克布赖德：《多种声音　一个世界》，北京：中国对外翻译出版公司 1981 年版。

实、他们本身的新闻的途径。"①网络自媒体的数量庞大，其拥有者也大多为"草根"平民，网络的隐匿性给了网民"随心所欲"的空间。自媒体时代，进入普通民众视野的声音，已经不再仅仅是经过"把关人"层层筛选、层层"把关"的"主流媒体"的声音，每个人都可以发出自己的声音，人们不再接受被一个"统一的声音"告知对或错，每一个人都通过自身的信息途径独立获得各种资讯，并据此对事物做出相应判断。与专业媒体机构主导的信息传播明显不同，自媒体是由普通大众主导的信息传播活动，它将传统的"点面"传播，转变成"点点"传播。

（2）融合功能。因为网络传播所特有的交互性，使网络传播同时兼具大众传播和人际传播的功能，把二者很好地结合在一起并且融为一体。

（3）网络传播还具有扩大信息源功能。这是基于网络传播的海量性，互联网将全世界的计算机连接在一起，形成一个巨大的信息数据库，任何地点任何时间任何事情都可能被网络广泛传播，不必受限于报纸电视版面时间的的控制。人人都可能成为信息源。

然而，网络随着时代的进步会越来越复杂，网络传播的模式和功能也将会具有更多不同于传统传播的地方，或许还会衍生其他更具有优势的传播方式。

（二）网络传播制度的功能

新制度经济学认为，制度可以降低交易费用，为经济提供服务，为合作创造条件，提供激励机制，外部利益的内部化，抑制人的机会主义行为。② 网络传播制度作为制度的一种，具有一般制度所共有的功能，但由于其调整对象的独特性，因而具有自身独特功能。

1. 降低网络传播成本

在网络传播中，每一个理性的传播者都会努力在成本很低的情况下追求最大的收益，于是就会不断试图大量传播有利于自身利益的信息，但增加信息的正效用几乎完全归己所有，而负效用要由网络上的所有传播者和广大受众共同承担。再加上网络传播缺乏有效制度，这就造成了网络传播的"经济悖论"：信息量大，可用率低；信息传播效率高，效益价值低；网络维护成本不断增加，运行效率不断降低。如果网络传播制度对网络传

① 李强：从"e时代"到"i时代"——对网络传播的一种探讨，《山东社会科学》2011年第8期。

② 卢现祥：《西方新制度经济学》，北京：中国发展出版社，2003年版，第65—72页。

播的利益进行协调与调整，网络传播主体的博弈将非常激烈，网络传播的交易成本将出奇地高，以致于使网络传播无法正常维系。

2. 降低网络传播的负外部性

网络传播主体的经济人假设前提意味着网络传播主体追逐自身利益的最大化，基本不会考虑公共利益，虚假信息、网络病毒、色情、暴力等成为部分网络传播者实现自身非法利益的手段，由此带来负外部性。对于负外部性的治理属于公共领域，而制度的存在就是对公共领域关系和利益的调整。

3. 维护网络传播秩序与传播安全

西方最初认为，互联网单纯依靠市场的力量和公民的自律就可以建立起相应的秩序和行为标准，政府不应对互联网进行管理。然而，随着互联网的迅猛发展，仅靠市场的力量和民众的自律远远不能充分保护互联网用户的安全，更无法保障网络传播始终运行在正确的轨道上。

第二章　网络传播制度的起源与变迁

　　网络传播最初是一种自生自发秩序，这种秩序是依靠网络传播标准来维系的，但"标准只能被发现，而不能被颁布"。网络传播主体追逐自身利益的最大化，必然产生负外部性，于是导致了网络传播内生性制度的产生；网络传播的公共性决定了市场调整的失灵，为维护正常的网络传播秩序，迫切需要政府主管部门供给相关管理制度加以有效规制和管理，于是产生了外生性网络传播制度。中国初步形成了安全与发展并重、管理与技术相结合的网络信息安全保障体系。从制度的变迁形式来看，中国网络传播制度的变迁既有自上而下的强制性变迁，也有自下而上的诱致性变迁，而变迁的路径依赖是从先强制性变迁到强制性与诱致性变迁相结合。

第一节　网络传播制度的起源

　　与经济学上制度产生于降低交易费用不同，网络传播制度起源于一种自生自发的网络秩序。随着网络传播边际收益不断递增，网络传播利益主体开展了多重利益博弈，于是产生了内生性制度；网络传播市场的失灵，使政府开始介入网络传播管理，于是形成了外生性制度。

一、网络传播的特点

（一）网络传播虚拟化

　　网络传播以文字、音频、视频等电子文体作为传播工具，传播环境从传统的物质空间转移到了电子空间。传统媒体相对独立、封闭，媒体之间的信息资料只能由有限的人使用，难以实现多媒体的资源共享。与以原子为基本要素的传统传播不同，网络传播是以比特（bit）作为基本要素的，比特没有重量、长度、色彩，易于复制，它在传输媒体上1微秒可传播200米左右的距离，在它的世界里时空障碍几乎消失。受众在网络传播中接触到的是一个由比特构成的"虚拟世界"，整个世界以数字化方式传播，以虚拟的方式定位在显示器上。超越时空的网络传播消解了传统时空分隔下的传播独立性，也消解了受众受时空限制的现实的行动，他们惊讶于人类获得的这种超越时空的能力，许多人沉浸在网络虚拟世界里无法自拔。正如尼葛洛庞帝所说：数字化网络已经改变了人类的学习方式、工作方式、娱乐方式，一句话，生活方式，转变了现行社会的种种模式，形成一个以"比特"为思考基础的新格局①。

（二）网络传播传受界限模糊化

在具有垄断性的传统传播中，传者与受者之间是对立的，处于传播链条最后一环的受众只能消极、被动地接受信息传播，缺乏自由选择权。网络传播打破了传受界限，真正做到了传播权利的普及性、传播参与的平等性，真正让传播的个人化和个性化成为可能，受众不再是固定在被动的信息接受位置上，受者也可以传播信息；传者不再专司传播信息，他们也需要不断接受新信息，也在不断接受信息，传受之间的界限趋于模糊。传统媒体是可"把关"的，信息的传递是单向的，即发布—传输—接受，受众是被动的信息接收者②。网络传播一改传统传播模式下受众的单向被动接受为双/多向互动式，它不仅实现了媒体对受众的传播，更实现了受众对媒体的传播和受众之间的传播；网络传播系统中，传统意义上的受众一方面按照传统的传受方式接收信息，另一方面他们通过建立自己的网站、博客、微博、微信等，成为信息的制作者与发布者，因而他们既可以是信源，又可以是信宿。网络传播把传统的"一对多传播"转变为"点对点"传播。

（三）网络传播去中心化

传统传播形式主要是国家、政府或组织劝导和影响社会大众的工具，传播必须服从并服务于公共权力，公共权力是传播的中心。网络传播是对这种"中心传播"的彻底改变，网络传播的信息源可以来自网络上的任何一个结点，每一个人都可以自由地加入"无中心状态"的网络社会之中。网络世界中的新型的"电子共同体"正在形成，这里没有绝对的权威，没有绝对的"中心"，现实世界标明等级、身份、地域等属性的鸿沟消失了。在网络传播中，每一个主体都是若干信息网络的结点，网络传播中有无限多个这样的结点，他们之间通过互联网络，建立起无数的交互式、非中心化信息沟通渠道。尼葛洛庞帝在《数字化生存》一书中说："在广大浩瀚

---

① ［美］尼葛洛庞帝：《数字化生存》，海口：海南出版社 1997 年版。
② 张品良：网络传播的后现代性解析，《当代传播》2004 年第 5 期。

的宇宙中，数字化生存能使每个人变得更容易接近，让弱小孤寂者也能发出他们的声音。"① 总体而言，网络传播对权威是排斥的。现实世界里的权威在很大程度上依赖组织和机构的力量，而网络传播没有这样的组织和机构，它通过全球相连的网络电缆或无线信号，采用超链接、超文本的手段，突破民族、宗教、国家的限制，将全球联结在一起。在这样的传播模式下，网络传播不可能像传统媒体那样控制受众，这大大地动摇了传统传播方式中信息"把关人"的地位，曾经的传播"中心"在这里被瓦解了。

（四）网络传播碎片化

网络传播借助于数字化的文字、图形、符号等工具实现对真实世界的模拟和动态信息的传输。网络传播的数字化革命不仅是方便使用者进行复制和传送，更重要的是实现了不同形式的信息以数字的方式进行相互转换，这样，网络传播就成了万事万物的数字化通道，汇聚大千世界的海量信息，供人们无限使用。网络传播的非线性传播特点，使网络媒体基本不受时间和版面等因素的限制，贮存发布的信息容量非常巨大。用户仅仅通过对鼠标的指挥控制，就可以将网络信息层层拉出来，原本平面的文本变得越来越厚，成为一个叠加交合的传播形式。网络传播的这种超文本的动态链接，是一种碎片化文本之间的随意链接。网民所切换的页面内容，信息是零碎的，语意是断裂的，联系是松散的。网络传播的这种信息传播方式，将整体分解为碎片，在信息的拆分和重新组合中呈现社会生活的碎片形态，使现代社会生活片段化与零散化，传统意义上文本的丰富性、深刻性、条理性被颠覆了。在网络虚拟世界里，用户不再追求人生的价值与传统的审美标准，满足于网络碎片化之后带给视听觉感官的强烈刺激，"多媒体、三维动画、数字化制作、环绕立体声，各种先进的摄影、录音编辑、播映设备的不断更新换代，将抽象的变为具象，将不可能的变为可能，把幻想、幻觉，对人的内心世界的分析，对外太空的描述，统统都搬至荧屏上，熔高清晰度画面、强刺激的视觉冲击和完美的音响于一炉，不断提升并满足人们的审美期待和视觉要求。"② 单条消息不超过 140 字的微博一旦推出就迅猛发展，使之成为网络传播碎片化的典型代表。据统计，截至 2011 年 12 月底，我国微博用户数达到 2.5 亿人，较上一年底增长了296.0%，网民使用率为 48.7%。微博用一年时间发展成为近一半中国网

---

① ［美］尼葛洛庞帝：《数字化生存》，海口：海南出版社 1997 年版。
② 张品良：网络传播的后现代性解析，《当代传播》2004 年第 5 期。

民使用的重要互联网应用①。到了 2013 年，虽然微博用户规模下降 2783 万人，使用率降低 9.2 个百分点，但整体即时通信用户规模在移动端的推动下提升至 5.32 亿人，较 2012 年底增长 6440 万人，使用率高达 86.2%②。此后，微博经历持续调整，到 2016 年 6 月，用户规模为 2.42 亿人，逐渐回升，使用率为 34%，较 2015 年底相比略有上涨③。有人说，即时通信工具切割了时间；搜索引擎使知识碎片化了；社会化网站使人与人之间的关系碎片化了。无论我们是否已准备好迎接信息碎片化时代，这都已经成为一个发展大趋势。

（五）网络传播全球化

网络传播是一种全球化传播媒体，是一种跨文化的交流与传播，它将不同文化、不同地域、不同习俗的人联结在网络系统之中。从技术上看，网络传播是数字化技术和光纤通信技术相互融合的结晶，它将世界各地各类网络，将分散在各地的电话、电视、电脑数据库等通信系统，按统一的通信协议联结起来，组成了一个全球的大容量、高速度的电子数字信息系统。网络传播完全打破了国界，联通了地球上任意一个可以联通的角落，使受众以光速与世界联通。只要接入网络，天涯若咫尺，大大缩短了人们相互交往的时空距离。正如加拿大学者马歇尔·麦克卢汉所言："今天，经过一个世纪的电力技术发展以后，我们的中枢神经系统又得到了延伸，以至于能拥抱全球。就我们这颗行星而言，时间差异和空间差异已不复存在。"④ 整个世界成为一个"地球村"。

二、网络传播制度的起源

网络传播制度是一系列网络传播的正式规则和非正式规则组成的规则网络，它约束着网络传播的行为，解决网络传播中的竞争与合作问题，创造网络传播主体有效运行的条件。

（一）自生自发秩序（spontaneous order）与 TCP/IP 协议的产生

自生自发秩序是英国经济学家、新自由主义的代表人物哈耶克

---

① 中国互联网络信息中心：第 29 次中国互联网络发展状况统计报告。
② 中国互联网络信息中心：第 32 次中国互联网络发展状况统计报告。
③ 中国互联网络信息中心：第 38 次中国互联网络发展状况统计报告。
④ ［加］马歇尔·麦克卢汉著，何道宽译：《理解媒介——论人的延伸》，商务印书馆 2000 年版，第 37 页。

(Friedrich August von Hayek，1899－1992）的一个理论创建和核心论题。哈耶克认为，所有社会型构的社会秩序不是生成的就是建构的：前者是指"自生自发的秩序"（spontaneous order），而后者则是指"组织"（organization）或者"人造的秩序"（amade order）①。后来，他又将社会秩序分为"内部秩序"（cosmos）和"外部秩序"（taxis），前者即自生自发的社会秩序，其特征是这种秩序不具备一种共同的目的序列，所具备的只是每个个人的目的；后者是以确定或实现具体目的为特征的组织形式②。哈耶克认为，只有自生自发秩序才是自由主义社会理论的"核心概念"，或者说，"社会理论的整个任务，乃在于这样一种努力，即重构"存在于社会世界中的各种自生自发的秩序③。哈耶克还指出了自生自发秩序的基本要点：一是自生自发秩序在自然界和社会系统中共同存在，经济学所强调的基于"看不见的手"而形构的市场秩序，只是自生自发社会秩序的一个范型而已；二是在自生自发的社会秩序中，参与者之间的预期和意图的一致性，是自生自发社会秩序型构和维系的基本前提；三是自生自发秩序依赖和形成于要素间的多样性的行为互动，而各要素在回应特定环境时所受的一般性规则的约束机制包括两个部分：（1）要素对某些行为规则的共同遵循；（2）要素依据具体情势所进行的行为调适。但需要进一步明确的是，规则遵循机制比个人调适机制对于自发秩序的维系更为重要。

　　网络传播最初的制度其实是一种自生自发秩序。1969 年 4 月，美国加州大学洛杉矶分校的斯蒂夫·克洛克教授发表第一份 RFC（征求意见稿）④，此后成为互联网上开放标准的主要形成方。1969 年 9 月，美国加州大学洛杉矶分校第一次把接口信号处理器（IMP）和主机连接起来。1970 年 12 月，克洛克领导网络工作小组制定出最初的主机－主机协议 NCP，这个协议每个人都可以根据一定的程序和要求参加。在此基础上，1974 年，文顿·瑟夫发表"分组网络互连的一个协议"，提出 TCP 协议。后来分成 TCP 和 IP 两个协议，合称 TCP/IP 协议（Transmission Control Pro-

---

① Hayek，Law，*Legislation and Liberty*：*Rules and Order*（*I*），The University of Chicago Press，1973，pp. 35－37.

② ［英］弗里德利希·冯·哈耶克著，邓正来等译：《法律、立法与自由》（第一卷），中国大百科全书出版社 2001 年版，第 35－54 页。

③ Hayek，Studies in Philosophy，Politics and Economics，Routledge & Kegan Paul，1967，p. 71.

④ Request For Comments，是一系列以编号排定的文件。文件收集了有关互联网相关信息，以及 UNIX 和互联网社区的软件文件。

tocol/Internet Protocol，中文译名为传输控制协议/因特网互联协议，又叫网络通信协议，这个协议是 Internet 最基本的协议、Internet 国际互联网络的基础，由网络层的 IP 协议和传输层的 TCP 协议组成）。目前，TCP/IP 包含四层协议：（1）应用层：应用程序间沟通的层，如简单电子邮件传输（SMTP）、文件传输协议（FTP）、网络远程访问协议（Telnet）等。（2）传输层：在此层中，它提供了节点间的数据传送，应用程序之间的通信服务，主要功能是数据格式化、数据确认和丢失重传等。如传输控制协议（TCP）、用户数据报协议（UDP）等，TCP 和 UDP 给数据包加入传输数据并把它传输到下一层中，这一层负责传送数据，并且确定数据已被送达并接收。（3）互连网络层：负责提供基本的数据封包传送功能，让每一个数据包都能够到达目的主机（但不检查是否被正确接收），如网际协议（IP）。（4）网络接口层（主机－网络层）：接收 IP 数据包并进行传输，从网络上接收物理帧，抽取 IP 数据报转交给下一层，对实际的网络媒体的管理，定义如何使用实际网络（如 Ethernet、Serial Line 等）来传送数据①。现在的协议的标准化由互联网结构委员会 IAB（Internet Architecture Board）协调维护，这是一个非官方的完全公开的自愿组织，任何人都可以成为它的会员，参与其讨论，参加它的邮件列表。20 世纪 80 年代，TCP/IP 遇到了官方的挑战。ISO（国际标准化组织）正式提出了一个官方的协议 OSI（Open System Interconnect，即开放式系统互联）。OSI 虽然得到了美国、欧洲政府的支持，但由于其过于学术化，并且未得到实际应用检验，因而没有为网络传播所接受。

在互联网这个自生自发秩序中，"标准只能被发现，而不能被颁布"成为互联网的新规则。TCP/IP 作为一种自由开放的标准，不断地被人们发现，并且不断地变迁。即使遇到官方标准 OSI 的强势挑战，依然未被这个"颁布"的标准所取代。因此，对于网络传播而言，制度的形成应当遵循网络传播的自身规律，对网络传播运行中形成的"标准"进行规律性和导向性地"发现"，而不是纯粹从政府公共管理的视角强行"颁布"。

（二）自利理论与网络传播内生性制度的产生

经济学家和社会学家一般都把自利看作经济活动以及其他社会活动的动因（Coleman，1986）。荷兰著名思想家曼德维尔（1670—1723）认为，个人的自利才是人的行为动力。正是个人一心关注自己的利益，无意识地

---

① 百科名片：TCP/IP 协议，http：//baike. baidu. com/view/7649. htm。

导致了社会公益的实现，推动整个社会的发展。英国哲学家休谟（David Hume，1711—1776）从自然法学派的立场出发提出，只有在人们追求自利时，公益才能得到最佳实现，联结自利和公益的桥梁是正义。英国古典政治经济学的创立者亚当·斯密大胆地为自利"正名"，他认为人们总是试图最大化自己的收益，或者等价地表述为最小化自己的损失，这种"理性"的自利倾向是人性的自然流露，不能够也不应该被铲除，只要它恰当合宜、行之有度，就成为社会中的人必备的基本美德，"对我们自己个人幸福和利益的关心，在许多场合也表现为一种非常值得称赞的行为原则"[1]。早期的理性选择理论家（如 Homans，1950）认为，当人们面临问题，特别是面临对稀缺资源的分配时，总是会考虑各种可能的解决方案。在仔细权衡各种选择之后，实际上也就是对个人的成本—收益进行分析之后，做出他们自认为是最优的选择。因此，他们会试图最优化自己的决策过程并最大化可能得到的收益[2]。

在网络传播中，网络传播主体跟其他市场主体一样，都力图实现自身利益的最大化。所不同的是，有的网络传播主体更看重眼前利益，有的更注重长远利益；有的只看重经济利益，有的在实现经济利益的同时也兼顾社会效益。网络传播主体在追逐利益最大化的过程中，就不可避免地出现恶性竞争，导致非法跟踪、盗窃密码、传播病毒、攻击网站、制造网络"垃圾"、传播色情信息等危害网络传播健康发展的恶意网络传播行为。因此，为避免这种恶意行为给网络传播发展带来灭顶之灾，多数网络传播主体会主动联合起来，实行行业自律，抵制恶意传播。美国在线隐私联盟（OPA，Online Privacy Alliances）公布的在线隐私指引、美国计算机协会提出的"网络伦理八项要求"（The Eight Commandments for Network Ethics）就是这样产生的。20 世纪末，我国兴办网络版的新闻媒体有 100 多家，但个别商业站点由于缺乏信息源，未经授权大量摘抄各媒体网络版的信息，严重侵害了被摘抄单位的知识产权。1999 年，以新华社为代表的 23 家信息网络管理负责人联合公开发表了《中国新闻界网络媒体公约》，主动向全社会承诺要以"合作、公平、发展"的职业道德从事信息网络管理工作，从而宣告了中国网络传播中一个重要的内生性制度的产生。在互联网行业蓬勃发展的同时，假冒商品、虚假信息、侵害隐私等社会诚信问

---

① ［英］亚当·斯密：《道德情操论》，北京：商务印书馆 1998 年版，第 400 页。
② ［美］彼得·R. 芒戈，诺什·S. 康特拉克特著，陈禹等译：《传播网络理论》，中国人民大学出版社 2009 年版，第 133 页。

题也在互联网上蔓延，这些互联网诚信缺失现象，严重损害互联网企业的信誉和互联网诚信环境，不仅影响互联网行业的健康发展，甚至可能诱发严重的社会问题。针对目前互联网行业发展及诚信状况的迫切需要，为了充分调动业内各企业的力量，更好地推进行业诚信建设，带动互联网行业健康有序地发展，由中国互联网协会与百度、腾迅、搜狐、新浪、网易、凤凰网于2009年3月10日共同发起成立了"中国互联网协会网络诚信推进联盟"。该联盟以"建立和完善网络诚信长效机制，推动和建设网络诚信体系，督促和引导互联网企业诚信经营，营造和维护安全可信、规范和谐、文明健康的互联网环境"为宗旨，具体承诺内容包括：（1）强化职工诚信教育，提高社会责任感，增强自觉抵制网上低俗之风和虚假信息的能力；（2）加强企业内部管理、规范经营行为、坚持不懈地为网民提供健康向上、真实可信的网络内容和服务；（3）积极引导和鼓励网民自觉维护网络诚信环境，培养科学、文明、健康的上网习惯；（4）携手广大互联网相关企业，共同参与建设互联网诚信长效机制，积极推进网络诚信自律，自愿接受社会监督。目前，联盟成员已经达到118家。

（三）公共品理论与网络传播外生性制度的产生

把公共品当成一个经济学概念加以明确界定的代表人物是美国经济学家保罗·萨缪尔森。他认为，公共品"是指那种不论个人是否愿意购买，都能使整个社会每一成员获益的物品。私人品恰恰相反，是那些可以分割、可以供不同人消费，并且对他人没有外部收益或成本的物品。高效的公共品通常需要政府提供，而私人品则可由市场进行有效的分配"。[①] 公共品有纯公共品和准公共品之分。纯公共品一般是指那些为整个社会共同消费的产品，是在消费过程中具有非竞争性和非排他性的产品，任何一个人对该产品的消费都不减少别人对它进行同样消费。纯公共品具有三个特征。一是非竞争性，增加一个消费者对供给者带来的边际成本为零，每个消费者的消费都不影响其他消费者的消费数量和质量。二是非排他性，某些产品投入消费领域，任何人都不能独占专用，不能阻止任何人享受这类产品。三是非分割性，是在保持其完整性的前提下由众多的消费者共同享用的。管理以及从事行政管理的各部门所提供的公共产品或服务都属于这一类。准公共品通常只具备纯公共品上述三个特性中的两个，第三个特性

---

① ［美］保罗·A.萨缪尔森、威廉·D.诺德豪斯：《经济学》第16版，北京：华夏出版社2002年版，第268页。

表现得不充分。一种是具有非排他性和不充分的非竞争性的公共产品，例如教育产品；另一种是具有非竞争性特征，但非排他性不充分的准公共产品，例如公共道路和桥梁。准公共产品的范围较广，教育、文化、广播、电视、医院等事业单位，其向社会提供的属于准公共产品，实行企业核算的供水、供电、供气、邮政、市政建设、铁路、机场、城市公共交通等，也属于准公共产品的范围。

公共品是社会正常存在与发展所必需的、具有社会性的物品或服务，同时，公共品又是个人无力独自提供而必须由社会最具权威和影响力的公共机构（如国家或政府）负责组织提供的。政府对公共品的提供范围、程度以及提供方式，是经济、政治、社会、历史、文化、传统、自然等多因素共同影响的结果。比如，丹麦、挪威、瑞典之所以实行比其他西方国家更高的福利制度，就与这些国家社会民主思潮深入人心和社会民主党长期执政分不开。

在网络传播领域，个体利益与集体利益发生冲突是不可避免的。为实现自身利益最大化，网络传播主体总是力图占有更多网络资源，采用更冒进、更刺激、更能吸引眼球的传播方式和内容，甚至为此不惜违背社会公德和伦理道德。即使他们意识到这样会对网络传播本身、对社会产生恶劣的后果，但相对于他们获得的或预期获得的收益而言，这种影响对于他们来说是微乎其微的。如果放任网络传播主体这样做，就会对网络传播造成严重后果甚至毁灭性的后果。Bonacich 和 Schneider 把这种情况称作传播困境。对于传播困境，他们举了一个案例：1986 年美国"挑战者"号航天飞机坠毁，而这一灾难性事件正是由传播困境引发的。由于 NASA 的高级管理者出于独立部门的局部利益考虑，没能在事故发生的数月之前共享"挑战者"号的有关机械故障信息，导致了这场悲剧的发生。Kalman、Monge 和 Fulk（2001）提出了解决传播困境的两个关键办法：一是管理层可以命令人们共享信息；二是创造公共利益转换，将个体利益直接建立在集体利益基础之上。公共利益转换可以使集体利益最大化，但要求所有的资源共享者都共同参与和自我管理①。因此，为避免网络传播领域的"公共地悲剧"或传播困境，就需要政府提供网络传播的合理规则和良好环境，协调传播个体之间的利益关系，力争将个人利益转换为公共利益，在集体利益最大化的基础上争取个人利益的最大化。例如，针对 20 世纪 80

① ［美］彼得·R. 芒戈、诺什·S. 康特拉克特著，陈禹等译：《传播网络理论》，北京：中国人民大学出版社 2009 年版，第 156—157 页。

年代英国社会计算机系统和数据的犯罪不断发生的社会问题，1990 年 8 月 29 日，英国政府通过了《1990 年计算机滥用法》。2008 年，日本破获传播儿童色情物品案件 254 件，同比增长 32.3%，违反青少年保护条例 437 件，同比增长 90%。基于这种背景，日本 2009 年出台了《保证青少年安全安心上网环境的整顿法》（又称《不良网站对策法》），该法第①条款称："鉴于目前网络上充斥各种不利于青少年成长的不良信息，有必要采取措施提高青少年合理利用网络的能力，同时通过普及使用不良信息过滤软件及提高性能等措施尽可能减少青少年通过网络阅读不良信息的机会，从而实现青少年能够安全安心上网，维护青少年行使自身权利这一目的"。

互联网技术极大地助长了色情信息的传播，色情网站以淫秽色情内容为诱饵，大肆传播木马病毒，偷偷监视电脑用户，偷窃用户上网密码、游戏账号、股票账号甚至是网上银行账户等，严重扰乱了网络传播秩序，迫切需要政府主管部门供给相关管理制度加以有效规制和管理。在此背景下，1995 年 4 月 5 日公安部颁布了《关于严厉打击利用计算机技术制作、贩卖、传播淫秽物品违法犯罪活动的通知》。1996 年 7 月 1 日公安部发布了《关于加强信息网络国际联网信息安全管理的通知》，明确要求各地公安机关依法打击利用网络传播淫秽信息的违法犯罪活动。2000 年 12 月 28 日第九届全国人民代表大会常务委员会第 19 次会议通过的《关于维护互联网安全的决定》第 3 条、第 6 条规定，在互联网上建立淫秽网站、网页，提供淫秽站点链接服务，或者传播淫秽书刊、影片、音像、图片，构成犯罪的，依照刑法有关规定追究刑事责任；不构成犯罪的，由公安机关依照《治安管理处罚条例》予以处罚。2004 年 9 月 5 日，中国最高人民法院、最高人民检察院联合出台了《关于办理利用互联网、移动通信终端、声讯台制作、复制、出版、贩卖、传播淫秽电子信息刑事案件具体应有法律若干问题的解释》，规定利用互联网、移动通信终端、声讯台制作、复制、出版、贩卖、传播淫秽电子信息，将以制作、复制、出版、贩卖、传播淫秽物品牟利罪定罪处罚。同年 9 月 5 日，广电部配合中宣部、中央外宣部等 14 个中央部门联合制订了《打击淫秽色情网站专项行动方案》，发布了《关于贯彻落实全国打击淫秽色情网站专项行动电视电话会议精神，加强互联网传播视听节目管理的通知》。同时，网络传播行业也积极行动起来，强化行业自律。2003 年 12 月 8 日，人民网、新华网、中国网等 30 多家互联网新闻信息服务单位在北京共同签署了《互联网新闻信息服务自律公约》，承诺坚持抵制淫秽、色情等有害信息的网上传播；2004 年 6 月 10 日，中国互联网协会、互联网新闻信息服务工作委员会发布了《互联网网站禁止传播淫秽、色情等不良信息自律规范》，规定了淫秽信息、色情信息的类型以及相关的遏制方式；2004 年 12 月 22 日，中国互联网协会、互联网新闻信息服务工作委员会出台了《互联网搜索引擎服务商抵制淫秽、色情等违法和不良信息自律规范》，规定互联网搜索引擎服务商"不得以任何方式主动传播、收录、链接含有淫秽、色情等违法和不良信息内容的网站、网页"。

第二节　中国的网络传播制度

1994 年 2 月 18 日，我国国务院颁布了中国第一部有关互联网的法律文件——《中华人民共和国计算机信息系统安全保护条例》，由此拉开了我国网络传播制度建设的序幕。到目前为止，中国已制定出台与网络传播相关的法律、法规和规章共计 200 多部，行业自律公约 30 多个，形成了覆盖全面、层级多样、调整范围广泛的网络传播制度体系。

一、中国网络传播正式规则

（一）网络传播的组织管理系统

组织管理系统是网络传播正式规则的基础，目的在于明确分工，建立协调机制。组织管理系统明确了网络传播的领导机构、建设和管理单位、技术支撑单位、内容保障单位、保密审查单位等相关方；界定网络传播相关责任方的具体职责与要求；建立内部协调机制，实现统一规划、统一部署；提出网络传播管理机构的内部架构及对工作人员的具体岗位要求，建立持续发展的人员培训机制。

目前，中国网站主管部门达 20 多家，主要有：

1. 国务院信息化工作领导小组。《中华人民共和国计算机信息网络联网管理暂行规定》（以下简称《规定》）（1996 年 2 月 1 日国务院发布，1997 年 5 月 20 日修订）第五条规定："国务院信息化工作领导小组（以下简称领导小组），负责协调、解决有关国际联网工作中的重大问题。领导小组办公室按照本规定制定具体管理办法，明确国际出入口信道提供单位、互联单位、接入单位和用户的权利、义务和责任，并负责对国际联网工作的检查监督。"根据《规定》要求，国务院于 1999 年 12 月 23 日下发了《国务院办公厅关于成立国家信息化工作领导小组的通知》（国办发

〔1999〕103号），规定其职责是"组织协调国家计算机网络与信息安全管理方面的重大问题"，"组织协调跨部门、跨行业的重大信息技术开发和信息化工程的有关问题"，"组织协调解决计算机2000年问题，负责组织拟定并在必要时组织实施计算机2000年问题应急方案"。其主要职责是协调和解决国际联网中的重大问题。

2. 国家工业和信息化部（原国务院信息产业部）。《互联网信息服务管理办法》（2000年9月25日国务院发布）第18条规定："国务院信息产业主管部门和省、自治区、直辖市电信管理机构，依法对互联网信息服务实施监督管理。"《中华人民共和国电信条例》（2000年9月25日国务院发布）第3条规定："国务院信息产业主管部门依照本条例的规定对全国电信业实施监督管理。省、自治区、直辖市电信管理机构在国务院信息产业主管部门的领导下，依照本条例的规定对本行政区域内的电信业实施监督管理。"其主要职责是解决网络运营、接入及安全问题。2008年3月，国务院进行机构改革，组建了国家工业和信息化部，在信息化方面的职责是管理通信业、指导推进信息化建设、协调维护国家安全等。

3. 国务院新闻办公室。《互联网从事登载新闻业务管理暂行规定》（2000年11月6日国务院新闻办、信息产业部发布）第四条规定："国务院新闻办公室负责全国互联网网站从事登载新闻业务的管理工作。省、自治区、直辖市人民政府新闻办公室依照本规定负责本行政区域内互联网网站从事登载新闻业务的管理工作。"其主要职责是网络传播的内容管理，推动中国媒体、向世界展示中国，推动海外媒体客观、准确地报道中国。

4. 国家广播电影电视总局。《关于加强通过信息网络向公众传播广播电影电视类节目管理的通知》（1999年10月1日国家广播电影电视总局发布）第1条规定："在境内通过包括国际互联网络在内的各种信息网络传播广播电影电视类节目，须报国家广播电影电视总局批准。"《互联网等信息网络传播视听节目管理办法》（2004年6月15日国家广播电影电视总局发布）第4条规定："国家广播电影电视总局负责全国互联网等信息网络传播视听节目的管理工作。县级以上地方广播电视行政部门负责本辖区内互联网等信息网络传播视听节目的管理工作。"其主要职责是对视听节目网络传播的管理。2008年7月11日，国务院办公厅发布了《关于印发国家广播电影电视总局主要职责内设机构和人员编制规定的通知》，明确要求"加强对信息网络视听（包括影视类音像制品的网上播放）服务和公共视听载体播放节目的业务监管职责。"①

5．新闻出版总署。《互联网出版管理暂行规定》（2002 年 6 月 27 日中国新闻出版总署、中国信息产业部发布）第 4 条规定："新闻出版总署负责监督管理全国互联网出版工作，其主要职责是：（一）制定全国互联网出版规划，并组织实施；（二）制定互联网出版管理的方针、政策和规章；（三）制定全国互联网出版机构总量、结构和布局的规划，并组织实施；（四）对互联网出版机构实行前置审批；（五）依据有关法律、法规和规章，对互联网出版内容实施监管，对违反国家出版法规的行为实施处罚。省、自治区、直辖市新闻出版行政部门负责本行政区域内互联网出版的日常管理工作，对本行政区域内申请从事互联网出版业务者进行审核，对本行政区域内违反国家出版法规的行为实施处罚。"② 其主要职责是网络出版与知识产权管理。为加强对网络新媒体的管理，总署专门设立了科技与数字出版管理司，加强对新闻出版领域内的新媒体、新业态的研究、开发、利用和发展，制定互联网和数学出版的相关行业标准，加强对网络文学、网络书籍和手机书籍、手机文学的监管。

6．文化部。《互联网文化管理暂行规定》（2003 年 3 月 4 日文化部发布，2011 年 2 月修订）第 6 条规定："文化部负责制定互联网文化发展与管理的方针、政策和规划，监督管理全国互联网文化活动。省、自治区、直辖市人民政府文化行政部门对申请从事经营性互联网文化活动的单位进行审批，对从事非经营性互联网文化活动的单位进行备案。县级以上人民政府文化行政部门负责本行政区域内互联网文化活动的监督管理工作。县级以上人民政府文化行政部门或者文化市场综合执法机构对从事互联网文化活动违反国家有关法规的行为实施处罚。"③ 其主要职责是对互联网文化活动的管理。2008 年，国务院明确将原由国家新闻出版总署动漫、网络游戏管理职责（不含网络游戏的网上出版前置审批）划入文化部。

---

① 《国务院办公厅关于印发国家广播电影电视总局主要职责内设机构和人员编制规定的通知》，http：//www. chinafilm. org. cn。

② 《互联网出版管理暂行规定》，http：//www. china. com. cn/zhuanti2005/txt/2002－07/15/content _ 5173506. htm。

③ 《互联网文化管理暂行规定》，http：//www. china. com. cn/policy/txt/2011－03/25/content _ 22216430. htm。

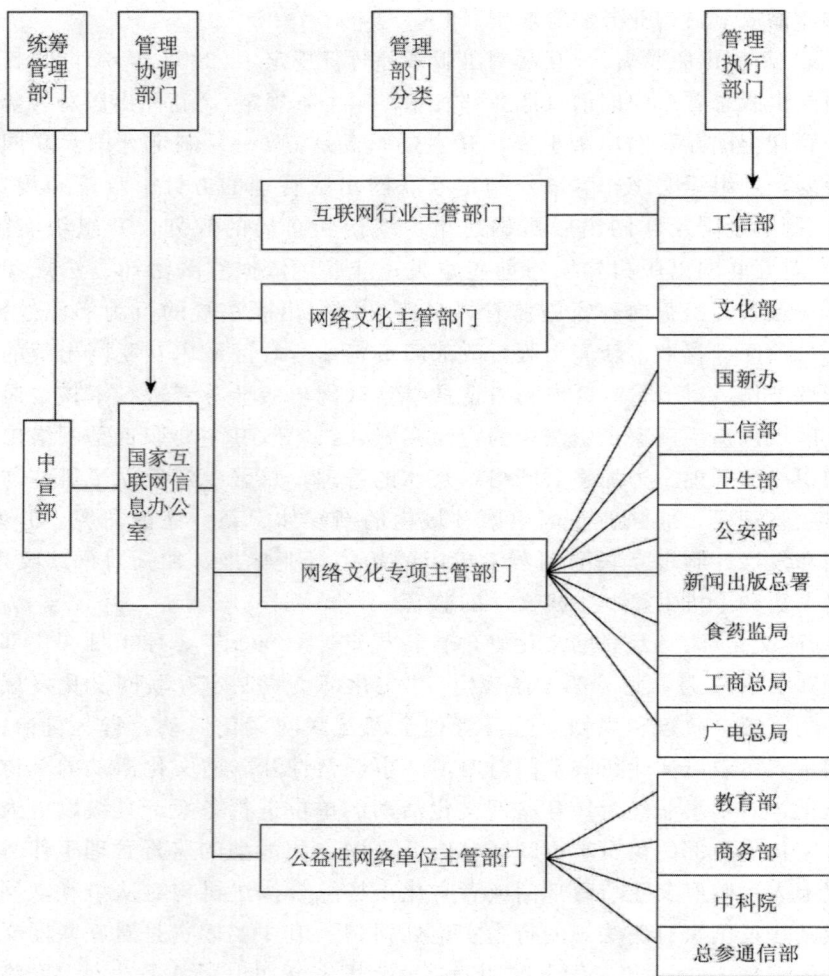

图 2—1　**中国网络传播行政管理**

7. 公安部。《中华人民共和国计算机信息系统安全保护条例》（1994年 2 月 18 日国务院发布）第 6 条规定："公安部主管全国计算机信息系统安全保护工作。国家安全部、国家保密局和国务院其他有关部门，在国务院规定的职责范围内做好计算机信息系统安全保护的有关工作。"第 15 条规定："对计算机病毒和危害社会公共安全的其他有害数据的防治研究工作，由公安部归口管理。"《计算机信息网络国际联网安全保护管理办法》（1997 年 12 月 11 日国务院发布）第 3 条规定："公安部计算机管理监察机构负责计算机信息网络国际联网的安全保护管理工作。公安机关计算机管理监察机构应当保护计算机信息网络国际联网的公共安全，维护从事国际联网业务的单位和个人的合法权益和公众利益。"① 其主要职责是对网络有害信息、网络犯罪、网络安全进行管理。

此外，"新闻、出版、教育、卫生、药品监督管理、工商行政管理和公安、国家安全等有关主管部门，在各自职责范围内依法对互联网信息内容实施监督管理。"②

较之传统媒体以新闻出版署、广播电影电视管理总局、宣传部等为主体的管理模式，网络传播管理多头管理现象严重，在初期运作阶段，多头管理常常显示其分工不够明确的弊端。但随着政府网络管理经验的不断丰富，网络各司其职的规范管理越来越清楚③。

（二）中国网络传播正式规则

中国网络传播正式规则主要包括法律、行政法规和部门规章三类具有强制约束的成文规则。

1. 中国网络传播法律

（1）有关法律对于网络传播的相关规定。一是关于网络犯罪的规定。我国刑法第 285 条规定了非法侵入计算机系统罪："违反国家规定，侵入国家事务、国防建设、尖端科学技术领域的计算机信息系统的，处三年以下有期徒刑或者拘役。"第 286 条规定了破坏计算机信息系统罪："对计算机信息系统功能进行删除、修改、增加、干扰，造成计算机信息系统不能正常运行，后果严重的，处五年以下有期徒刑或者拘役；后果特别严重的，处五年以上有期徒刑。违反国家规定，对计算机信息系统中存储、处理或者传输的数据和应用程序进行删除、修改、增加的操作，后果严重的，依照前款的规定处罚。"第 286 条第三款规定："故意制作、传播计算机病毒等破坏性程序，影响计算机系统正常运行，后果严重的，依照第一款的规定处罚。"二是有关电子商务的法律。1999 年颁布的《合同法》第 11 条和第 16 条正式确认了以电子形式订立的合同的法律效力。三是保护个人隐私和个人信息的法律、法规。2009 年《刑法修正案（七）》规定了出售、非法获取和提供个人信息罪，2010 年 7 月 1 日实施的《中华人民共和国侵权责任法》明确规定了对公民个人隐私权的保护。四是关于著作权的网络传

---

① 《中华人民共和国计算机信息系统安全保护条例》，http：//www. gov. cn/flfg/2005 —08/06/content _ 20928. htm。

② 《互联网信息服务管理办法》，http：//www. edu. cn/20031105/3093882. shtml。

③ 钟瑛、牛静：《网络传播法制与伦理》，武汉：武汉大学出版社 2006 年版，第 18 页。

播权的法律规定。2010 年修订的《著作权法》第 9 条规定，著作权人依法享有信息网络传播权，"即以有线或者无线方式向公众提供作品，使公众可以在其个人选定的时间和地点获得作品的权利"。

（2）《最高人民法院关于审理涉及计算机网络著作权纠纷案件适用法律若干问题的解释》。2000 年 11 月 22 日，为了正确审理涉及计算机网络著作权纠纷案件，最高人民法院审判委员会第 1144 次会议通过了《最高人民法院关于审理涉及计算机网络著作权纠纷案件适用法律若干问题的解释》（以下简称《解释一》）。《解释一》对涉及网络著作权纠纷案件的管辖、作品数字化形式与著作权的关系、著作权人享有的在网络传播作品的权利、网络传播作品行为的性质、网络环境下的法定许可使用作品、侵权行为的认定、网络服务提供者的法律责任、权利管理信息保护、侵权损害赔偿的责任范围等问题的法律适用等都作了规定。根据《中华人民共和国著作权法》第五十八条的规定及《信息网络传播权保护条例》的规定，2003 年 12 月 23 日，第九届全国人大常委会第 24 次会议审议通过了《最高人民法院关于审理涉及计算机网络著作权纠纷案件适用法律若干问题的解释》（以下简称《解释二》）。《解释二》删去了《解释一》第 2 条第 2 款、第 3 条、第 9 条、第 10 条，新增了一条："网络服务提供者明知专门用于故意避开或者破坏他人著作权技术保护措施的方法、设备或者材料，而上载、传播、提供的，人民法院应当根据当事人的诉讼请求和具体案情，依照著作权法第 47 条第（六）项的规定，追究网络服务提供者的民事侵权责任。"《解释二》于 2004 年 1 月 7 日施行。2006 年 11 月 20 日，根据《中华人民共和国著作权法》第 58 条及《信息网络传播权保护条例》的规定，最高人民法院审判委员会第 1406 次会议通过了《关于修改〈最高人民法院关于审理涉及计算机网络著作权纠纷案件适用法律若干问题的解释〉的决定（二）》（以下简称《解释三》），删去《解释二》的第三条。《解释三》自 2006 年 12 月 8 日起施行。

（3）《全国人民代表大会常务委员会关于维护互联网安全的决定》。2000 年 12 月 28 日，针对中国出现的利用互联网犯罪的实际情况，九届人大常委会第 19 次会议通过了《关于维护互联网安全的决定》（以下简称《决定》）。《决定》从维护国家安全和社会稳定，保障网络安全，维护社会主义市场经济秩序和社会管理秩序，保护公民、法人和其他组织的合法权益四个方面，明确规定"构成犯罪的，依照刑法有关规定追究刑事责任"。同时规定："利用互联网实施违法行为，违反社会治安管理，尚不构成犯罪的，由公安机关依照《治安管理处罚条例》予以处罚；违反其他法律、行政法规，尚不构成犯罪的，由有关行政管理部门依法给予行政处罚；对直接负责的主管人员和其他直接责任人员，依法给予行政处分或纪律处分。利用互联网侵犯他人合法权益，构成民事侵权的，依法承担民事责任。"《决定》明确规定互联网上哪些行为是违法犯罪行为，以及实施该行为应当承担的刑事责任、行政处罚或者民事责任。但是，《决定》没有规定具体罚则，因此，在追究网络犯罪的刑事责任时，还必须依照刑法的有关规定；在对违法行为给予行政处罚、承担民事责任时，还必须依据其他有关法律、行政法规的规定。

（4）《最高人民法院、最高人民检察院关于办理利用互联网、移动通讯终端、声讯台制作、复制、出版、贩卖、传播淫秽电子信息刑事案件具体应用法律若干问题的解释》。进入 21 世纪以来，淫秽电子信息在互联网上传播范围扩大、传播速度加快，严重危害未成年人的成长，败坏社会道德风尚，诱发违法犯罪。2004 年 9 月 6 日，最高人民法院、最高人民检察院颁布实施了《关于办理利用互联网、移动通讯终端、声讯台制作、复制、出版、贩卖、传播淫秽电子信息刑事案件具体应用法律若干问题的解释》（以下简称《解释一》）。《解释一》针对直接制作、复制、出版、贩卖、传播淫秽电子信息的犯罪行为规定了定罪量刑标准，为严厉打击上述犯罪提供了明确依据。随着信息技术的飞速发展，淫秽电子信息犯罪呈现出新形式、新特点，此前一度得到有效遏制的淫秽电子信息犯罪，又在手机网络中泛滥。在手机网民数量快速增长、计算机互联网监管机制日臻成熟的形势下，手机网站已成为淫秽电子信息的重要传播途径，亟须有效治理。在以往的司法实践中，司法机关打击的往往是淫秽网站利益链的末端。而淫秽网站，特别是手机淫秽网站屡打不绝的主要原因在于利益驱动。手机淫秽网站、电信运营商、广告主、广告联盟、第三方支付平台之间形成了环环相扣的利益链。因此，打击淫秽网站关键在于切断淫秽网站背后的利益链。然而，司法机关在适用《解释一》的过程中遇到了打击利益链缺乏明确法律依据等问题。为依法惩治利用互联网、移动通信终端制作、复制、出版、贩卖、传播淫秽电子信息，通过声讯台传播淫秽语音信息等犯罪活动，维护社会秩序，保障公民权益，根据《中华人民共和国刑法》《全国人民代表大会常务委员会关于维护互联网安全的决定》的规定，2010 年 1 月 18 日，最高人民法院审判委员会第 1483 次会议、2010 年 1 月 14 日最高人民检察院第十一届检察委员会第 28 次会议通过了《最高人民法院、最高人民检察院关于办理利用互联网、移动通讯终端、声讯台制作、复制、出版、贩卖、传播淫秽电子信息刑事案件具体应用法律若干问题的解释》（以下简称《解释二》）。《解释二》厘清了网站建立者、直接负责的管理者、电信业务经营者、互联网信息服务提供者、广告主、广告联盟、第三方支付平台等各方在制作、复制、出版、贩卖、传播淫秽电子信息犯罪中应承担的法律责任。对于明知是淫秽电子信息而不履行法定管理职责，允许或放任他人在自己所有或管理的网站或网页上发布淫秽色情及低俗信息，以及明知是淫秽网站，而提供资金支持或提供服务从中获利等达到一定危害程度的行为，明确规定为犯罪，从而解决了执法中遇到的突出问题，具有现实的针对性和可操作性。《解释二》是对《解释一》的进一步完善和补充，二者共同为整治互联网和手机媒体淫秽色情及低俗信息专项行动提供了强有力的司法保障，有助于依法惩治淫秽电子信息犯罪，净化网络环境，促进互联网行业健康发展，保护未成年人健康成长。

2. 中国网络传播行政法规

（1）《中华人民共和国计算机信息系统安全保护条例》。1994年2月18日，国务院令第147号发布并施行了《中华人民共和国计算机信息系统安全保护条例》（以下简称《条例》）。《条例》对计算机信息系统的安全保护制度、安全监督、法律责任等作出了明确规定，是中国历史上第一部关于网络传播的正式规则，在我国网络传播制度史上具有里程碑意义。虽然《条例》保护的对象是有配套网络设备、设施的计算机，但保护的重点不是计算机网络安全，而是计算机本身，没有条款直接规定保护计算机信息网络安全。《条例》规定的是以安全管理和技术防护为主体的安全保护制度，忽视了建立保护计算机安全的行为规范。2011年1月8日，国务院令第588号公布并施行了《中华人民共和国计算机信息系统安全保护条例》（2011年1月8日修正版），删去《条例》第24条："违反本条例的规定，构成违反治安管理行为的，依照《中华人民共和国治安管理处罚条例》的有关规定处罚；构成犯罪的，依法追究刑事责任。"

（2）《中华人民共和国计算机信息网络国际联网管理暂行规定》。1996年2月1日，国务院令第195号公布实施了《中华人民共和国计算机信息网络国际联网管理暂行规定》（以下简称《规定》）。《规定》对中国计算机信息网络国际联网的管理、互联网新建、互联网接入、用户的权利与义务、违反规定应承担的后果等作了明确规定。1997年5月20日，国务院发布第218号国务院令，对《规定》进行了修改，主要为：第8条增加一款，作为第二款："接入单位拟从事国际联网经营活动的，应当向有权受理从事国际联网经营活动申请的互联单位主管部门或者主管单位申请领取国际联网经营许可证；未取得国际联网经营许可证的，不得从事国际联网经营业务。"第8条第二款改为两款，分别作为第三款和第四款并修改为："接入单位拟从事非经营活动的，应当报经有权受理从事非经营活动申请的互联单位主管部门或者主管单位审批；未经批准的，不得接入互联网络进行国际联网。""申请领取国际联网经营许可证或者办理审批手续时，应当提供其计算机信息网络的性质、应用范围和主机地址等资料"。第8条增加一款，作为第五款："国际联网经营许可证的格式，由领导小组统一制定。"第9条增加两款，分别作为第二款和第三款："接入单位从事国际联网经营活动的，除必须具备本条前款规定条件外，还应当具备为用户提供长期服务的能力。""从事国际联网经营活动的接入单位的情况发生变化，不再符合本条第一款、第二款规定条件的，其国际联网经营许可证由发证机构予以吊销；从事非经营活动的接入单位的情况发生变化，不再符合本条第一款规定条件的，其国际联网资格由审批机构予以取消"。

（3）《中华人民共和国电信条例》。2000年9月25日，国务院令第291号公布实施了《中华人民共和国电信条例》（以下简称《条例》）。《条例》坚持"保护公平竞争、防止垄断、促进发展"的原则，摆正了政府与企业的关系，电信主管部门与各个电信企业都脱离了经济关系和行政隶属关系，它的任务是站在社会公共利益的高度上，公开、公平、公正地制定规则，当好裁判，电信企业是市场竞争的主体，要依法经营，公平竞争，接受政府的监督检查；在坚持为新电信企业进入市场创造比较宽松的政策环境的同时，又对已占市场主导地位的电信企业规定了保证互联互通、平等接入和提供网络元素分拆销售等义务；将广播电视传输网和计算机互联网及其相关服务纳入了电信管制的范围，体现了当代通信与信息技术进步的发展方向，为实现电话、计算机和电视三种网络与业务的融合，推进信息网络化，提供了法律基础；汲取和借鉴国外电信立法的经验，采取了发达国家在引入竞争后电信监管比较通行的做法。《条例》规定了电信业的经营许可、互联互通、资源有偿使用、资费管理、服务质量监督、设备进网、安全保障等七大制度，构成了我国电信行业监管的主要内容和基本依据。这是我国第一部有关电信业的综合性行政法规，它的出台结束了我国电信业基本上无法可依的状态，标志着我国电信业的改革与发展进入了一个新的历史阶段，对我国尤其是21世纪电信事业的发展和建设将产生巨大推动作用和深远影响，具有划时代的历史重要意义。

（4）《互联网信息服务管理办法》。2000年9月25日，国务院令第292号公布施行了《互联网信息服务管理办法》（以下简称《办法》）。这项我国互联网管理的基础性法规对我国互联网信息服务的健康有序发展起到了积极作用。随着我国互联网的快速发展，出现了许多新情况，面临一些新问题。为此，依据宪法和相关法律，国家互联网信息办公室、工业和信息化部等有关部门对现行办法进行了修订，形成了《互联网信息服务管理办法（修订草案征求意见稿）》（以下简称《征求意见稿》）。《征求意见稿》明确了论坛、微博客等的许可审批，完善了办网站的准入条件，强化了相关服务提供者的安全管理责任，强化了相关服务提供者的记录留存义务，对用户用真实身份信息注册作出了规定，加强了个人信息保护，规范了政府部门监督检查行为。值得一提的是，现行《办法》属于行政法规；而《征求意见稿》由工信部发布，属于部门规章。从法律位阶来看，现行《办法》是《征求意见稿》的上位法，法律位阶高于《征求意见稿》。

（5）《互联网上网服务营业场所管理条例》。2002 年 9 月 29 日，国务院令第 363 号公布了《互联网上网服务营业场所管理条例》（以下简称《条例》），《条例》自 2002 年 11 月 15 日起施行。《条例》作为一部行政法规，其内容与《互联网上网服务营业场所管理办法》相比更为严厉。首先，设立网吧的要求更为严格。《条例》除了规定设立网吧所必须具备的资金、场所、设备、人员及安全管理制度和措施外，还授权文化部制定互联网上网服务营业场所的最低营业面积、计算机等装置及附属设备数量、单机面积的标准，并授权文化部及省级文化行政部门制定网吧总量和布局要求。其次，《条例》调整了审批机构，明确了审批程序。再次，《条例》明确要求互联网上网服务营业场所经营单位不得接纳未成年人进入，并应当在营业场所入口处的显著位置悬挂未成年人禁入标志，而且中学、小学校园周围 200 米范围内和居民住宅楼（院）内不得设立互联网上网服务营业场所。继次，《条例》着重强调了网络安全。《条例》规定，经营单位和上网消费者不得利用互联网上网服务营业场所制作、下载、复制、查阅、发布、传播或者以其他方式使用有害信息，不得进行制作或者传播计算机病毒、黑客等危害信息网络安全的活动。最后，《条例》还规定经营单位不得经营非网络游戏，经营单位和上网消费者不得利用网络游戏或者其他方式进行赌博或者变相赌博活动。总的来看，《条例》对于网吧的设立和经营都规定了严厉的条件，违反规定的将受到严厉处罚，这对于规范网吧的经营管理将起到积极作用。但对于如何采取相关配套措施、保障消费者的合法权益特别是为未成年人上网获取知识、拓宽视野提供便利，《条例》未进行相关规定。该《条例》于 2002 年 11 月 15 日废止。

（6）《信息网络传播权保护条例》。2006 年 5 月 10 日，国务院第 135 次常务会议通过了《信息网络传播权保护条例》（以下简称《条例》），并于 2006 年 7 月 1 日起施行。《条例》对网络传播中的基本法律问题作了澄清，保护了网络传播权利人的合法权益，有助于网络传播的进一步发展。《条例》规定，除法律、行政法规另有规定的外，任何组织或者个人将他人的作品、表演、录音录像制品通过信息网络向公众提供，应当取得权利人许可，并支付报酬。不过，为报道时事新闻，在向公众提供的作品中不可避免地再现或者引用已经发表的作品等八种情形，可以不经著作权人许可，不向其支付报酬。未经权利人许可，任何组织或者个人不得故意删除或者改变通过信息网络向公众提供的作品、表演、录音录像制品的权利管理电子信息；通过信息网络向公众提供明知或者应知未经权利人许可被删除或者改变权利管理电子信息的作品、表演、录音录像制品的行为亦被禁止。《条例》对网络服务提供者规定了四种免除赔偿责任的情形：一是网络服务提供者提供自动接入服务、自动传输服务的；二是网络服务提供者为了提高网络传输效率自动存储信息向服务对象提供的，只要不改变存储的作品、不影响提供该作品网站对使用该作品的监控，并根据该网站对作品的处置而做相应的处置；三是向服务对象提供信息存储空间服务的，只要标明是提供服务、不改变存储的作品，不明知或者应知存储的作品侵权，没有从侵权行为中直接获得利益，接到权利人通知书后立即删除侵权作品。四是网络服务提供者提供搜索、链接服务的，在接到权利人通知书后立即断开与侵权作品的链接。但是，如果明知或者应知作品侵权仍链接的，应承担共同侵权责任。

3. 部门规章

（1）邮电部。成立于 1949 年 11 月 1 日，其职责是统一管理中华人民共和国的邮政和电信，是中国网络传播行业的主管部门。1998 年 3 月，九届全国人大一次会议批准，在邮电部和电子工业部的基础上成立信息产业部，国家邮政局为其下属。邮电部从此被正式撤销，其职能由信息产业部与国家邮政局接管。在信息产业部成立之前，邮电部出台了两部关于网络传播的部门规章，即《中国公用计算机互联网国际联网管理办法》（1996年 4 月 9 日施行）和《计算机信息网络国际联网出入口信道管理办法》（1996 年 4 月 9 日施行）。

（2）信息产业部/工业和信息化部。信息产业部成立于 1998 年 3 月，其主要职责是：研究拟定国家信息产业发展战略、方针政策和总体规划，振兴电子信息产品制造业、通信业和软件。2008 年 3 月 11 日，国务院正式组建中华人民共和国工业和信息化部，其主要职责为：拟订实施行业规划、产业政策和标准；监测工业行业日常运行；推动重大技术装备发展和自主创新；管理通信业；指导推进信息化建设；协调维护国家信息安全等。作为中国网络传播行业的主管部门，信息产业部/工业和信息化部先后制定或与其他部门共同制定了 15 部网络传播方面的部门规章。

第一，《互联网电子公告服务管理规定》。2000 年 11 月 6 日，为加强对互联网电子公告服务的管理，规范电子公告信息发布行为，信息产业部发布了《互联网电子公告服务管理规定》，自 2000 年 10 月 8 日起施行。

第二，《互联网站从事登载新闻业务管理暂行规定》。2000 年 11 月 6 日，为规范互联网站登载新闻的业务，维护互联网新闻的真实性、准确性、合法性，国务院新闻办公室、信息产业部公布实施了《互联网站从事登载新闻业务管理暂行规定》。

第三，《互联网出版管理暂行规定》。2002 年 6 月 27 日，为加强对互联网出版活动的管理，保障互联网出版机构的合法权益，国家新闻出版总署、信息产业部公布了《互联网出版管理暂行规定》，自 2002 年 8 月 1 日施行。

第四，《中国互联网络域名管理办法》。1997 年 5 月 30 日，为加强中国互联网络域名系统的管理，中国互联网络信息中心制定了《中国互联网络域名注册暂行管理办法》。2002 年 8 月 1 日，信息产业部公布了《中国互联网络域名管理办法》（以下简称《办法》），以往发布的互联网域名管理规定与本《办法》不一致的，以本《办法》修正体为准。该办法自 2002 年 9 月 30 日起施行。2004 年 11 月 5 日，信息产业部又公布了《中国互联网络域名管理办法》'修正本'，自 2004 年 12 月 20 日起施行，2002 年公布的《办法》同时废止。

第五，《互联网管理条例》。为切实加强互联网管理工作，规范、细化互联网行业管理流程，促进我国互联网全面、协调、可持续发展，信息产业部制定了《互联网管理条例》，自 2002 年 11 月 15 日起施行，《互联网上网服务营业场所管理办法》同时废止。

第六，《电子认证服务管理办法》（以下简称《办法》）。2005 年 2 月 8 日，为规范电子认证服务行为，对电子认证服务提供者实施监督管理，信息工业部公布了《电子认证服务管理办法》，自 2005 年 4 月 1 日起施行。2009 年 2 月 28 日，工业和信息化部公布了《电子认证服务管理办法》（修正本）自 2009 年 3 月 31 日起施行，原《办法》同时废止。

第七，《互联网 IP 地址备案管理办法》。2005 年 2 月 8 日，为加强对互联网 IP 地址资源使用的管理，信息产业部公布了《互联网 IP 地址备案管理办法》，自 2005 年 3 月 20 日起施行。

第八，《非经营性互联网信息服务备案管理办法》。2005 年 2 月 8 日，为规范非经营性互联网信息服务备案及备案管理，信息产业部公布了《非经营性互联网信息服务备案管理办法》，自 2005 年 3 月 20 日起施行。

第九，《互联网著作权行政保护办法》。为了加强互联网信息服务活动中信息网络传播权的行政保护，规范行政执法行为，国家版权局、信息产业部联合发布了《互联网著作权行政保护办法》，自 2005 年 5 月 30 日起施行。

第十，《互联网新闻信息服务管理规定》。2005 年 9 月 25 日，为了规范互联网新闻信息服务，满足公众对互联网新闻信息的需求，维护国家安全和公共利益，保护互联网新闻信息服务单位的合法权益，国务院新闻办公室、信息产业部公布并施行了《互联网著作权行政保护办法》。

第十一，《互联网电子邮件服务管理办法》。2006 年 2 月 20 日，为了规范互联网电子邮件服务，保障互联网电子邮件服务使用者的合法权利，信息产业部公布了《互联网电子邮件服务管理办法》，自 2006 年 3 月 20 日施行。

第十二，《互联网视听节目服务管理规定》。2007 年 12 月 20 日，为维护国家利益和公共利益，保护公众和互联网视听节目服务单位的合法权益，规范互联网视听节目服务秩序，国家广播电影电视总局、信息产业部联合发布了《互联网视听节目服务管理规定》，自 2008 年 1 月 31 日起施行。

第十三，《电信网络运行监督管理办法》。2009 年 4 月 24 日，为加强电信网络运行监督管理，保障电信网络运行稳定可靠，预防电信网络运行事故发生，工业和信息化部印发了《电信网络运行监督管理办法》，自 2009 年 5 月 1 日起施行。

第十四，《通信网络安全防护管理办法》。2010 年 1 月 21 日，为加强对通信网络安全的管理，提高通信网络安全防护能力，保障通信网络安全畅通，工业和信息化部公布了《通信网络安全防护管理办法》，自 2010 年 3 月 1 日起施行。

第十五，《关于加强国际通信网络架构保护的若干规定》。2010 年 9 月 26 日，为了提高国际通信网络架构保护措施，保障国际通信网络运行稳定可靠，工业和信息化部印发并施行了《关于加强国际通信网络架构保护的若干规定》。

（3）国家药品监督管理局。2003 年，在国家药品监督管理局的基础上组建了国家食品药品监督管理局。该局为了对利用网络传播进行食品药品销售等行为进行监督，制定了一些网络传播的相关部门规章。2000年6月26日，国家药品监督管理局发布并实施了《药品电子商务试点监督管理办法》，以加强药品监督管理，规范药品电子商务试点工作。2001年1月11日，国家药品监督管理局公布了《互联网药品信息服务管理暂行规定》（以下简称《规定》），以加强药品监督管理，规范互联网药品信息服务业务。该《规定》自2001年2月1日施行，2004年废止。2004年7月8日，国家食品药品监督管理局公布了《互联网药品信息服务管理办法》，以加强药品监督管理，规范互联网药品信息服务活动，保证互联网药品信息的真实、准确，自2004年5月28日起施行。2005年9月29日，国家食品药品监督管理局制定了《互联网药品交易服务审批暂行规定》，以加强药品监督管理，规范互联网药品交易，自2005年12月1日起施行。

（4）国家保密局：《计算机信息网络国际联网保密管理规定》。为了加强计算机信息系统国际联网的保密管理，确保国家秘密的安全，国家保密局制定了《计算机信息网络国际联网保密管理规定》，自2000年1月1日起施行。

（5）教育部：《教育网站和网校暂行管理办法》。2000年7月5日，为促进互联网上教育信息服务和现代远程教育健康、有序地发展，规范从事现代远程教育和通过互联网进行教育信息服务的行为，教育部印发并施行了《教育网站和网校暂行管理办法》。

（6）卫生部：《互联网医疗卫生信息服务管理办法》。2001年1月8日，为规范互联网医疗卫生信息服务活动，促进互联网医疗卫生信息服务健康有序发展，卫生部发布并施行了《互联网医疗卫生信息服务管理办法》，2008年该办法废止。

（7）文化部：《互联网文化管理暂行规定》和《网络游戏管理暂行办法》。2003年5月10日，为了加强对互联网文化的管理，保障互联网文化单位的合法权益，促进我国互联网文化健康、有序地发展，文化部发布了《互联网文化管理暂行规定》（以下简称《规定》），自2003年7月1日起施行。2004年7月1日，文化部对《规定》进行了第一次修订。2011年2月17日，文化部发布《互联网文化治理暂行规定》第二次修订本，增加对网游企业注册资金不低于1000万元等规定，并对部分违规情况加大处罚力度，自2004年4月1日起施行。2003年5月10日发布、2004年7月1日修订的《互联网文化治理暂行规定》同时废止。2010年6月3日，为加强网络游戏管理，规范网络游戏经营秩序，维护网络游戏行业的健康发展，文化部发布了《网络游戏管理暂行办法》，自2010年8月1日起施行。

（8）公安部：《互联网安全保护技术措施规定》。2005 年 12 月 13 日，为加强和规范互联网安全技术防范工作，保障互联网网络安全和信息安全，公安部公布了《互联网安全保护技术措施规定》，自 2006 年 3 月 1 日起施行。

（9）国家工商行政管理总局：《网络商品交易及有关服务行为管理暂行办法》。2010 年 5 月 31 日，为规范网络商品交易及有关服务行为，保护消费者和经营者的合法权益，促进网络经济持续健康发展，国家工商行政管理总局公布了《网络商品交易及有关服务行为管理暂行办法》，自 2010 年 7 月 1 日起施行。

二、中国网络传播非正式规则

互联网在信息共享、自由传播、促进社会民主法治进程的同时，其负面影响也随之显现，并制约着互联网的发展。对于互联网的发展而言，仅靠强硬的网络监管未必能起到应有的理想效果。由于网络传播自身发展速度太快，相对而言，正式规划形成的过程则显得过于繁杂而漫长。在与网络传播新阶段相适应的正式规划形成之前，以网络传播的行业自律为代表的非正式规则就显得十分重要。西奥多·罗斯扎克在《信息崇拜》里说："法律试图跟上技术的发展，而结果总是技术走在前头……在不到一代人的时间里，信息传递技术的发展规模太大、太活跃，法律无力对之加以严密的规范。"[①] 可见，互联网制造的"陷阱"不可能仅仅靠法律来规范，要呵护互联网世界的自由和平等，非正式规则是更重要的武器。需要强调的是，规范互联网发展并不是限制互联网自由，它是建立在法治基础上的合理规制。

正是适应网络传播自身高速发展与正式规则供给严重不足的矛盾之需，中国网络传播的非正式规划总是在网络传播发展的重要节点应时而出、应运而生。

（一）新兴网络媒体的兴起与《中国新闻界网络媒体公约》

1999 年，兴办网络版的中国新闻媒体已有 100 多家。但是，个别商业站点由于缺乏信息源，未经授权大量摘抄各媒体网络版的信息，实际上严

---

① ［美］西奥多·罗斯扎克著，苗华健、陈体仁译：《信息崇拜》，北京：中国对外翻译出版社 1994 年版，第 101 页。

重侵害了被摘抄单位的知识产权。为了加强中国新兴的网络媒体之间的交流和合作，营造中国网络媒体公平竞争的良好环境，提高中国网络新闻信息的传播质量，1999年4月15日，新华社、人民日报社、中央电视台、中国青年报牵头组织了23家有影响的新闻界网络媒体会议，原则通过了《中国新闻界网络媒体公约》（以下简称《公约》），这是中国网络传播的第一个非正式规则。《公约》呼吁，首先，网上媒体应充分尊重相互的信息产权和知识产权，呼吁全社会尊重网上的信息产权和知识产权，坚决反对和抵制任何相关侵权行为，对于侵权行为，公约单位将共同行动，联合抵制；其次，各公约单位郑重约定，凡不属于此公约的其他网站，如需引用公约单位的信息，应经过授权，并支付相应的费用，使用时，或注明出处，或建立链接；各网络媒体无论规格高低、实力大小，实行在信息产权面前人人平等。在行业道德等方面，《公约》呼吁，作为网络媒体，无论是一个媒体单位，还是其相关的从业人员，都应遵守新闻媒体所应有的职业道德，服从国家制定的有关新闻媒体的政策法律法规，遵循新闻媒体所具有的基本准则和基本规律。

（二）中国互联网初步普及与《中国互联网行业自律公约》

我国互联网业务迅猛发展，"上网"已进入了普通百姓的日常生活。互联网的快速发展也出现了不少新问题，如有害信息的传播、行业不良竞争等。规范行业从业者行为和依法促进、保障互联网行业健康发展已十分迫切。2002年3月26日，人民网、新华网、千龙网、新浪网等中国130家互联网从业单位在北京签署了《中国互联网行业自律公约》（以下简称《公约》）。《公约》提出了13条自律条款，其中包括：自觉遵守国家有关互联网发展和管理的法律、法规和政策，大力弘扬中华民族优秀文化传统和社会主义精神文明的道德准则，积极推动互联网行业的职业道德建设；鼓励、支持开展合法、公平、有序的行业竞争，反对利用不正当手段进行行业内竞争；自觉维护消费者的合法权益，保守用户信息秘密，不利用用户提供的信息从事任何与向用户作出的承诺无关的活动，不利用技术或其他优势侵犯消费者或用户的合法权益；互联网接入服务提供者应对接入的境内外网站信息进行检查监督，拒绝接入发布有害信息的网站，消除有害信息对我国网络用户的不良影响；互联网上网场所要采取有效措施，营造健康文明的上网环境，引导上网人员特别是青少年健康上网；互联网信息网络产品制作者要尊重他人的知识产权，反对制作含有有害信息和侵犯他人知识产权的产品；全行业从业者共同防范计算机恶意代码或破坏性程序在互联网上的传播，反对制作和传播对计算机网络及他人计算机信息系统具有恶意攻击能力的计算机程序，反对非法侵入或破坏他人计算机信息系统。签约企业已超过1800家。它们作为公约的执行机构，负责公约的组织实施。

（三）中国无线互联网增值业务与《诚信自律公约》

2000年以来，随着我国无线增值业务的用户不断增长，无线增值业务收入增长水平已超过了其他电信业务的增长水平，同时也成了互联网发展的重要增长点。数据表明，2001年大陆无线增值业务的市场规模为19.8亿元，2002年增长最快，增长了373%，达到了93.6亿元的市场规模，2003年无线增值业务市场达到233.2亿元。但是，无线互联网业务也遭遇了信任危机，很多用户不愿意在互联网中输入手机号码，消费者对短信服务也有反感和恐惧。为应对无线产业环境和短信用户的信任危机，2004年9月15日，中国三大门户网站——新浪、搜狐、网易正式成立中国无线互联网行业"诚信自律同盟"，以积极响应2004中国互联网大会"构建繁荣、诚信的互联网"和"坚决抵制互联网上有害信息"的号召。2004年12月30日，由新浪、搜狐等国内大型网站发起，30多家SP（无线增值服务）从业机构参加，成立了网络自律联盟，公布《诚信自律公约》，努力为无线互联网发展营造良好环境，促进互联网无线信息服务的自律与发展。

（四）中国互联网色情危机与《中国互联网视听节目服务自律公约》

我国互联网视听节目服务在快速成长的同时，也出现了过于注重眼前利益、过度强调娱乐化、低俗甚至传播淫秽色情内容的现象。为促进互联网视听节目服务产业的长远发展，营造健康有序的互联网视听节目服务环境，维护国家利益和公共利益，2008年2月22日，中国网、央视国际、人民网、新华、国际在线、中国青年网、中国经济网、中国广播网等8家中央网络媒体联合签署《中国互联网视听节目服务自律公约》（以下简称《公约》）。《公约》倡议，各缔约单位应依法开展互联网视听节目服务，积极传播健康有益、符合社会主义道德规范、体现时代发展和社会进步、弘扬民族优秀文化传统的互联网视听节目，包括影视剧、动画片，共同抵制腐朽落后思想文化，不传播渲染暴力、色情、赌博、恐怖等危害未成年人身心、违背社会公德、损害民族优秀文化传统的互联网视听节目。

（五）互联网版权问题与《中国互联网版权自律公约》

网络技术打破了传统的版权所有者、传播者和使用者之间的利益格局，引发了版权拥有者与网络技术产业之间的激烈冲突。网络环境下，网络音乐、网络视频及搜索引擎等网络产物的蓬勃发展给版权保护带来了前所未有的挑战。网络视频一直是互联网版权纠纷的主要领域，技术的发展使侵权现象更加变幻莫测，网络盗版随处可见。在文字著作领域，侵权盗版、非法出版等现象已经成为数字出版业发展的严重障碍。2005年9月3日，中国互联网协会在"2005中国互联网大会"期间发布了《中国互联网版权自律公约》（以下简称《公约》），人民网、新华网、中国网、中国日报网以及中国网通、中国联通等40家单位签署加入。《公约》旨在"维护网络著作权，规范互联网从业者行为，促进网络信息资源开发利用，推动互联网信息行业发展"。

（六）博客普及与《博客服务自律公约》

随着博客的普及，博客用户越来越多的声音使传统的媒体意识到博客存在的重要作用。在知名咨询机构艾瑞集团公布的2006年中国博客市场调查显示，博客和个人空间覆盖人数比例仅次于搜索，排名第二位，而在用户访问总数中，也仅次于邮箱和搜索，成为第三大互联网服务。但是，由于博客兼具开放性、互动性、匿名性等特点，博客在蓬勃发展的同时也存在一些不容忽视的问题，例如，信息内容失真乃至大量发布虚假信息、恶意攻击他人、泄漏他人隐私、侵犯他人版权、传播违法和有害信息等，不仅影响了博客服务行业的发展，同时也给网民尤其是未成年人造成许多负面影响。为规范互联网博客服务，认真贯彻落实中央关于加强网络文化建设和管理的重要讲话精神，充分发挥互联网在社会主义文化建设中的积极作用，中国互联网协会于2007年8月21日在北京正式发布了《博客服务自律公约》（以下简称《公约》），人民网、新浪、搜狐、网易、腾讯、MSN中国、千龙网、和讯网、博客天下、天极网、中国雅虎、华声在线、博联社等十多家知名博客服务提供商共同签署了《公约》。《公约》鼓励博客服务提供者对博客用户实行实名注册，为实名博客提供优质个性化服务，推荐实名博客优秀作品，打造实名博客精品；同时，对跟帖内容加强管理，并鼓励社会公众对博客内容进行监督。

（七）网络游戏困境与网页游戏行业规范自律

当前，文化产业正日益成为中国经济增长的新引擎。作为文化产业的重要组成，网络游戏产业正处于高速的发展中，2009年中国的网络游戏产业突破300亿六大关，未来几年还将继续保持高速增长。伴随着产业的大发展，网络游戏对社会环境、青少年和当今中国文化的影响也在日益深度化和复杂化，未成年人保护问题、产品及市场推广中出现的低俗现象等公众所关注的问题亟待解决。而网页游戏领域所暴露的问题尤为突出，一些违法违规行为造成了恶劣的社会影响，网络游戏产业界迫切需要形成行业规范和自律机制，来预防和杜绝此类行为的发生。2010 年 1 月 14－15 日，由九维、乐港、51 玩、乐升、维思等 8 家网页游戏公司发起的网页游戏行业规范自律联盟在京成立。这是网络游戏产业界第一次将社会责任正式写入企业自身行为准则，也是第一次以企业联盟的形式对企业经营行为做出规范的自发性机构。联盟将以建立网络游戏产业长效规范自律机制为目标，以弘扬中国优秀传统文化为己任，以树立行业规范运营行为为愿景，对网络游戏行业进行有效规范。

（八）互联网安全厂商恶性竞争与互联网软件自律

企业间的竞争总是存在的。但是近来出现了一个令人非常担忧的问题：软件企业的竞争已经迈过了法律和道德的底线。不仅使整个软件行业声誉受到破坏，更直接损害到了用户的利益。特别是 2010 年以来，不同企业之间的竞争甚至达到了白热化的程度，金山与奇虎 360 的"口水战"就是其中的典型案例。2010 年 6 月 10 日，百度、腾讯、搜狗、金山、瑞星、傲游、酷我、Ppstream、可牛、顺网科技等十家中国互联网知名企业，在北京联合发起成立了互联网软件自律联盟，并一致通过了名为"尊重用户权益 共促行业繁荣"的共同宣言。该联盟称成立的主要目是对目前行业内出现的恶意竞争、无视用户选择权等不良行为起到约束与监督作用。联盟是一个开放的联盟，凡是奉行保护用户权利和自由，保证用户利益，反对不正当竞争的软件企业都可以报名参与。这是中国互联网发展十几年来的首个安全厂商自律联盟。

（九）个人信息泄密与《互联网终端软件服务行业自律公约》

2008 年以来，个人信息泄密事件频发，许多商家利用各种手段获取个人信息后，再高价卖出。在百度中输入"股民资料"，可找到找到约1290000 个条相关信息①。网络传播成为个人信息泄露的主要渠道。2011年 8 月 1 日，中国互联网协会发布《互联网终端软件服务行业自律公约》（以下简称《公约》），旨在规范互联网终端软件服务，保障互联网用户的合法权益，维护公平和谐的市场竞争环境。《公约》特别强调要保护用户

---

① 百度搜索"股民资料"，http：//www. baidu. com/s? bs＝％B8％F6％C8％CB％D0％C5％CF％A2％D0％B9％C3％DC＆f＝8＆rsv＿bp＝1＆wd＝％B8％C9％C3％F1％D7％CA％C1％CF＆inputT＝5413。

合法权益，建立健全用户个人信息安全保护管理制度，采取有效技术措施，保障用户个人信息安全，防止用户个人信息丢失、泄露。禁止和反对强制捆绑、软件排斥和恶意拦截以及不正当竞争。首批签署单位已有 38 家。

（十）互联网企业不正当竞争与《中国互联网协会关于抵制非法网络公关行为的自律公约》

近年来，我国互联网产业迅猛发展，为提升企业形象、推广产品、开展商业竞争提供了新平台。绝大多数企业和依法组建的网络公关机构能够依法依规开展网络公关活动，为促进经济繁荣和互联网产业健康发展起到了积极作用。但是，目前社会上出现的"网络水军""网络推手""灌水公司""删帖公司""投票公司""代骂公司"等形式的非法机构及其个人，在网上采取不正当手段打压竞争对手，歪曲捏造事实进行敲诈勒索，恶意炒作话题制造虚假"网络民意"，从事私下交易谋取非法利益。上述行为扰乱市场经济秩序，损害了企业和公民的合法权益，严重危害到文明诚信的网络环境。2011 年 5 月 16 日，人民网、新华网、新浪网、搜狐网、网易等中国 140 家网站在北京签署了《中国互联网协会关于抵制非法网络公关行为的自律公约》，抵制非法网络公关行为，为营造文明诚信的网络环境、规范互联网市场经营行为和信息传播秩序、促进互联网网站健康发展而共同努力。

此外，互联网企业还探索出形成非正式规划的相关机制，如北京网络新闻信息评议机制。北京网络新闻信息评议机制于 2006 年 4 月 13 日正式启动，2010 年以"微博客的运营与发展""灾难面前网络媒体社会责任""杜绝虚假新闻 增强社会责任"等内容为主题，共召开六次评议会，有效地维护了传播秩序；8 月 27 日，北京网络媒体协会新闻评议专业委员会推动网站设立自律专员，由网络媒体自主设立、自我管理，其工作独立于该网络媒体的内部采编及监控流程，新浪、搜狐、网易、凤凰网、和讯、搜房、139 移动互联、聚友 9911 等八家网站率先试行。评议机制对重大问题、重大事件、重要任务的评议，形成了一种行业氛围和行业自律标准，对互联网企业起到了重要的舆论导向和道德约束作用。

三、中国网络传播制度运行效果及存在的问题

（一）中国网络传播制度运行效果

经过十多年的努力，我国已初步建立了网络传播的基础管理制度，对中国网络传播的健康有序发展起到了积极作用。2008 年 6 月，中国网民数

达到 2.5 亿人，成为世界上网民数量最多的国家①。根据中国互联网络信息中心（CNNIC）发布的统计数据，截止 2012 年 6 月 30 日，中国网民5.38 亿人，网站 250 万个，国际出口宽带数 1548811Mbps，IPv4 达到3.30 亿个，域名数为 873 万个②。

一是域名、IP 地址和登记备案、接入服务管理进一步规范。在域名管理方面，域名管理的制度建设对中国网络发展起到了至关重要的作用。1997 年《中国互联网络域名注册暂行管理办法》对国家顶级域名 CN 采取了非常严格的注册管理制度，标志着我国互联网网络的发展、运行和服务进入了制度化的发展轨道。但《暂行办法》对 CN 域名注册限制较多，手续烦琐，不能适应互联网高速发展的要求。2002 年出台的《中国互联网络域名管理办法》取消了暂行管理办法关于 CN 域名注册的种种束缚，为国家顶级域名 CN 的发展创造了良好的政策环境。2004 年 12 月 20 日，修订后的《中国互联网络域名管理办法》（信息产业部令第 30 号）开始施行。2005 年 7 月 31 日，CN 域名注册量达 722944 个，成为为亚洲注册量最大的国家顶级域名。2005 年 12 月 31 日，CN 域名注册量首次突破 100 万个，达到 109 个，成为全球第六大国家顶级域名③。2012 年 9 月，全球 CN 域名注册总量达到了 5709234 个④。2015 年 12 月，中国国家顶级域名".CN"总数达到 1636 万个，年增长为 47.6%，占中国域名总数的52.8%，".CN"域名已超过德国国家顶级域名".DE"，成为全球注册保有量第一的国家和地区顶级域名（ccTLD）⑤。

二是建立互联网信息服务准入退出机制。依法对涉及意识形态安全和公共利益的网络信息服务实行许可审批，建立健全日常监管、年度审核、行政处罚等一系列管理制度，形成有关部门协同处置有害信息、防范境外有害信息渗透的工作机制。2004 年 9 月 6 日，最高人民法院、最高人民检察院颁布实施了《关于办理利用互联网、移动通讯终端、声讯台制作、复制、出版、贩卖、传播淫秽电子信息刑事案件具体应用法律若干问题的解

---

① 中国网民达到 2.53 亿人 成为世界上网民最多的国家，http：//www. china. com. cn/news/txt/2008－09/23/content_16520501. htm。

② 中国互联网络信息中心，http：//www. cnnic. net. cn/。

③ 中国国家顶级域名 .CN 发展大事记，http：//tech. sina. com. cn/i/2006－01－11/1443817334. shtml。

④ CN 域名大量增加 全球注册量达 570 多万人，http：//www. tcwww. com/news/3/1022－124. htm。

⑤ 中国互联网络信息中心：第 37 次中国互联网络发展状况统计报告网址。

释》，2010 年 2 月 4 日，最高人民法院、最高人民检察院联合发布的《关于办理利用互联网、移动通讯终端、声讯台制作、复制、出版、贩卖、传播淫秽电子信息刑事案件具体应用法律若干问题的解释（二）》（以下简称《解释》）开始施行，进一步明确了相关刑事案件法律适用标准，规定了建立主要用于传播淫秽电子信息的群组行为的定罪量刑标准、有关数量或者数额的计算、罚金刑的适用，以及"淫秽网站"的界定等相关问题。为切实贯彻落实《解释》，2009 年 12 月以来，由中央外宣办牵头，会同全国"扫黄打非"办公室、工业和信息化部、公安部等九部门联合开展了一系列整治互联网和手机媒体淫秽色情及低俗信息专项行动，依法关闭了一批违法违规网站，有效阻断淫秽色情和低俗信息传播源头，截至 2010 年 2 月 10 日，专项行动中已关闭淫秽色情和低俗网站 1.6 万多个，通知删除淫秽色情和低俗信息 130 多万条，清理淫秽色情图片 85 万多张，查处了 30 多部淫秽色情网络小说和 15 款色情手机游戏；加大了基本管理制度的落实力度，互联网管理基础环节得到加强，基础电信企业关闭未备案网站 13.6 万余个、清退违规接入服务商 126 家、停止违规代收费业务 1630 余项，中国互联网络信息中心（CNNIC）和全国 55 家域名注册服务机构共清查域名总量 1350 多万个、暂停 1.2 万个涉黄域名的解析①。

三是积极探索网络实名制。在重点新闻网站和主要商业网站推行论坛版主实名制、取消新闻跟帖"匿名发言"功能的工作取得实效，网站电子公告服务用户身份认证工作正在探索之中。同时，初步形成了安全与发展并重、管理与技术相结合的网络信息安全保障体系②。网络实名制的制度建设经历了较为漫长的进程：2003 年开始，中国各地的网吧管理部门要求所有在网吧上网的客户必须向网吧提供身份证，实名登记。2004 年，中国教育部发布的《关于进一步加强高等学校校园网络管理工作的意见》，明确提出在高校教育网实施实名制，并成为中国教育部对中国高校进行审核的重要依据。2004 年 5 月 13 日，中国互联网协会发布了《互联网电子邮件服务标准（征求意见稿）》，首次提出实名制并且强调电子邮件服务商应要求客户提交真实的客户资料。2004 年 5 月 18 日，实行全站实名制的网站出现。2005 年 2 月，信息产业部会同有关部门要求境内所有网站主办者

---

① 整治互联网手机媒体淫秽色情专项行动成效显著，http：//news. e23. cn/Content/2010－02－11/201021100075. html。

② 崔清新：我国已初步建立互联网基础管理制度，http：//news. xinhuanet. com/fortune/2010－05/02/c＿1269514. htm。

必须通过为网站提供接入、托管、内容服务的 IDC、ISP 来备案登记，或者登录信息产业部备案网站自行备案。无论是企、事业单位网站，或是个人网站，都必须在备案时提供有效证件号码。2005 年 7 月 20 日，中国最大的即时通信公司腾讯发布公告称，根据深圳公安局《关于开展网络公共信息服务场所清理整治工作的通知》，对 QQ 群创建者和管理员进行实名登记工作，这一举措被广泛看作"中国全面推行网络实名制的序幕"。2005 年 8 月 5 日，文化部、信息产业部联合下发《关于网络游戏发展和管理的若干意见》，要求通过身份证登录，拒绝未成年人登录进入。2006 年 10 月，中华人民共和国信息产业部提出对博客实行实名制。2007 年 3 月，中国互联网协会发出消息称中国互联网协会在推进博客实名制，被媒体认为博客实名制已成定局。2008 年 1 月，网络实名制立法进程启动。2012 年 3 月 16 日，新浪、搜狐、网易和腾讯微博共同正式实行微博实名制①，在非正式规则层面实现实名制。2014 年 8 月 7 日，国家互联网信息办公室发布《即时通信工具公众信息服务发展管理暂行规定》，明确提出，即时通信工具服务提供者应当按照"后台实名、前台自愿"的原则，要求即时通信工具服务使用者通过真实身份信息认证后注册账号。即时通信工具服务使用者注册账号时，应当与即时通信工具服务提供者签订协议，承诺遵守法律法规、社会主义制度、国家利益、公民合法权益、公共秩序、社会道德风尚和信息真实性等"七条底线"。即时通信工作信息服务在正式规则层面实现实名制。2015 年 2 月 4 日，国家互联网信息办公室发布《互联网用户账号名称管理规定》，就账号的名称、头像和简介等，对互联网企业、用户的服务和使用行为进行了规范，涉及在博客、微博客、即时通信工具、论坛、贴吧、跟帖评论等互联网信息服务中注册使用的所有账号，标志着网络实名制开始全面推行。

（二）中国网络传播制度存在的问题

1. 网络传播制度的前瞻性和预测性不够，不能适应网络传播技术的发展

在技术层面上，网络传播管理对网络传播技术的适应程度有时比法律、法规本身更重要。网络传播的发展速度非常迅猛，摩尔定律表明：集成电路芯片上所集成的电路的数目，每隔 18 个月就翻一番②；吉尔德定律

---

①　中国网络实名制，维基百科，http：//zh. wikipedia. org/wiki/中国网络实名制。

②　摩尔定律，百度百科，http：//baike. baidu. com/view/17904. htm。

揭示出：未来 25 年，带宽每六个月增一倍①。今天，大数据、云计算、移动互联网、网络融合和物联网技术的出现将网络传播带入一个全新的阶段，这不仅增加了管理的难度，而且使当事人之间的法律关系变得更为复杂。因此，网络传播制度的制定要从网络传播的发展规律和发展趋势来思考，着眼点要放在网络传播技术不断升级创新的基础上。中国当前部分网络传播制度仅仅是基于当时的网络传播技术而出台的，导致此类制度一出台就落后于技术。应当尽可能对相关内容作原则性规定，避免因此制约法规的适用性，为网络传播的未来发展和管理预留空间。

2. 网络传播制度形成成本相对较低，但实施成本较高

信息是制度规制的核心要素，制定制度所需信息的完备、充分，决定着一项制度的存废。更重要的是，需要对制度本身从理论上进行充分的研究论证，从实践中获得充分的社会意见。如果一项制度实践操作困难、社会可接受性差，那么这项新制度或这种制度变迁就无法实现。中国网络传播制度形成成本相对较低，在制度形成或修正过程中，专家学者、业界代表的研究论证不够充分，有的甚至并没有进行相关论证；面向社会征求意见也不充分，有不少制度根本没有征求社会意见。制度形成成本的低廉使制度执行成本、制度监督成本高企，导致制度执行困难，制度的绩效不佳。

3. 制度形成或变迁中对网络传播主体利益体现不够

网络传播制度的核心，既能确保网络传播公共利益的最大化，又能实现各网络传播主体利益的动态平衡。中国有的网络传播制度对网络活动的各种参加者角色并未严格区分，对责任者的责任形式规定也不尽完善，使在操作过程中难以明确界定权责，存在大量争议。网店实名制必然使一部分网络传播主体的利益受损，网购平台的网店店主则是首当其冲，因而遭到他们的激烈反对。实名制的实行，将带来工商注册及网购税收的缴纳，这势必增加网店的运营成本，网店的吸引力也会大打扣折。网店实名制的出台，虽然在一定程度上有利于推动电子商务行业规范的发展及诚信机制的建立，但是，网络传播利益受损方的权益如何得到尊重和体现，也是在全面推出前需要得到有效解决的。然而，到目前为止，政府并未考虑出台相关办法，以切实维护网店商家和消费者双方的权益，也未出台如何完善售后监管制度等配套制度。

---

① 吉尔德定律，百度百科，http：//baike. baidu. com/view/541834. htm。

4. 权力在网络传播制度形成或变迁中的作用过大

中国政府在网络传播制度形成与变迁中具有举足轻重的作用，政府不仅是网络传播的管理者，也是网络传播发展的推进者。近年来，中国政府成立了专门的互联网管理机构，出台了众多相关的法律法规来监督网络传播的发展。制度的制定和修正更强调政府的行政权力，形成的正式规则过多；行业自律和道德文化的因素则并未得到足够的重视，非正式规则过少。在网络传播制度的效果上，虽然中国政府对于网络传播管理倾注了大量的资源，但是政府管理的实际效果并不理想：不少管理部门存在只重审批、忽视管理的现象；各部门条块分割，管理职能交叉，对网络传播制度的制定过于"热心"，但对公民言论自由权和信息知情权尊重不够，对制度的执行和监督重视不足。在管理原则上，政府的互联网管理机构对于互联网内容管制主要采用"事后"管制而非预防性的"事前"管理，不少制度是在确实损害相关利益方的利益时才开始制定，这就造成了制度供给的严重滞后。

5. 网络传播制度与文化相融性不强

文化与网络传播制度的相互融合是网络传播发展的重要动力。文化可以影响对制度的选择，而制度反过来又改变或强化人们的文化理念，并最终影响网络传播发展中的某些关键要素，进而影响网络传播发展的方式和模式。网络文化是一个多元的文化，中国网络传播制度的形成或变迁更多是沿袭了传统传媒的管理理论和思路，对网络文化因素观照不多。最为典型的例子是中国互联网络信息中心 1997 年 5 月 30 日制定的《中国互联网络域名注册暂行管理办法》（以下简称《办法》）。该《办法》规定，申请CN 域名注册应当提交"域名注册申请表""本单位介绍信""承办人身份证复印件""本单位依法登记文件的复印件"等书面文件和证件。经人工审批合格后，才能完成开通运行过程。这个程序通常至少需要 5 天时间。这与网络传播"在线"文化是不相融的。而申请注册国际域名无须提交任何书面材料，可在线注册域名，这个过程只需 1 天时间。该《办法》严重制约了 CN 域名的发展，在中国互联网络信息中心（CNNIC）初创的 1997年 6 月，境内机构还主要是注册 CN 域名，而到了 1999 年初，CN 域名和国际域名就平分秋色了。半年后，CN 域名份额则剧降到 33％左右[1]。

---

[1]　胡钢：解析《中国互联网络域名管理办法》，http：//it. sohu. com/92/39/article16873992. shtml。

第三节 中国网络传播制度的变迁

中国网络传播制度的变迁既有自上而下的强制性变迁，也有自下而上的诱致性变迁。在中国网络传播形成初期，市场竞争很不充分，制度的供给和变迁具有很鲜明的强制性特征；随着网络传播市场竞争的加剧、市场化水平的大幅提高，网络传播组织开始在制度层面体现自身诉求并得到制度的确认，网络传播制度的变迁模式的诱致性特征更为显著。

一、制度变迁理论

（一）制度变迁理论概述

制度经济学家比较注重运用成本—收益分析法和静态分析方法研究正式规则的产生和变迁。他们把处在制度变迁中的利益主体视为不同的利益集团，由于拥有不同的需求和力量，不同利益集团对经济利益的追逐，导致其力量的相对变化，进而引起制度需求和制度供给产生变化，推动制度从不均衡到均衡再到不均衡的动态变迁。舒尔茨认为，人的经济价值总在不断提高，人不断拥有新的人力资本价值，获得新价值的人又会对制度产生新的需求，这样导致了制度从均衡到不均衡。如果这种需求足够大，就会引起制度变迁，使制度从一个均衡点到达另一个均衡点，或者是旧制度的废除和新的制度产生。诺斯和戴维斯（1971 年）认为，制度均衡是暂时的，制度非均衡是制度创新的必要条件，其创新的过程为：制度非均衡—制度创新—制度均衡①。在一个国家或社会体内部，利益集团为了实现自身利益的最大化，根据自身成本—收益分析，与其他利益集团开展利益博弈。这个博弈过程是动态而复杂的，在博弈中不同利益集团的地位也将发生变化。根据不同利益集团在社会中的地位变化，就可以洞察制度变迁的足迹。马克思认为，制度最初来自物质生产条件，后来才逐步发展为法律。在解释制度的起源时，马克思从人类与自然界的矛盾出发，从生产力的发展导出了第一个层次的制度起源，即社会生产关系的形成过程，进而又从社会生产关系中不同集团和阶级的利益矛盾和冲突出发，从社会生产

---

① 杨依山：《制度变迁理论评述与理论重构的初步尝试》，《2007 年山东大学"海右"博士生学术论坛论文集》。

关系中导出第二个层次的制度起源，即包括政治、法律、道德规范等等在内的上层建筑①。

　　国内学者也从制度需求和制度供给，以及不同主体角色的转变入手分析制度的产生和变迁：林毅夫提出诱致性制度创新和强制性制度创新（1989）；杨瑞龙提出"中间扩散型制度变迁方式假说"（1997）、"制度变迁三阶段论"（1998）（供给主导型制度创新、中间扩展型制度创新、需求诱致性制度创新）和"阶段式的渐进制度变迁模型"（2000）；黄少安提出"制度变迁主体角色转换说"（1999）；金祥荣提出"制度变迁多元并存渐进转换说"（2000）；史晋川将制度创新路径划分为供给主导性、准需求诱致性和需求诱致性三种（2002）②。

　　由于以上制度变迁理论对于"元制度"、制度的多样性和动态变化等问题缺乏有说服力的解释，并且由于其他学科特别是心理学、脑科学和社会学的发展以及经济学中新的分析方法和工具的发明创造和使用，很多研究者另辟蹊径，从微观角度，根据人的心理认知对人的行为进行研究，来探求制度的产生和变迁的规律。安德鲁·肖特（Andrew Schotter）（1981）最早从博弈论的研究视角探讨人类社会制度现象。随之，萨金（Robert Sugden，1986）也开始用类似方法研究伦理道德现象。H. 培顿. 杨（H. Peyton Young）（1998）、青木昌彦（Masahiko Aoki）（2001）沿着这条路径运用博弈论工具研究制度。道格拉斯·诺斯（Douglass Cecil North）等（1990）也从认知出发，从人的行为出发研究制度的演进③。

　　制度变迁是指制度创立、变更及被更有效的新制度替代的方式。网络传播制度的形成及演变是关系到国家形象、社会舆论的重大事件，它既是个体或传播组织行为等微观因素相互博弈的结果，更是受到国家法律制度、政策法规、行政命令等宏观因素的直接影响。制度变迁过程既可以由政府依靠法律、政策和命令强制进行，也可以由个人或自愿团体为响应获利机会自发倡导、组织和实行（林毅夫，1989），即国家在追求租金最大化目标下通过政策法令实施的强制性制度变迁和人们在制度不均衡时追求潜在获利机会的诱致性制度变迁两种类型。

---

① 杨依山、刘宇：制度变迁理论评述，《理论学刊》2009 年第 6 期。
② 杨依山、刘宇：制度变迁理论评述，《理论学刊》2009 年第 6 期。
③ 《杨依山：制度变迁理论评述与理论重构的初步尝试》，《2007 年山东大学"海右"博士生学术论坛论文集》。

（二）传媒制度变迁研究的理论范式

美国著名科学哲学家托马斯·库恩（Thomas Samuel Kuhn）在《科学革命的结构》（1962）中系统提出并阐述范式的概念和理论。库恩认为，一套理论研究范式对于有效的科学工作是非常必要和非常重要的，它不仅是一个科学共同体团结一致、协同探索的纽带，而且是其进一步研究和开拓的基础；不仅能赋予任何一门新学科以自己的特色，而且决定着它的未来和发展。在传媒制度变迁研究中，核心任务是要回答传媒制度变迁的两个关键问题：社会制度为什么会变迁？怎样变迁？对这两个关键问题的不同回答，形成了两种理论范式：新制度经济学理论范式和新制度社会学理论范式[①]。

1. 新制度经济学理论范式

以诺斯为代表的新制度主义经济学家提出，制度的产生和存续取决于它能够带来比其他制度更多的好处，制度的稳定是因为它带来某种结构诱致的均衡。根据诺斯的定义，"结构"指制度框架，"变迁"指制度创立、变更及随着时间变化而被打破的方式。制度变迁就是指一种制度框架的创新和被打破。制度是一种公共产品，由于人们的有限理性和资源的稀缺性，制度的供给是稀缺的。人们为了实现自身利益的最大化，当环境、条件以及理性程度发生变化，总会不断提出对新的制度的需求，以实现预期收益的增加。当制度的供给和需求基本均衡时，制度是稳定的；当现存制度不能使人们的需求满足时，就会发生制度的变迁。而制度变迁的成本与收益之比对于促进或推迟制度变迁起着关键作用，只有在预期收益大于预期成本的情形下，行为主体才会去推动直至最终实现制度的变迁，反之亦然，这就是制度变迁的原则。

2. 新制度社会学理论范式

新制度社会学认为，制度是"由社会符号、社会活动和物质资源所组成的多层次稳定的社会结构，它包含以下三大要素：法令规章（regulative）、规范（normative）和文化认知（cultural—cognitive）"，与其他制度理论相比，新制度社会学对制度的定义有一个主要的不同：它多了一个构成层面——文化认知。新制度社会学认为，当"行为被重复，并被自我和他人赋予相似意义"时，制度的构建过程便实际发生了，因此制度最深

---

① 参见范剑文：研究中国媒体制度变迁的两个理论范式，《嘉兴学院学报》2009 年 2 期。

层次的构成便是文化——认知。任何制度的构建不是凭空产生的，它总是在旧制度松动与瓦解时被建构的。而旧制度的瓦解往往是由于内部和外部两个方面的原因引起的，内部原因在于制度三个构成要素出现结构性不一致时所引发的张力；外部原因在于环境的变化，如政治、经济和技术体系中某个或若干因素的变化，通过改变制度中的任何一个或几个层面而引发制度内部的冲突。因此，新制度主义认为制度的变迁包含两个动态过程：一个是旧制度的去制度化过程（deinstitutionalization）；一个是新制度的构建与维系过程（construction and maintenance），前者为后者提供必要的制度环境。如果去制度化过程未完成，或者完成得不彻底，那么新制度的构建将遭遇巨大的阻力。具体来说，新制度的构建主要是发生在三个层面：（1）社会规范层面。这个层面可以分为两个层次，一是社会群体约定俗成的社会行为准则，另一个是更具强制约束力的法规条文。二者并非必然一致，当二者一致时表明该制度的构建更为成功，而当二者不相关甚或相悖时，则表明该制度构建不完善或陷入困境；（2）社会关系层面，即行动者（群体）之间的利益分配和博弈。任何规范系统的调整或变革都会引发群体间的利益重新分配；同时，不同群体之间的利益博弈也会对规范系统的生成和变革产生重要影响。因此，操作层面的行为规范和结构层面的社会关系总是一致的；如果出现悖离就意味着该制度出现深刻的危机。（3）文化认知层面。新制度社会学认为，一个制度构建的最深层次的部分是合法性（legitimacy）的构建，而这种合法性的构建过程是扎根于原有的社会文化系统中的，因此不同文化体对同一种制度所构建的合法性在特征上是多元的；而不是如新制度经济学所指出的，主要是个体或群体利益角逐所推动的结果，因而是一种博弈平衡的获得。新制度社会学派认为，改革是一种制度变迁或构建的过程，虽然与社会群体的利益博弈相关，却超越于单纯的利益角逐，因为它还必须建立起一个新的意义系统，并为所有社会群体所接纳。

（三）制度变迁动力理论

制度变迁的动力复杂而多样，理论界也各执一词。比较有代表性的主要有以下六种观点：

1. 技术决定论

马克思主义者和美国制度主义学派都将技术视为推动制度变迁的动态原因，认为新制度安排的出现是由于技术改进产生的成本收益变化导致的结果，主张技术变迁决定制度变迁。

马克思认为，技术变迁是导致制度变迁的基本原因。马克思在《政治经济学批判"序言"》中说："社会的物质生产力发展到一定阶段，便同它们一直在其中活动的现存生产关系或财产关系（这只是生产关系的法律用语）发生矛盾。于是这些关系便由生产力的发展形式变成生产力的桎梏。那时社会革命的时代就到来了。随着经济基础的变更，全部庞大的上层建筑也或慢或快地发生变革。"[①] 在马克思看来，生产力和生产关系的矛盾运动是人类社会发展的根本动力，推动着社会制度的演进和变迁，生产方式的变革必然导致生产关系的变化，并导致制度的变迁。随着科学技术的发展，生产工艺不断提高，社会分工发生重大变化，但在现有的生产关系中，先进生产方式所蕴含的生产潜力不能得以有效实现，因此，需要一个崭新的、充满活力的生产关系替代现有的体制，以容纳并释放先进生产方式的潜力。归根到底，一切社会关系、社会制度和社会观念的演变，都是由生产力所决定的，生产力的发展是社会生产关系变革和进步的源泉和内在依据[②]。

在美国制度主义学派中，技术决定论处于支配地位。凡伯伦采用技术与制度的矛盾分析法，得出了技术创新过程是由其自身内在力量和历史必然推动的结论。凡伯伦提出，社会进步、制度变迁、文明形成的根本原因在于技术。凡伯伦的继承者阿里斯认为，制度是静止的，是自古有之，由于缺乏组织上的可变性，制度不能满足技术创新的需要。在他看来，西方经济发展的原因，不是由于创立了市场制度，而是因为技术的创新。在凡伯伦的理论体系里，经济制度与政治制度的变迁与调整的动力在于动态的技术与静态的制度之间的辩证斗争[③]。

2. 经济增长决定论

以舒尔茨为代表的经济增长决定论认为，经济增长是制度变迁的动力源泉。在《制度与人的经济价值的不断提高》一文中，舒尔茨（1968）指出，在经济学领域里，制度具有经济价值，是经济增长的一个内生变量，由于对经济增长作出动态反应，于是就形成了制度变迁。拉坦（Vernon W. Ruttan，1978）也认为，"制度变迁可能是由对与经济增长相联系的更

---

① 《马克思恩格斯选集》第 2 卷，北京：人民出版社，1972 年，第 84 页。
② 参见徐传谌，孟繁颖：制度变迁内部动力机制分析，《税务与经济》（长春税务学院学报）2006 年第 6 期。
③ 参见徐传谌，孟繁颖：制度变迁内部动力机制分析，《税务与经济》（长春税务学院学报）2006 年第 6 期。

为有效的制度绩效的需求所引致的"①。拉坦显然把经济增长视为了制度变迁的决定性因素。

3. 制度累积理论

该理论主张制度变迁本身是经济发展的动态原因，对经济增长起决定作用的是制度性因素而非技术性因素。这一学说的代表人物首推诺斯教授和罗伯斯·托马斯（Robert Paul Thomas）教授，他们在《西方世界的兴起》一书中指出，经济增长的关键是有效率的经济组织，西方兴起的原因正是若干有效率的经济组织的兴起②。诺斯和托马斯认为，经济增长的源泉不是技术创新、规模经济等，而是制度变迁。因为制度变迁比技术变迁更为优先、更为根本。影响经济增长的因素通常被认为是技术创新、规模经济、教育发展和资本积累等，但在诺斯和托马斯看来，这些并不是经济增长的原因，而是其结果和表现；经济增长的根本原因在于制度的变迁，特别是私有产权制度的确立。

4. 技术与制度互动理论

这一理论认为，制度变迁是技术变迁与制度变迁之间的一个互动过程，不应该把二者割裂开来。拉坦是这一理论的主要代表人物，他在《诱致性制度变迁理论》（1978）一文中指出，新知识的产生导致技术变迁，这也是制度变迁的结果。制度变迁与技术变迁之间具有很强的依赖性。熊彼特（Joseph Alois Schumpeter）在其著作《经济发展理论》中提出，经济变迁和社会演进既有技术创新的因素，又有制度创新的原因③。

5. 预期利益偏好理论

戴维斯和诺斯（L. E. Davis & D. C. North）认为，制度是经济主体或行动团体之间形成的一种利益安排，制度变迁的动因来源于外部收益的出现和变化，这种变化诱致人们去努力改变现有的制度安排。在他们看来，经济规模、外部性、风险和交易费用等制度环境发生的变化，将引起经济主体或行动团体之间利益格局发生调整，利益格局的变化促使各利益主体展开多重博弈，最终形成新的制度安排。在一项制度变迁中，如果新制度

---

① 参见徐传谌，孟繁颖：制度变迁内部动力机制分析，《税务与经济》（长春税务学院学报）2006 年第 6 期。

② ［美］诺斯、托马斯著，厉以平、蔡磊译：《西方世界的兴起》，北京：华夏出版社 1989 年版，第 103 页。

③ 徐传谌、孟繁颖：制度变迁内部动力机制分析，《税务与经济》（长春税务学院学报）2006 年第 6 期。

可能产生的预期净收益超过制度变迁的成本，这项新制度就会被创新出来。丹尼尔·布罗姆利（Bromley，D. W.）教授围绕"制度交易"这一核心概念对制度变迁的动因进行了分析。他认为，当经济运行和社会环境发生变化时，现存的制度结构就会与其不相适应。为应对新的条件和环境，社会成员就会选择尽力修正制度安排，以使新制度与新的资源稀缺性、与新的技术性机会、与新的收入或财富的再分配方式、与新的偏好等保持一致。在他看来，人们对于利益的偏好引起了制度交易的偏好，进而引起了制度变迁[①]。中国学者杨瑞龙也提出，与新制度的潜在收益相比，如果组织或操作这项新制度安排的成本较低，就可能引起制度创新。而制度的潜在收益通过什么样的制度变迁获得，主要取决于这个社会的利益集团之间的权力结构和社会偏好结构[②]。杨瑞龙认为，制度需求产生的诱因是人们对利益偏好的追求，这种追求会在制度供给方存在并起作用的情况下引起制度变迁。

6. 利益集团论

在经济学领域，奥尔森第一个对利益集团与制度变迁的关系问题开展系统而全面的研究。他在《集体行动的逻辑》和《国家的兴衰》两部著作中提出，制度变迁的决定因素在于利益集团的需要。如果新制度能够向利益集团提供比旧制度更多更好的利益，该利益集团就会推动旧制度向新制度的变迁。在奥尔森那里，制度变迁的根源在于利益集团的形成和发展，但制度本身并不完全是理性设计的产物，决定一个制度优劣的根本原因在于不同利益集团之间的博弈；制度也不完全是自然演进的，因为制度变迁与否、变迁快慢、变迁程度取决于利益集团。

以上理论从某个层面或角度对制度变迁的动力机制进行了探索，但大都未能揭示出制度变迁的本质和根本动因。相对而言，马克思的制度变迁理论更具本质性、一般性和科学性，它站在人类社会发展的历史高度，系统阐释了社会基本制度或社会形态的变迁，深刻剖析了推动这些变迁的社会经济根源和阶级力量。但马克思所研究的是"社会经济形态"的演进，对一般制度安排的变迁没有深入阐述，而西方经济学制度理论对于具体制度安排分析、对变迁直接利益根源的探究和对微观主体力量的研究更为深入，其研究成果也值得借鉴。这些制度形成与变迁动力理论，为研究网络

---

① 参见徐传谌、孟繁颖：制度变迁内部动力机制分析，《税务与经济》（长春税务学院学报）2006 年第 6 期。

② 杨瑞龙：我国制度变迁转换方式的三阶段论，《经济研究》，1998 年第 1 期。

传播制度形成与变迁的影响因素和动力系统提供了理论依据和重要借鉴。

二、中国网络传播制度变迁的历史演进

(一) 网络传播制度的强制性制度变迁

强制性变迁是以政府为主体,自上而下实施的、具有强制性质的制度变迁类型。一个社会选择什么样的制度变迁方式受制于有着特定偏好和利益的制度创新主体之间的力量对比关系。代表国家的政府是"在暴力方面具有比较优势的组织",因而,"处于界定和行使产权的地位"[①],它在维护其基本经济制度、政治制度、文化制度等基本制度方面,拥有无可比拟的比较优势,依靠其最为强大的公共权力,政府出台的各项制度制定时间短、制度实施推动力度大,并通过提供其他的一系列规则来保证制度安排较好的运行,减少国家的交易费用。但是,这种制度变迁方式不是相关利益主体通过多重博弈形成的,不排除决策者(政府)或影响决策的利益集团会利用制度供给的机会谋取私利,因而信息不对称下的"搭便车"行为不可避免。另外,政府的制度安排基于经验而有可能不是根据现实的需要,不适应制度环境而出现低效率的现象不可避免。

欧美国家传播制度建立的核心范畴包括表达自由、公共利益、多样性等,其基本目标取向是政治福利、社会与文化福利和经济福利,网络传播制度也不例外。但这些传媒管理理念在当代全球化语境下的信息社会和知识经济社会,面临着相当大的挑战。自 20 世纪 60 年代以来,互联网新技术的发展导致了作品传播技术的空前革命,大大提高了作品的使用次数,个人复制的作品数以万计,著作权人的经济收入损失惨重。我们以美国传媒产品版权业为例。美国版权产业在美国经济发展中占有十分重要的地位,美国经济学家 Stephen E. Siwek 对 2007 年美国版权产业的基本数据进行了统计:版权产业总值在对外贸易和出口中年增长 5.8%,2007 年增长 8.4%,创造利润 8891 亿美元,占美国国内生产总值的 6.44%,占整个美国经济增长的 22.74%[②]。但在网络传播的冲击下,网络盗版和仿冒品每年让美国企业损失数十亿美元,而且导致成千上万人失业。民主党参议员

---

① [美] 道格拉斯·C. 诺斯著,陈郁、罗华平等译:《经济史中的结构与变迁》,上海三联书店、上海人民出版社 1994 年新 1 版,第 21 页。

② 《美国报告:版权产业对经济发展发挥重要作用》,http://www.e—bq.com/news/world/2009/0723/74627.html。

帕特里克·莱希（Patrick Leahy）认为，"在现如今的全球经济中，网络已经成为国际商务的黏合剂——将全球各地消费者与形形色色的产品联系在一起。但网络同时也成为在线窃贼销售仿冒和盗版产品的工具，通过窃取美国知识产权给我们带来数十亿美元损失。"① 针对网络盗版软件、非法链接等问题，美国贸易代表办公室根据美国 1974 年贸易法第 182 节的第 301 条款的规定，从 1980 年开始对各个国家是否对知识产权提供充分有效的保护，以及是否对依赖知识产权保护的工业部门或商人提供公平平等的市场准入机会进行审查。每年年末，美国贸易代表办公室都会根据年度审议结果发行一份关于各国保护知识产权的状况的年报，即《特别 301 报告》（以下简称《报告》）（The "Special 301" Report）。《报告》将各个国家分别列为知识产权保护的"观察国家"名单、"优先观察国家"名单和"306 条款监管国家"名单，以让美国政府参照决定是否对不注重知识产权保护的国家进行贸易报复。2010 年 9 月 20 日，美国参议院提出名为 Combating Online Infringement and Counterfeits Act 的议案，授权司法部"跟踪并关闭致力于提供未授权下载以及出售受版权保护内容和仿冒品的网站"，这项提案获得民主共和两党的普遍支持。从美国版权业制度的演进来看，网络传播主体（组织或个人）都希望通过互联网得到免费或廉价的传媒产品，这也是与西方所倡导的"传播自由"原则一致的，但由于这样将使传媒产品制作者或创新者失去应有的利益，最终导致他们失去制作或创新传媒产品的动力，从而使互联网没有传媒产品可供传播。在这种情况下，单纯依靠网络传播市场的力量来调节这对矛盾无法达到和解和共赢，因此美国政府依靠国家力量逐步介入，从政府授权的年度《特别 301 报告》到《打击网上侵权及仿冒法案》（The Combating Online Infringement and Counterfeits Act），政府制定版权保护政策的力度越来越大，其实质就是要对版权实行高标准的统一保护，使有利于自身的国际版权制度得以确立和发展，以谋求版权全球收益的最大化。

与美国等发达国家的做法相比，发展中国家则积极倡导给予版权以低标准和灵活适度的保护政策，主张当人均国民收入和技术能力达到一定的临界点时，版权保护标准才渐次提高。中国是发展中国家，在版权制度方面，与其他发展中国家的诉求是一致的。为回应发达国家在全球范围内的版权产业高标准，保护创新活动和创新成果，促进本国高科技产业的发

① 《损失数十亿美元 美国欲严打网络盗版》，http://tech.163.com/digi/10/0925/06/6HDHPA8K001618J1.html。

展，国务院于 2008 年 6 月 10 日发布了《国家知识产权战略纲要》，明确宣布："至 2020 年要将我国建设成为知识产权创造、运用、保护和管理水平较高的国家；在 5 年内，争取自主知识产权水平大幅度提高，运用知识产权的效果明显增强，知识产权保护状况明显改善，使整个社会的知识产权意识普遍提高。"为达此目标，行政部门和司法部门做出了积极努力，并取得了明显效果。最高人民法院、最高人民检察院、公安部在 2011 年初印发了《关于办理侵犯知识产权刑事案件适用法律若干问题的意见》，对网络侵犯知识产权犯罪的定罪量刑标准作出了明确的、具有可操作性的规定，从非法经营数额、传播他人作品数量、作品被点击的次数、注册会员人数等方面进一步明确。中国作为社会主义国家，在知识产权保护制度的建立和发展方面，强制性制度变迁的轨迹十分清晰。

（二）网络传播制度的诱致性制度变迁

1. 诱致性制度变迁及其特征

诱致性制度变迁是指"现行制度安排的变化或替代，或者新制度安排的创造，它由个人或一群（个）人，在响应获利机会时自发倡导、组织和实行"[1]。这种制度变迁的发生必须有某些来自制度不均衡的获利机会。引起制度不均衡的原因主要有四个：一是制度选择集合发生了改变；二是技术产生了变革；三是要素和产品相对价格产生了长期变动；四是其他制度安排产生了变化[2]。在这种制度变迁过程中，微观行为主体因为发现潜在获利机会而产生对相应新制度的需求，从而自下而上地影响决策者，使其对这些新制度进行认可。诱致性制度变迁有三个特点：其一，盈利性，只有当制度变迁的预期收益大于预期成本时，有关群体才会推进制度变迁；其二，自发性，制度变迁的动力来自有关群体对制度不均衡产生的利益的追逐；其三，渐进性，是一种自下而上、由局部到整体的制度变迁过程[3]。

2. 网络传播制度的诱致性变迁

网络传播无论对于政府还是对于普通受众而言，都是一种全新的传播

---

① 林毅夫：《关于制度变迁的经济学理论：诱致性变迁与强制性变迁》，载科斯等《财产权利与制度变迁——产权学派与新制度学派译文集》，上海三联书店 1991 年版，第 384 页。

② 林毅夫：《关于制度变迁的经济学理论：诱致性变迁与强制性变迁》，载科斯等《财产权利与制度变迁——产权学派与新制度学派译文集》，上海三联书店 1991 年版，第 384 页。

③ 卢现祥：《西方新制度经济学》，中国发展出版社 2004 年版，第 110 页。

方式。与印刷媒体、影视媒体等相比，网络传播技术突破了以往任何一种传统传播技术，使电子化传媒产品可以在单位时间内高速传播，传播成本出现了大幅度降低，这对既有传播制度提出了全新的挑战。与网络传播的快速发展及其带来的制度供给需求相比，制度供给的不足和制度的不均衡十分明显。利用这种不均衡和短缺，有的网络传播群体极力谋求自身经济利益、政治利益和社会影响，由于个人或群体的非理性，在这个过程中不可避免地出现影响或危害网络传播发展甚至社会和谐与稳定的现象。此时，个别网络传播参与者强烈感到应当创新相关制度，强化网络传播道德，约束传播行为。如果网络传播活动中的多数人放弃原来的制度安排并接受新制度安排时，诱致性制度变迁就发生了。

韩国网络实名制从提出到实施就是一个典型的网络传播诱致性制度变迁案例。韩国是互联网普及率最高的国家之一，但也对互联网的"双刃剑"效应感受至深，网络犯罪、"网络暴力"等网络问题日益凸显，甚至变成了韩国社会的突出问题。2005年1月，一篇关于100多位韩国艺人隐私的"×档案"帖子震动了韩国社会，引发了关于"网络公开性与个人隐私保护"的社会大讨论；2005年6月，一位被网友称作"狗屎女"的韩国女子，因在地铁车厢内没有清理好狗屎而遭网友利用部落格方式揭发，成为韩国互联网业内最轰动的大事之一。随后，她因遭到网友"人肉搜索"而患上精神疾病。这个事件让韩国民众进一步认识到"网络暴力"的危害。2007年初，韩国当红性感女歌手Unee不堪忍受网络恶毒言论而选择在家中上吊自杀；2008年10月2日，被"高利贷"网络谣言困扰的韩国影星崔真实不堪忍受"人言可畏"在家中浴室自杀身亡。这一系列网络悲剧事件，让韩国民众对个人是否应为网络留言负责的反思逐渐增多，社会舆论也开始倾向于选择实施网络实名制并逐渐达成共识。韩国某网络在此期间对实名制进行的在线舆论调查显示，79％的受访者表示赞成，表示反对的只有20％。在韩国社会逐渐对网络实名制形成共识的过程中，政府顺势而为，2005年10月，在汇集政界、学界、媒体以及普通市民意见之后，韩国政府决定逐步推行网络实名制，并发布了相关法规。2006年年底，韩国国会通过《促进利用信息通信网及个人信息保护有关法律》修正案，该法律规定，在平均每天点击量超过10万人次的门户网站和公共机关网站的留言栏上发布信息时，必须先以本人真实姓名加入会员，如果违反，将处以3000万韩元以下罚款。2007年7月，韩国开始实施网络实名制，要求日访问量在10万人次以上的网站都要实施实名登录注册。2008年1月28日，按照韩国信息通信部的规定，35家韩国主要网站陆续实施网络实名制，用户需要登录这些网站，并在输入个人身份证号码等信息并得到验证后才能发帖。此外，韩国信息通信部也考虑到实名制下保护网络信息发布者隐私的重要性，采取的是"前台自愿、后台实名"的方式，允许网民在通过身份验证后，用网名在网上发布信息。在推行网络实名制之后，韩国网络上恶意谩骂、攻击他人的言论虽然没有完全消失，但明显减少了。值得注意的是，由于韩国实施互联网实名制后，网民个人信息在网络上被大批量偷窃或泄露。2010 年，部分韩国网络媒体公司和网民联合向宪法裁判所提起诉讼，认为网络实名制侵犯个人言论自由，违反宪法。他们认为，网络实名制的目的是公益性，但网络实名制实行之后网上的恶性言论和非法信息并没有明显减少，反而促使网民们选择使用国外网站，让国内网站与国外网站的经营产生差距，没有实现预期的公益性。另外，考虑到由于网络实名制的实施，个人言论自由受到限制、没有韩国身份证的外国人不能注册登录韩国网站、网民个人信息通过网络泄露的危险性增加等情况，无法衡量网络实名制的公益性和危害性，因此网络实名制的公益性无法得到肯定。迫于广大网民的强大压力，2011 年 8 月 11 日，韩国政府表示将分阶段废除网络实名制，完善同意搜集个人信息制度等对策来保护个人信息安全①。2012 年 8 月 23 日，韩国宪法裁判所 8 名法官一致做出判决，裁定网络实名制违宪，韩国放送通信委员会将根据判决修改相关法律，并将废除网络实名制。

中国实施网络实名制的演进，在很大程度上也是诱致性制度变迁。互联网在促进中国经济社会发展的同时，也产生了种种问题和困扰，诸如互联网盗版侵权、网络欺诈、信息泄露、网络诽谤等现象屡屡发生。据中国互联网络信息中心（CNNIC）2008 年发布的《互联网发展及诚信状况热点数据》显示：35.2％网民对目前的互联网诚信状况感到不满。在被调查网民中，从未被仿冒网站欺骗的不到 10％；网民账号及个人信息被盗改者占44.8％，诱因为"访问假冒网上银行、网上证券、电子商务等网站"的占16.8％②。因此，作为引导中国网络健康发展的重要管理手段之一的网络实名制开始进入人们的视野。中国探讨网络实名制始自李希光。2002 年，清华大学新闻学教授李希光提出，"中国人大应该禁止任何人网上匿名"。他认为，网络也应该受到版权和知识产权的严格保护，"同时网上写东西

---

① 贱言献车：《为何韩国拟废除网络实名制》，《中国青年报》，2011 年 09 月 14 日，第 10 版。

② 35.2％的网民不满意互联网诚信状况，《人民邮电报》，2008 年 7 月 10 日。

要负法律责任。""包括传统媒体，应该提倡用真名，不用笔名发表文章。……利用假名发表东西是对公众的不负责。"① 他的这番言论在网上引起网络舆论的高度关注，被称为"李希光事件"。

此后，社会各界对于网络实名制的辩论成为中国网络的热门话题。反方认为，实名制不能解决互联网上的语言暴力问题，反而可能伤害互联网的自由精神，让用户逐步远离互联网，并且具有很大的操作难度。正方则认为，网络实名制以法律形式来保障互联网对经济发展的促进作用，这关系到中国对经济发展机遇的把握，也关系中国利用高科技创造后发优势、进行产业创新、保护知识创新。在网络社会的辩论声中，中国网络实名制自下而上的诱致性形成，并稳步向前，步步推进。2004 年 5 月 13 日，中国互联网协会发布了《互联网电子邮件服务标准（征求意见稿）》，首次提出实名制；2004 年，教育部发布《关于进一步加强高等学校校园网络管理工作的意见》，明确提出在高校教育网实施网络实名制；2004 年，价值中国网率先实行全站注册用户实名制，成为中国第一家全站实名制网站；2005 年 2 月，原信息产业部会同有关部门要求境内所有网站主办者必须通过为网站提供接入、托管、内容服务的 IDC、ISP 来备案登记，或者登录信息产业部备案网站自行备案；2006 年 10 月，原信息产业部提出对博客实行实名制；2007 年 8 月，《博客服务自律公约》鼓励博客实名制；2008 年 1 月，中国网络实名制立法进程启动，宁夏、甘肃两个地区率先推行版主实名制；2009 年 5 月 1 日，杭州市人大制定的《杭州市计算机信息网络安全保护管理条例》正式实施，其中规定：提供电子公告、网络游戏和其他即时通信服务的，具有用户注册信息和发布信息审核功能，并如实登记向其申请开设上述服务的用户的有效身份证明，这是中国第一个规定实施网络实名制的正式法规。2010 年 7 月 1 日，国家工商总局公布实施《网络商品交易管理办法》（以下简称《办法》），成为中国第一部规定实施网络实名制的国家部门规章。该《办法》规定，网店店主为法人或其他组织的，应当在网店上出示其营业执照；店主为自然人的，网络运营商应当审核其真实身份信息。2011 年 12 月 16 日，北京市《微博客发展管理若干规定》出台，要求微博用户在注册时必须使用真实身份信息，但用户昵称可自愿选择，即"后台实名、前台自愿"。

移动互联网迅速发展后，PC 互联网的治理问题在移动互联网上有过

① 李希光谈新闻改革——2002 年春天接受广州电视台采访，新华网，http：//news. xinhuanet. com/newmedia/2003－07/17/content _ 979623. htm。

之而无不及。2012 年底，全国电话用户达到 13.9 亿户。与此同时，利用未登记真实身份信息的电话传播淫秽电子信息、发送垃圾短信息、散布有害信息、实施诈骗等问题突出，影响了用户的合法权益，扰乱了社会秩序，甚至威胁国家安全。用户不胜其烦、不堪其扰，加强实名管制的舆论诉求此起彼伏。为维护网络信息安全，促进电信业的健康发展，2013 年 6 月 28 日，中华人民共和国工业和信息化部审议通过了《电话用户真实身份信息登记规定》，要求电信业务经营者为用户办理入网手续时，应当要求用户出示有效证件、提供真实身份信息。移动互联网应用程序（App）已成为移动互联网信息服务的主要载体，对提供民生服务和促进经济社会发展发挥了重要作用。据不完全统计，在国内应用商店上架的 App 超过 400 万款，且数量还在高速增长。与此同时，少数 App 也被不法分子利用，传播暴力恐怖、淫秽色情及谣言等违法违规信息，有的还存在窃取隐私、恶意扣费、诱骗欺诈等损害用户合法权益的行为，社会反映强烈[①]。2016 年 6 月 28 日，国家互联网信息办公室发布《移动互联网应用程序信息服务管理规定》，加强对移动互联网应用程序（App）信息服务的规范管理，提出按照"后台实名、前台自愿"的原则，对注册用户进行真实身份信息认证，以促进行业健康有序发展，保护公民、法人和其他组织的合法权益。

中国网络实名制之所以通过诱致性的制度变迁方式推进，一是由于韩国较为成熟的实名制实施经验使中国网络传播管理的制度选择集合发生了改变。二是实名制实施的技术实现了突破。实名制的实施需要两大技术支撑：一个是网络身份证技术（VIEID），它是互联网络信息世界中识别用户身份的工具，用于在网络通信中识别通信各方的身份及表明这种身份或某种资格，这是互联网实名制的根本前提；另一个是 IPv6[②] 的出现，以前基于 IPv4 的 IP 资源较为稀缺，无法实现 IP 和上网用户的一一对应，IPv6 的出现使管理者可以在受理运营商入网申请时，直接给该用户分配一个固定 IP 地址，实现一个真实用户和一个 IP 地址的唯一对应。三是下位制度

---

① 国家网信办：《移动互联网应用程序信息服务管理规定》，新华网，http://news. xinhuanet. com/politics/2016—06/28/c_129095270. htm。

② IPv6 是 Internet Protocol Version 6 的缩写，其中 Internet Protocol 译为"互联网协议"。IPv6 是 IETF（互联网工程任务组，Internet Engineering Task Force）设计的用于替代现行版本 IP 协议（IPv4）的下一代 IP 协议。目前 IP 协议的版本号是 4（简称为 IPv4），它的下一个版本就是 IPv6。现有标准 IPv4 只支持大概 40 亿（232）个网络地址，而 IPv6 支持 2128（约 3.4 ×1038）个。

安排先行设立，最终推动实名制的制定实施。先是电子邮件实名制、高校教育网实名制，再在网站实名、博客实名，最后到中国首个实施实名制的成文法规的出台，自下而上、由局部到整体的诱致性制度变迁轨迹十分清晰。在中国网络实名制的变迁过程中，网站、网民等微观行为主体始终自下而上地影响着决策者，使其对这些新制度进行认可，成为推动制度形成与变迁的重要力量。

（三）中国网络传播制度变迁的路径依赖

1. 制度变迁的路径依赖

制度变迁的路径依赖（Path－Dependence），是指制度变迁一旦进入某一变迁的路径，就可能形成对这种路径的依赖。一旦人们做了某种选择，惯性力量会使这一选择不断自我强化，不能轻易摆脱。诺斯指出，有两种力量对制度变迁的路径起到决定作用：第一种力量是制度引起的报酬递增；第二种力量是由路径依赖的交易费用所确定的不完全市场。如果缺乏报酬递增，市场发育完全，制度就显得不重要了。但在经济实际运行中，报酬递增和市场不完全性不仅存在，甚至还在不断增强，制度变得越来越重要，自我强化机制仍然起作用，呈现出一些鲜明的特点。一是制度成本递减。一项制度设计需要大量的初始成本，这项成本一般都较高。随着制度的逐渐推进，制度的单位成本和追加成本都呈下降趋势。二是制度学习效应，对制度适应而产生的组织会充分利用制度框架，从中取得获利机会。三是制度的协调效应，一项正式规则的产生将导致其他正式规则以及一系列非正式规则的产生，以补充这项正式规则。在适应制度的过程中产生的组织与其他组织缔约，以及具有互利性的组织的产生与对制度的进一步投资，实现协调效应。四是适应性预期，以特定制度为基础的契约占据主导地位将减少这项制度持久下去的不确定性。总之，制度矩阵的相互联系网络将引起许多递增报酬，而递增的报酬又反过来使特定制度及其运行轨迹保持下去，从而决定经济长期运行的轨迹。由于制度变迁比技术演进复杂得多，所以，制度行为者的观念以及由此而形成的主观抉择在制度变迁中发挥着非常关键的作用。

诺斯把阿瑟提出的技术变迁机制扩展到制度变迁中，用"路径依赖"概念来描述过去的绩效对现在和未来产生的巨大影响力，这表明制度变迁也具有报酬递增和自我强化的机制。自我强化机制使制度变迁一旦走上了某条路径，就会在以后的发展中对它的既定方向进行自我强化。报酬递增机制的作用有两种情况：一种是沿着正确的路径，经济和政治制度的变迁可能进入良性循环的轨道，报酬呈正递增态势；另一种是顺着错误的路径，制度的变迁使经济社会陷入更加糟糕的境地，此时获得的报酬就是一种负增长趋势。通俗地讲，路径依赖类似于物理学中的"惯性"，一旦进入某一路径就可能对这种路径产生依赖。因此，要选择正确的制度变迁路径，并在以后的制度变迁中不断调整路径方向，使之始终沿着正确的轨迹演进，并加以优化和强化。

制度变迁过程中产生路径依赖的原因主要有三个方面。第一，正式规则对经济发展的作用是连续的、累积的。一国政治法律制度约束着经济自由度和个人行为特征，进而影响经济效益。第二，非正式规则对经济发展的作用沉淀于历史过程中，其作用也更为持久。与正式制度的变迁不同，非正式制度的变迁是内生的、连续的、渐进的、缓慢的。从历史上看，由于非正式制度和传统文化的不同，许多国家的政治法律制度尽管差异不大，但其经济发展路径有着很大差别。第三，某些特殊利益集团与制度相关，具有保持制度变迁持续下去的推动力。因为这种利益集团与现有制度是共存共荣的，而且在各种利益的博弈中处于主导地位，只会加强现有制度，从而促使制度变迁保持原有的惯性、按原有的方向持续下去。

2. 中国网络制度变迁的路径依赖：诱致性制度与强制性制度变迁的结合

我国网络传播制度的路径依赖取决于两个因素：一是报酬递增，由于网络传播制度的初始投入成本较高，所以其最初的管理制度的主要供给者是政府，因而初期的网络传播制度变迁往往是强制性的。随着制度的实施和推进，制度的单位成本和追加成本逐渐下降，这使社会力量进入制度变迁系统成为可能。中国网络传播组织则在适应制度的过程中，利用制度框架获得利润、社会声誉、网络关注度等组织利益；进而，又与其他组织相互协调、达成共识，共同对制度进一步投资，以修改或产生新的正式规则（并由此产生其他正式规则以及一系列非正式规则），以力争实现更大的利益。二是市场的完全程度。在不完全竞争市场环境下，制度变迁通常是强制性的，而在完全竞争条件下，制度变迁往往是诱致性的。在中国网络传播形成初期，市场竞争很不充分，政府在这一领域发挥着绝对的主导作用，制度的供给和变迁均以政府为主导，因而具有鲜明的强制性特征；随着网络传播市场竞争的加剧、市场化水平的大幅提高，网络传播组织开始在制度层面体现自身诉求并得到制度的确认，在制度变迁中发挥越来越大的作用，在市场化相对较高的领域，网络传播制度的变迁模式更具诱致性特征。因此，我国网络传播制度变迁形成了从强制性变迁到强制性与诱致性变迁相结合的路径依赖。

中国互联网络域名管理制度的形成和变迁就是由强制性变迁到强制性与诱致性变迁结合的典型案例。网络域名是数字时代最重要的互联网资产，是一种稀缺资源。互联网域名是 Internet 中用于解决 IP 地址对应问题的一种方法，域名是 Internet 网络上的一个服务器或一个网络系统的名字，在全世界，域名都是唯一的。无论是国际或国内域名，全世界接入 Internet 网的人都能够准确无误地访问到。因此，各国政府都高度重视域名管理，纷纷制定规章制度对网络域名进行自上而下的强制性管理。1997 年 5 月 30 日，为加强我国互联网络域名系统的管理，中国互联网络信息中心制定了《中国互联网络域名注册暂行管理办法》（以下简称《暂行管理办法》）和《中国互联网络域名注册实施细则》。由于《暂行管理办法》对国家顶级域名 CN 采取了非常严格的注册管理制度，使注册 CN 域名限制较多，手续烦琐；同时，注册 CN 域名必须进行人工审核，导致注册一个域名至少需要 5 天。《暂行管理办法》实施不久，就因远远不能适应互联网高速发展的要求、网民中存在"国外域名比国家域名高级"的错误认识，导致国内网站放弃注册国家域名而改为注册国外域名的现象日益严重。尽快修订并出台新的域名管理办法成为业界迫切的愿望，自下而上参与并推动修改《暂行管理办法》的初级行动团体开始出现。2000 年 4—6 月，外交学院薛虹博士受 CNNIC 委托开展有关开放个人域名的论证工作；2000 年 5 月 26 日和 6 月 14 日，来自高校等知识产权界学者和专家参与中国域名争议解决方案的制定；2000 年 7 月 24—9 月 15 日，社会各界通过网络方式向 CNNIC 就《中国互联网络域名争议解决办法（讨论稿）》反馈建议和意见。此后，《暂行管理办法》的修订又经过了 CNNIC 和信息产业部的多次讨论、修改。

2002 年 9 月 30 日，强制性和诱致性变迁方式结合产生的《中国互联网络域名管理办法》（以下简称《管理办法》）开始实施。《管理办法》取消了《暂行管理办法》关于 CN 域名注册的种种束缚，为国家顶级 CN 域名的发展创造了良好的政策环境。一是注册手续得以简化。除政府域名 GOV. CN 外，注册其他 CN 域名不用再提交任何书面申请材料，只需联机填写注册申请，域名在提出申请后 6 小时内即可开通使用，从而极大地提高了域名注册效率。二是放宽域名命名限制，以适当形式开放个人域名，允许在 CN 下直接注册二级域名，最大限度地开放域名资源。降低收费标准，鼓励个人、组织上网。为解决域名与知识产权的冲突问题，CNNIC 还将建立民间的域名争议解决机制。该机制的特点是快速、高效、便宜，有关争议一经受理，14 天内将会由专家作出裁定。为了规范国内域名注册市场,《管理办法》对域名注册服务机构实行备案制度。为保证我国互联网的稳定可靠运行,《管理办法》禁止任何组织或者个人擅自干扰我国境内互联网域名系统的正常运行,对鼓励 CN 域名注册、规范国内域名注册市场发挥了积极作用。

第三章　中国网络传播制度的影响因素

　　网络传播制度的影响因素复杂多元，其中最根本的影响因素是一个国家的经济制度和政治制度，最重要的影响因素是一国的新闻传播制度。因为"不同的新闻体制是由不同的政治、经济制度决定的，新闻体制本身也是一个国家政治、经济制度的组成部分。只要一个国家的政治、经济制度不变，其新闻体制的基本内涵不会改变"。① 关于社会经济政治制度等基本法律制度对于网络传播制度的影响，不少学者已有较多著述，本章重点考察除此之外的技术、成本、利益、权力、舆论、文化等六个重要影响因素对于网络传播制度的影响。

第一节　技术对中国网络传播制度的影响

　　在马克思主义者看来，技术决定制度，制度制约技术。

　　恩格斯认为，技术决定着人类社会的产生。他在《劳动在从猿到人转变过程中的作用》中指出，人类是从制造工具的技术活动中产生的，从猿到人的飞跃是技术活动的产物。而"没有一只猿手曾经制造过一把哪怕是最粗笨的石刀"②。人类社会随着完全形成的人的出现而产生，而在这个漫长的变迁过程中，技术起着关键的作用。马克思坚持唯物史观，把技术作为人类社会发展的根本动力和决定力量。他认为，生产力和生产关系的矛盾是社会发展的基本矛盾，是人类社会发展的根本动力。在这个基本矛盾中，生产力（技术）对生产关系起着决定作用。在马克思那里，生产力（技术）被视作社会发展的最终决定力量，决定着社会的制度形成与变迁。"手推磨产生的是封建主为首的社会，而蒸汽磨产生的是工业资本家为首的社会"③。"社会的物质生产力发展到一定阶段，便同它们一直在其中活动的现存生产关系或财产关系（这只是生产关系的法律用语）发生矛盾。于是这些关系便由生产力的发展形式变成生产力的桎梏。那时社会革命的

① 李良荣著：《新闻学导论》，北京：高等教育出版社 2006 年版，第 129 页。
② 《马克思恩格斯全集》第 20 卷，北京：人民出版社 1971 年版，第 510 页。
③ 《马克思恩格斯选集》第 1 卷，北京：人民出版社 1972 年版，第 108 页。

时代就到来了。随着经济基础的变更，全部庞大的上层建筑也或慢或快地发生变革。"① 随着技术日益进步，生产力强大到资本主义生产关系不能再适应的地步时，"无产阶级将取得国家政权，并且首先把生产资料变为国有财产"②。

一方面，技术对于制度的形成和发展起着决定作用；另一方面，作为经济状况的核心要素，技术不会自动发生作用，它是在社会诸因素的制约下对人类的创造活动起着决定性作用的。马克思在《资本论》中指出："暴力是每一个孕育着新社会的旧社会的助产婆"③，在资本主义形成的初期，"是商业上的霸权造成了工业上的优势。所以殖民制度在当时起着决定性的作用。"④ 世界上第一个资本主义强国荷兰正是利用暴力充分发展了自身的殖民制度，在 1648 年就已经达到了它的商业繁荣的顶点，而商业上的霸权形成又巩固了其工业优势。在分析现代工业的发展时，马克思认为英国工厂法有力地促进了技术进步，"造成对技术的巨大刺激，从而加重整个资本主义生产的无政府状态和灾难，提高劳动强度并扩大机器与工人的竞争"⑤。

一、技术在制度形成与变迁中的作用

多伦多传播学派坚定地认为，技术决定着传媒制度的产生和变迁。网络传播史表明，每一种网络新媒体的诞生都是网络传播技术发展的产物，并在媒介的微观制度和宏观管理制度层面上影响已有的媒介制度安排。网络传播新技术改变了传统媒体的运作和消费者使用媒体的方式，必将传导到网络传播制度本身的变迁上来。对于技术在制度形成与制度变迁中的作用，不同的学派持有不同的观点。

（一）技术学派：技术决定制度

技术学派认为，技术变迁决定了制度变迁，强调技术创新和技术进步在经济发展中的核心作用，代表人物有凡勃伦、熊彼特、曼斯菲尔德、卡曼等。凡勃伦等人主张，技术进步决定和导致了制度变迁，制度变迁的动

① 《马克思恩格斯选集》第 2 卷，北京：人民出版社 1972 年版，第 82—83 页。
② 《马克思恩格斯选集》第 3 卷，北京：人民出版社 1972 年版，第 630 页。
③ 《马克思恩格斯选集》第 2 卷，北京：人民出版社 1972 年版，第 266 页。
④ 《马克思恩格斯选集》第 1 卷，北京：人民出版社 1972 年版，第 258 页。
⑤ 马克思：《资本论》第 1 卷，北京：人民出版社 1972 年版，第 549 页。

力在于技术的进步和利益集团的推动。技术总是与现实的环境相适应的，如果技术变得与过去经过时间检验而养成的思维习惯相冲突，制度变革的需要就产生了[①]。在技术学派看来，企业家是推动创新的主体，因此，应当重点研究企业的组织行为、市场结构等因素对技术创新的影响。该学派通过对技术创新与市场结构关系的实证分析和深入研究，认为当市场结构处于完全竞争与完全垄断之间，即垄断竞争和寡头垄断状态时，因为存在一定程度的垄断，又保持一定程度的竞争，该市场结构最有可能促进技术创新，而且可能出现重大的技术创新。据此，他们提出了技术创新扩散、企业家创新和创新周期等模型。

（二）制度学派：制度决定技术

该学派利用新古典经济学理论中的一般静态均衡和比较静态均衡方法，对技术创新的外部环境进行制度分析，提出制度创新决定技术创新，代表人物有兰斯·戴维斯和道格拉斯·诺斯等人。该学派认为：在技术创新活动中，个人收益与社会收益存在着巨大差距，只有建立一个能持续鼓励人们进行创新的产权制度，才可能激励持续不断的创新行为。良好的制度安排会促进技术创新，不好的制度设计将阻碍技术创新或影响创新效率的提高。同时，技术创新不仅可以增加制度安排改变的潜在利润，并且可以降低某些制度安排的操作成本，从而有助于推动更为复杂的经济组织和股份公司的建立和发展。

（三）国家创新体系学派：技术创新和制度创新都源于国家创新体系

国家创新体系学派兴起于 20 世纪 80 年代末 90 年代初，主张将技术创新活动视为一个复杂的国家系统，强调从社会的宏观角度来解释各国技术创新实际的差异；在方法上，他们更多地借用新制度经济学的某些理论与研究方法。该学派通过对日本、美国等国家或地区创新活动特征的实证分析，认为技术创新不是企业家的功劳，也不是企业的孤立行为，而是由国家创新系统推动的。代表人物主要有英国学者弗里曼、美国学者纳尔孙等。在世界近代史上，从英国到德国、美国，再到日本，这些技术领先国家的不断涌现既是技术创新的结果，也是制度创新的结果，是一种国家创新体系演变的结果。该学派强调国家排他性制度对技术创新的影响，认为国家创新体系是由公共和私有部门与机构组成的网络系统，在这个系统

---

① ［美］凡勃伦著，蔡受百译：《有闲阶级论——关于制度的经济研究》，北京：商务印书馆 1964 年版，第 79 页。

中，企业等创新主体通过国家制度的安排及其相互作用，推动知识的创新、引进、扩散和应用，共同推动整个国家的技术创新。

二、媒介技术对中国传播制度变迁的影响

在技术进步与传播制度变迁的关系中，存在着两大对立的观点：一种认为传播技术演进决定着传播制度变迁；另一种认为传播制度变迁促进技术发展。

（一）多伦多传播学派（Toronto School of Communication）**与"传播技术决定论"**（communication technology deter）

多伦多传播学派创始人哈罗德·英尼斯（H. A. Innis）和他的学生马歇尔·麦克卢汉（Marshall McLuhan）等人认为，媒介技术变迁与社会文明进步之间是同步的，它们之间存在着因果关系：传播技术革命导致了社会文明的发展。后来，麦克卢汉认识到了媒介的决定作用，进一步提出了"媒介即信息""媒介是人体的延伸"等观点[①]。罗杰斯认为，传播是社会变革的基本要素，而社会变革的过程就是创新与发明的传播推广过程。在考察了人类传播形态的历史演变之后，他得出了以下的结论：书写的发明、15 世纪印刷术的发明、19 世纪中叶开始的电信传播以及 1946 年开启的互动传播时代等四大传播技术的革命性事件是人类社会发展的重要转折点。新技术的"互动性""个人化程度以及小众化本质"及"不受时间限制的异步性"都将给社会传播体系带来革命性的影响[②]。

（二）新制度学派与传播制度变迁促进传播技术发展论

新制度学派著名代表人物诺斯认为，好的制度选择会促进技术创新，不好的制度选择会使技术创新偏离经济发展轨道，或者扼制技术创新。诺斯指出："正是人类组织的成功或失败决定着社会是进步还是倒退。""知识和技术的进步是社会进步的必要条件"，但是，有效率的经济组织才是经济增长的关键，这就需要在制度上作出安排和确立所有权，这一过程就

---

① ［加］马歇尔·麦克卢汉著，何道宽译：《理解媒介——论人的延伸》，北京：商务印书馆 2003 年版，第 33 页。
② 潘祥辉：论媒介技术演化和媒介制度变迁的内在关联，《北京理工大学学报》（社会科学版）2010 年第 1 期。

是制度创新①。

纵观媒介技术演变史，媒介制度创新对于媒介技术创新的促进作用是毋庸置疑的。欧洲封建主义制度安排鼓励自给自足，鼓励故步自封、安于现状，因而传媒技术始终止步于活字印刷，且受众仅限于少数受过一定教育的社会上层。取代落后的封建主义制度的资本主义制度自确立以来，由于其保护和鼓励竞争、鼓励资本追逐利益最大化的制度设计，新兴媒介技术从无到有、从弱变强，现代印刷术、电报、电话、广播、电视、网络等新兴传播技术形式不断涌现，因而相应的传播制度也随之出现。反观近代中国，在社会制度上是半殖民地半封建社会，缺乏应有的媒介技术创新的环境。我们从电报的传入即可窥其一斑。晚清时期，由于社会及观念的封闭，"电报"刚从西方传入中国时，被普遍认为有害："惊民扰众、变乱风俗"②。1871 年 6 月，中国实际上已经接入世界电报网络，在中国从事各种活动的外国人都可以使用电报向全世界传递信息。即便如此，中国仍然习惯于用马匹驿道来传递信息、下达命令，并不允许架设电报线。1870 年，恭亲王崇厚出使法国，不得不用大北海线与"总理衙门"互通电信，清政府高层这才开始认识到电报的便利。可是，直到 19 世纪 70 年代中期，日本对中国台湾进犯，洋务派才认识到信息快速传播的重要性，才真正下决心架设中国自己的电报线③。电报技术的严重落后和运用十分有限，使旧中国的电报业发展十分缓慢，对传播制度的供给亦无需求。古代的报纸是手抄报，17 世纪初叶以后，普遍使用活版印刷，此后不定期的印刷新闻在欧洲各国普遍发行。18 世纪中叶发展为凸版印刷、平版印刷、凹版印刷等多种印制方法，以及相应的印版制作技术、有线和无线通信技术。清嘉庆十二年（1807），基督教传教士马礼孙到澳门雇人秘密制版，受到清政府的禁止。清道光二十九年（1849），英国人在上海创办英文《北华捷报》（后为《字林西报》附出周刊）。同治元年（1862），英国商人创办《上海新报》，隔日一刊，用手摇铅印机印刷，每期印刷数百份。由于报纸应用技术由西方传入，加上清政府的禁止，清末时期报纸十分稀少。至到维新运动以后，维新派和革命派开始重视报纸的宣传作用，积极运用、推广报

① ［美］道格拉斯·C. 诺斯著，陈郁、罗华平等译：《经济史中的结构与变迁》，上海：三联书店 1991 年版，第 66 页。

② 潘祥辉：论媒介技术演化和媒介制度变迁的内在关联，《北京理工大学学报》（社会科学版）2010 年第 1 期。

③ 雷颐：《晚清电报和铁路的性质之争》，《炎黄春秋》2007 年第 10 期。

纸应用技术，报纸开始增多，使清政府不得不重视订立制度以加强管控。1906 年和 1908 年，清政府先后颁布《大清印刷物专律》和《大清报律》，前者则是中国历史上关于新闻出版的第一个专门法规。

（三）媒介技术进步推动媒介制度创新

媒介技术的演进对于媒介制度变迁起着重大作用。媒介技术的革新会带动媒介政策作出相应调整以适应不同媒介技术发展的需要。麦奎尔在考察了西方传播政策的变迁历史之后，认为媒介技术的演进催生了三个西方媒介发展的不同政策时期，即传播产业政策的萌生阶段、公共服务型媒体政策阶段和新传播政策模式阶段[①]。从 19 世纪晚期到 20 世纪 20 年代，伴随着传输网在技术上的发展和广电媒介的引进，媒体被严格界定为"通过传播体系达成的有效公共服务"，因此，媒介政策的制定是在政府的控制和监督下完成的。印刷媒介受言论和表达自由保障等媒介法律的制约；政府对电报、电话等公共载体（common carrier）的所有权和基础结构管制较为强硬，但内容可以不受管制；广播电视在"接入"和"内容"方面则被强力管制，但并非完全管控，也有"带限制性的表达自由"。从"二战"后到 20 世纪 80 年代，新媒体在技术革新和数字化演进的基础上不断进步，推动媒介的规范管理和"传播福利"的增进。进入 20 世纪，美国无线电广播、电视以及有线电视等广播电视新技术出现并发展起来，联邦最高法院就《宪法第一修正案》是否适合这些新的传播媒介引起不小的争议。1927 年，美国出台了《无线电法》，明确规定由联邦无线电委员会（FRC）对广播行使许可权和管理权。1934 年，美国制定了《通信法》，专门设立联邦通信委员会（FCC）管理进口和使用无线电频率装置，并根据"公共利益、便利或必须"的原则授予许可权力。麦奎尔对此解释到，政府之所以对广播电视采取强度更大的公共权威的控制或执照管理，"最初源自技术的需要，后来则演变成为民主选择、国家自身利益、经济便利以及纯粹的制度习惯等需要的混合体。"[②] 1959 年，科斯在《联邦通讯委员会》一文中提出，由于无线电频谱资源是稀缺的，在技术上也很难对这些频谱资源进行合理分配，所以，这项频谱分配工作的巨大权力才交给联邦通讯委员来

---

① ［英］丹尼斯·麦奎尔：《大众传播理论》，北京：清华大学出版社 2006 年版，第 22 页。

② ［英］丹尼斯·麦奎尔：《大众传播理论》，北京：清华大学出版社 2006 年版，第 22 页。

行使[①]。

20世纪80年代以来,录音录像、有线电视、卫星电视等新技术获得了长足发展,电视、电话、通信卫星、光纤通信和计算机实现了在技术上的相互转换,多媒体合成和数码转换技术也日益成熟,传播技术的这些变革使各种媒体呈现融合之势,从根本上破解了原本的稀缺性传播资源分配难题。以"技术管制"为合法性基础的传统媒介政策需要在新的传播技术平台上进行修改和调整。1980年,美国联邦通信委员会正式认定电视资源已经不再是稀缺的通讯资源,据此裁定公平原则违背联邦宪法。1990年,美国最高法院在审判涉及有线电视的案件时,不再采纳电视资源是稀缺的辩护主张,而是以各有线电视网互相干扰和影响观众为依据,维持政府对有线电视的调整[②]。1996年,美国国会通过了新的《电信法》,放宽了对广播电视的限制,从法律上确认了无线电频谱的商品属性,标志着美国政府开始放松对广播电视的管制。随后,美国广播电视公司掀起了兼并、重组的热潮。传媒技术的革新推动美国的媒介管理制度实现了"变迁"。

在中国,尽管也采取了对电视等媒介的管制,但是因为这种管制并不以技术管制作为其合法性基础,所以,即使传播新技术破解了广播、电视等媒介的技术资源稀缺性问题,也难以引起媒介制度层面的变迁。自改革开放以来,尽管此时西方已经开始放松媒介规制,尽管中国媒介的经营制度层面也确实出现了松动的迹象,在体制层面仍然沿续了苏联的管制方式。从第一媒体报纸到第二媒体广播到第三媒体电视再到第四媒体网络,市场在资源配置中发挥的作用还非常有限,"一元体制,二元运作"仍然是中国媒介制度的基本特点,按照行政区划设置和管理媒体的格局仍然没有改观。在媒介经营和采编制度上,媒体虽然开始有了"自主经营、自负盈亏"的竞争压力,但是还带有较强的计划经济色彩,市场化水平不高,其制度创新只能局限在经营领域内。20世纪90年代以后,新兴传播技术与新媒体尽管在一定程度上对国家的媒介管理制度产生了一定程度的冲击,但仍然未能突破传统体制的规制。以政府门户网站管理为例,政府的门户网站仍然是按照"党管媒体"和"分级办媒介"的传统媒体管理模式,其设置格局依然沿用传统,每一级行政机构都设立同一级别的政府门

---

① Coase, R. H., 1959 "The Federal Communications Commission," *Journal of Law and Economics*, 2 (1).

② 邱小平:《表达自由——美国第一宪法修正案研究》,北京:北京大学出版社2005年版,第494页。

户网站，与报纸电视和广播管理相比，它们无论是在管理体制上还是在管理方法上都没有本质上的区别。

三、网络传播技术促进中国网络传播制度的形成和变迁

麦奎尔特别重视媒介技术在媒介制度中的影响与作用。他认为，在媒介体制中，技术因素与政治、经济等因素同样重要，"传播体制具有不同寻常的特性，关键在于它的行动无法摆脱经济和政治的影响，并且非常依赖技术的不断变化。"[①] 那么，网络传播技术如何作用于网络传播制度？

(一) 网络传播技术催生新的网络传播管理制度

进入 21 世纪，信息社会悄然迎来了 Web2.0 时代。其中一项最受追捧的网络传播形态就是博客 (Blog)。博客只是一种日记形式的个人网页。美国 Dmoz. org 网站创建者里奇・斯格仁塔 (Rich Skrenta) 认为，博客的按时间顺序来排列的结构"看起来像是一个微不足道的变化，却推动着一个迥然不同的分发、广告和价值链"。[②] 其中一大变化就是 RSS (简易信息聚合，也叫聚合内容) 技术，使人们不仅链接到一个网页，而且可以订阅这个网页，使"动态网站"取代了静态网站；不仅使网络博客指向其中任何一篇文章的"固定链接" (permalinks)，而且指向一个不断更新的网页；使网页浏览器不再局限于浏览网页的工具，而是可以接受定期更新的内容。2008 年，Web2.0 的革命性产品——微博 (Micro Blog) 红遍互联网，开启了网络新技术应用的微博时代。微博简短的话语记录和众多的信息发布渠道降低了应用门槛，信息快速聚合满足了用户对信息的即时需求，而信息的异步呈现更加突出了用户的主体地位，信息的快速传播让广大的用户参与到信息传播中来，在熟悉和非熟悉的人际关系圈里和人即时的互动，满足了用户社交的需要。

就在人们还惊讶于 Web2.0 的诸多革命性产品时，互联网技术又指向了未来的发展方向：Web3.0。Web2.0 自身有明显的不足，即它只能通过 PC 终端应用在互联网这一单一的平台上，很难对层出不穷的新的移动终端的开发与应用提供新的技术层面和理念层面的支持。Web3.0 将打破这

---

① ［英］丹尼斯・麦奎尔：《大众传播理论》，北京：清华大学出版社 2006 年版，第 159 页。

② 百度百科：http://baike.baidu.com/view/604187.htm。

一僵局，使得各种终端的用户群体都可以享受到在互联网上冲浪的便捷。Web3.0将建立可信的 SNS（社会网络服务系统），可管理的 VoIP（模拟信息数字化）与 IM（即时通信），可控的 Blog/Vlog/Wiki（博客、微博、维基），实现数字通信与信息处理、网络与计算、媒体内容与业务智能、传播与管理、艺术与人文的有序有效结合和融会贯通。从 2010 年开始，垂直网站①进入"Web3.0 时代"。Web3.0 时代的特征是个性化、互动性和深入的应用服务：更加彻底地站在用户角度；多渠道阅读、本地化内容；用户间应用体验的分享；应用拉动营销，用户口碑拉动营销。用户的应用体验与分享，对网站流量和产品营销具有决定性作用；移动互联网和垂直网络实现有效对接，不是对接内容，而是用户体验和分享层面。同时，垂直网站将与 B2C② 实现对接，从而实现产品数据库查询、体验、购买、分享等整个过程的一体化。

每一种网络新媒体的诞生都是网络传播技术发展的产物，并在媒介的微观制度和宏观管理制度层面上影响已有的媒介制度安排。例如，对于博客、微博的有关法律法规只有 2000 年信息产业部《互联网电子公告服务管理规定》和 2006 年国务院《信息网络传播权保护条例》两部法规，而这仅有的两部法规对博客的很多具体管理问题没有作出明确的界定，以至于相关网络侵权案件的审理直接适用《民法通则》或《合同法》的有关规定。针对我国互联网管理法律法规的匮乏以及论坛、博客等网络新兴事物的性质不明的现实状况，为了规范微博客服务的发展管理，维护网络传播秩序，保障信息安全，保护互联网信息服务单位和微博客用户的合法权益，2011 年 12 月 16 日，北京市根据《中华人民共和国电信条例》《互联网信息服务管理办法》等法律、法规、规章，公布实施了《北京市微博客发展管理若干规定》（以下简称《规定》）。《规定》明确提出，要坚持积极利用、科学发展、依法管理、确保安全的原则，加强微博客的建设、运用，发挥微博客服务社会的积极作用。《规定》第 9 条对组织或个人注册微博客账号，制作、复制、发布、传播信息内容，应当使用真实身份信息作出明确规定。2012 年 5 月，中国最大的微博运营商新浪推出新的微博管理制

① 垂直网站：将注意力集中在某些特定的领域或某种特定的需求、提供有关这个领域或需求的全部深度信息和相关服务的细分网站，作为互联网的新亮点，垂直网站正引起越来越多人的关注。

② B2C：Business-to-Customer，即商家对顾客（简称为"商对客"），是电子商务的一种模式，也就是通常说的商业零售，直接面向消费者销售产品和服务。

度，并同时推出了用户信用积分制以及用户组成的社区委员会。但是，与新的网络应用管理的实际需要相比，网络传播制度供给明显不足，中国社会对于出台的这些微博管理办法特别是微博的"前台自愿、后台实名"的有限实名制规定仍存较大争议，管理效果有待进一步观察。

（二）网络传播技术的变迁影响到网络传播制度安排

新兴的网络传播技术改变了传统媒体的运营方式和消费者使用媒体的方式。罗素·纽曼（Neuman，1991）对新技术的未来进行了展望，他认为，新媒体使用成本更低，使用起来更便利；改变了受众对地理距离的看法；传播速度更快；传播的容量更大；传播的渠道更多；传播的互动性更强；扩大了使用者对媒体的控制权；原本处于分离状态的传播形式之间的交流会更多[①]。网络传播新技术使网络传播成为一个去权力化的、去中心化的全新信息传播系统，在这个系统中，每个网络传播参与者既是信宿，也是信源，打破了传统媒介中严格的传受界限和单向传播模式。正如喻国明所说，Web2.0 的出现为我们呈现了一个新的传播图景，"这种让全民共同决定和编织传播的内容与形式，让每个个体的知识、热情和智慧都融入其中，让人们在具有最大个性选择的聚合空间内实现共享，这恰恰是新传播时代的价值真谛。"[②] 网络新技术的出现大大降低了大众传播的门槛，节省了信息的生产和传播的成本，消融了传统意义上的信源与信宿的界限，在网络传播条件下，即使是一个普通的网络传播者也可能成为一个"传播机构"，与传统媒介的高准入门槛相比，现有媒介制度的创办成本（准入门槛）大大降低。与此同时，普通网络传播者信息生产和传播成本的降低又大大增加了政府信息管制的成本，使媒介制度变迁中博弈各方的"成本—收益"的结构和比例发生了变化，这些变化最终都将传导到网络传播制度的变迁上来。

（三）网络传播技术对网络传播制度提出新挑战

随着网络传播技术的不断进步和不断创新，网络传播的新样态不断涌现，这使管理者按照原有的管理模式对信息进行控制和过滤变得更加困难。网络传播具有互动性、便捷性与超链接性等特性，因而比传统媒介更

---

① Neuman，R.，*The Future of the Mass Audience. New York*：Cambridge University Press1991. 参见潘祥辉：论媒介技术演化和媒介制度变迁的内在关联，《北京理工大学学报》（社会科学版）2010 年第 1 期。

② 喻国明：关注 Web2.0：新传播时代的实践图景，《新闻与传播》2006 年第 12 期。

容易聚集人气，更容易形成舆论。它不但能使民意表达更加直接、便捷，而且由于网络的组织成本和传输成本较低，能够显著增强分散人群集体行动的能力，使网络传播管理更加复杂、更具挑战性，同时也对网络传播的管理制度提出了新的重大课题和重大挑战。例如，随着数字技术与互联网的快速发展，所有传统作品如文字、图像、音乐、电影作品等都可以成为数字化作品，大大降低了出版、复制、储存、传播的成本，使知识可以几乎没有阻碍地在社会广泛传播、共享、使用；通过网络技术，所有数字化作品都可以快速在全球范围传播，可以使社会成员人均拥有的知识量有质的飞跃，普遍提高社会知识文化水平，从而对社会经济发展和人类文明进程都有巨大的推动作用。但是，数字技术的发展打破了原有的著作权人利益、社会公众利益和传播者利益很好的平衡点，导致著作权人、社会公众、传播者各方的利益都受到影响。特别是数字环境下，盗版行为非常猖獗，而取证很难，维权成本高、成效低，著作权人的合法权益更难以保护。因此，如何保护数字环境下的著作权不仅是中国社会面临的重大课题，也是全世界共同面临的重大挑战。为此，2005年4月29日，国家版权局、国家信息产业部共同发布了《互联网著作权行政保护办法》，规范了互联网信息服务活动中涉及著作权的多种行为，对保护著作权人合法权益提供了较为有效的法律保障。

随着科技的发展，现代社会产生和捕获的数据量迅猛增长，统计数据量以PB（1024TB）级趋势加增，我们已经迈进了大数据（big data）时代。美国谷歌公司每天要处理超过24PB字节的数据，这意味着其每天的数据处理量是美国国家图书馆所有纸质出版物所含数据量的上千倍。Facebook这个创立时间不足十年的公司，每天更新的照片量超过1000万张，每天人们在网站上点击"喜欢"（Like）按钮或者写评论大约有30亿次，这就为Facebook公司挖掘用户喜好提供了大量的数据线索。与此同时，谷歌子公司YouTube每月接待多达8亿的访客，平均每一秒钟就会有一段长度在一小时以上的视频上传。Twitter上的信息量几乎每年翻一番，到2014年6月首次出现每日微博发布量超过2亿条，之后发布量又进一步飙升至近2.5亿条。大数据就是那些通过标准数据库技术高效处理的规模巨大、形式复杂的数据，它有四个基本特征：一是数据体量巨大。百度资料表明，其新首页导航每天需要提供的数据超过1.5PB，这些数据如果打印出来将超过5000亿张A4纸。有资料证实，到目前为止，人类生产的所有印刷材料的数据量仅为200PB。二是数据类型多样。现在的数据类型不仅是文本形式，更多的是图片、视频、音频、地理位置信息等多类型的数据，个性化数据占绝对多数。三是处理速度快。数据处理遵循"1 秒定律"，可从各种类型的数据中快速获得高价值的信息。四是价值密度低。以视频为例，一小时的视频，在不间断的监控过程中，可能有用的数据仅仅只有一两秒。英国学者维克托·迈尔·舍恩伯格教授在其大数据研究的先河之作《大数据时代》一书中指出，大数据带来的信息风暴正在变革我们的生活、工作和思维，大数据开启了一次重大的时代转型。据世界信息安全厂商赛门铁克发布的报告显示，随着大数据时代的到来，2013 年全球超过 5.52 亿条个人身份信息被泄露，泄露数据的数量是 2012 年的 4 倍，全球大规模泄露事件从 2012 年的 1 起增加到 8 起，每一起事件泄露的信息都超过千万条①。相关研究表明，我国互联网个人信息安全的灰色产业链规模已达近百亿，众多黑客、广告商、中介及诈骗团伙开始从中谋取暴利。大数据的"裸奔"现象造成的危害也越来越大，亟须解决。这就要求从事大数据运营的企业要尊重数据，遵守行业的发展原则，而这种原则靠的是行业人士的自律。在遵守行业发展原则的同时，也要不断地更新技术，修补系统漏洞。目前，工信部等相关部门已经牵头起草相关的法律法规。同时，据海外的先进经验显示，对于数据整理和分析的脱敏处理，至少要经过 4 层的保护处理，而出于对安全产品国产化的鼓励，信息分级和脱敏保护等各种政策的实施也应该越来越严格。

第二节　制度成本对中国网络传播制度的影响

制度成本是制度形成与变迁的核心变量，在不同制度形成模式下，制度成本有较大差异。民主模式下的制度形成成本虽然高，但执行成本、监督成本要低得多。

一、制度成本是制度产生与变迁的核心变量

（一）交易成本与制度成本

交易成本包括信息成本、谈判成本、拟定和实施契约的成本、界定和控制产权的成本、监督管理的成本和制度结构变化的成本。对交易成本的

---

① 张广利、陈丰：制度成本的研究缘起、内涵及其影响因素，《浙江大学学报》（人文社会科学版）2010 年第 2 期。

研究始于新制度经济学代表人物科斯，他认为，为了顺利开展市场交易，就需要发现谁希望进行交易、交易什么、怎样进行交易，还需要了解怎样进行讨价还价以缔结交易可以达成的契约、如何督促契约条款的严格履行等。这些交易前的调查工作通常是要花费成本的，在无须成本的定价制度中，任何比率的成本都足以使许多本可以进行的交易泡汤①。在科斯那里，交易成本是制度存在的根本前提，如果交易成本为零，则制度就没有存在的必要。新制度经济学的另一位代表人物诺斯指出，就像美国 1787 年制定宪法时的情况一样，制度最初设立时的初始成本是巨大的，而且正式规则的形成和实施的变迁通常需要动用大量的资源②。

　　制度成本是制度理论的基本概念。对于制度成本的研究，具有代表性的观点主要有：汪丁丁的机会成本说③、李建德的信息费用说④、张旭昆的制度成本二分法⑤、美国社会学家布劳社会资源说⑥、张广利的博弈成本说⑦。交易成本与制度成本之间具有十分紧密的联系。孙国峰研究了交易成本与制度成本之间的关系。他提出，从交易与制度的静态关系来看，交易成本这个概念的范畴大于或等于制度成本。在没有形成制度以前，交易就已经存在，但这种交易是非连续和非稳定的，这时所产生的就只有纯粹的交易成本。即使是在交易没有达成情况下，相对于每个交易主体而言，交易成本仍是存在的。当交易形成一种稳定的预期，也就是说当针对某种类型交易的制度产生时，交易成本就在这种制度范围内转化为制度成本⑧。一项制度的建立到完全运行，需要一系列制度成本，包括信息搜集成本、

---

① 张广利、陈丰：制度成本的研究缘起、内涵及其影响因素，《浙江大学学报》（人文社会科学版）2010 年第 2 期。
② ［美］道格拉斯·C. 诺斯著，刘守英译：《制度、制度变迁与经济绩效》，上海：上海三联书店 1994 年版，第 131 页。
③ 汪丁丁：《从"交易费用"到博弈均衡》，《经济研究》1995 年第 9 期，第 72—80 页。
④ 李建德：《论"制度成本"》，《南昌大学学报》（社会科学版）2001 第 1 期，第 44—49 页。
⑤ 张旭昆：《制度演化分析》，杭州：浙江大学出版社，2007 年版，第 128 页。
⑥ ［美］彼得·M. 布劳著，李国武译：《社会生活中的交换与权力》，北京：华夏出版社，1988 年版，第 315 页。
⑦ 张广利、陈丰：制度成本的研究缘起、内涵及其影响因素，《浙江大学学报》（人文社会科学版），2009 年第 5 期，第 48—54 页。
⑧ 孙国峰：《交易成本与制度成本的关系分析》，《西南师范大学学报》（人文社会科学版）2004 年第 2 期，第 68—72 页。

利益博弈成本、契约拟定和实施成本、产权界定和控制成本、监督管理成本以及贴现成本。贴现成本是指制度从建立到完全发挥作用这段时间内，需要不断付出的新成本。有时，制度的其他成本也许不高，但是贴现成本太高，这种制度即使再好，也可能成为社会不堪承受之重。

（二）制度成本对制度形成与变迁的影响

制度成本是制度存废和变迁的决定性因素。在一个完整的制度周期中，从制度的形成、执行、监督到制度的变迁，都需要支付相应的成本，都对制度产生决定性影响。

1. 是否为新制度的订定决定着制度成本的形成

形成一项新制度，首先要考虑的因素是信息成本，包括信息搜集成本和信息加工成本。也就是说，在制定新制度之前，首先要获取与即将制定的新制度相关的各种信息，然后对各种信息进行必要的筛选和加工。在信息量呈爆发式增长的信息社会，信息加工的成本必然不断增大。而信息的可获得性、获得的成本高低、信息的处理成本对新制度的订立具有决定性意义。如果订立新制度所需形成成本太高，超过了新制度可能带来的收益，显然这项制度就没有设立的必要。但是，并非制度形成成本越低，就越需要设立新制度。在传统社会，制度形成成本显然要比现代社会要低得多，但现代社会的多数制度比传统社会更精细、更科学、更合理。

2. 制度执行成本决定着制度的效能

制度的效能只有通过有效运行、作用于实践才能体现出来。在制度执行过程中，需要具备必要的资源投入，以保证制度按照设计框架有序运行。如果制定出来的制度得不到有效执行，那么就会增加额外的执行成本。然而，制度在执行过程中总会遇到潜规则，此时制度如何能够得到有效执行？在特定情形下，人们为遵守潜规则可能放弃正式制度安排，或者在两者之间寻找平衡点。其原因在于：一是与制度的违约成本相比，潜规则的违约成本更高，人们宁愿选择违反制度也不违背潜规则；二是制度的违约成本过低，制度由于本身可执行性不强、约束和监督力量不足等原因，导致人们即便不遵守制度约定，仍可以逃避惩戒或者惩戒过轻。新制度是对原制度框架下或自然状态下损益关系的重新调整，在制度执行中，必须直接或间接地牵涉多个利益主体之间的损益关系，它们之间的相互博弈必然影响制度的执行成本。制度执行成本太高，就会导致制度执行打折，制度效能降低。

3. 制度监督成本制约制度的有效性

制度要得到有效运行，还必须进行相应的监督，以防止"上有政策、下有对策"的现象发生。制度执行的监督不仅需要成本，而且监督成本还是决定管理有效性的核心因素。制度监督成本主要包括监管部门的设立，实施监管过程中所需的硬件设施、组织运行、人员培训等相关费用。影响制度监督成本的因素主要有三个：监督人员素质、监督机制完善程度和监督对象的数量。一般而言，监督者的素质越高，监督机制越完善，监督对象数量越少，监督成本则越小；制度监督成本越小，监督越有力，制度执行就越有效，制度的有效性就越高。

4. 制度变迁成本制约制度变迁的进程

当旧制度无法增加社会收益，无法提高社会经济活力和社会成员生活水平，制度变迁开始提上议事日程。在制度变迁过程中，必然遇到来自旧制度中既得利益者的阻力；同时，由于新制度还不够成熟，旧制度在很多地方依然发挥着作用，两种制度的摩擦与斗争构成了制度变迁成本。制度变迁有渐进式变迁和激进式变迁两种模式，前者变迁过程相对稳定，不会引起大的社会动荡，但所需时间较长；后者采取果断措施进行制度变迁，变迁过程较短，时间成本相对较小，但社会风险较高，甚至可能会引起社会动荡，如处理不善，则可能需要更高的制度变迁成本。

从本质上说，制度形成是一个利益博弈过程，在这个过程中，不同的利益主体在多重博弈中逐渐实现均衡。不同制度形成模式下，制度成本有较大差异。集权模式固然可以减少制度形成成本，但是制度执行者、承受者与制度制定者之间未能进行必要的利益博弈，从而容易增加制度执行的阻力，导致制度执行成本的增加。与之相反，民主模式下的制度形成过程，尽管因参与人数较多和花费时间长而增加制度形成成本，但制度执行的阻力却要小得多。制度的监督成本相对复杂，一项制度如果能够得到较好地贯彻落实，即使遇到阻力也因执行者恪尽职守而得以坚定执行，并发挥出应有的制度绩效，则监督过程相对简单；反之，如果由于少数人的利益驱动或人情关系的羁绊，制度执行不畅，那就会在一定程度上增加制度的监督成本[①]。

---

① 张广利、陈丰：制度成本的研究缘起、内涵及其影响因素，《浙江大学学报》（人文社会科学版）2009 年第 5 期，第 48—54 页。

二、制度成本对中国网络传播制度的影响

与其他制度一样，网络传播制度的形成与变迁，也要受到制度成本的制约。

（一）制度形成成本高低决定网络传播新制度的订立与否

网络传播制度是对信息传播形式和内容的管理，信息是制度规制的核心要素。从这个意义上讲，制定制度所需信息的完备、充分与否，决定着一项制度的存废。利用发达的互联网传播渠道获取订立新制度或促进制度变迁所需信息，是网络传播制度重要的信息获取渠道。但更重要的信息，需要进行专题研究和实证，从理论上进行充分的研究论证，从实践中获得充分的群众意见和社会看法。如果理论研究难度太大或者实践操作困难、社会可接受性差，那么制度成本就太高，这项新制度或这种制度变迁就无法实现。从 2002 年李希光教授提出建立网络实名制算起，直到今日，我国的网络实名制都没有建立起来，其中原因纷繁复杂，但最根本的原因在于反对力量太大，制度形成成本太高。《中国青年报》2007 年的一项调查表明，83.5％的人明确反对在网络上搞实名制，59.7％的人更是强调，"网络本来就是虚拟的，不可能实现实名制"①。在理论界，持反对观点的学者不在少数，中国人民大学新闻学院陈力丹教授认为，"如果实行网络实名制，就会影响网民的自由表达。"他认为，网络实名制制度本身并没有问题，如果各部门权力是相互制衡的，就不会有部门专权。但现在，网络实名制可能会被一些权力部门所利用。清华大学新闻与传播学院金兼斌教授认为，网络实名制涉及政策和立法，尤其要慎重②。当然，经过多年博弈，中国的网络实名制也取得了一些成果。2012 年 3 月 16 日，新浪、搜狐、网易、腾讯四大网站微博全部实行实名制，但是采取的是"前台自愿、后台实名"的方式。

（二）制度监督成本高低决定网络传播制度是否有效

网络传播制度的实施还需要制度的监督，包括管理监督、行业监管、社会监督、网民举报等多种监督形式。监督成本适中的监督（有效的监

---

① 文飞翔：《调查显示 83.5％受访者反对网络实名制》，《中国青年报》2007 年 1 月 8 日。

② 王超等：《中国专家争议网络实名制》，《中国青年报》2008 年 10 月 10 日。

督）将使网络传播制度得到很好地实施，从而确保制度的有效性；监督成本过高的监督（无效的监督）将使制度得不到有效地实施，甚至使制度名存实亡。韩国的网络实名制之所以最终取消，网络实名制的监督成本过高就是其中的根本原因之一。网络实名制在实施中，并没有像制度设计者最初设想的那样解决网络恶行，2010 年 4 月，韩国首尔大学一位教授发表了《对互联网实名制的实证研究》，数据显示，在实施网络实名制之后，网络上的诽谤跟帖数量从原先的 13.9％减少到 12.2％，仅减少 1.7 个百分点。另一份由韩国网络振兴院和信息通信部联合进行的调查显示，在实名制实施两个月后，恶意网帖仅减少 2.2％。网络的参与度却由此大幅降低，网络实名制实施后，网络论坛的平均参与人数从 2585 人减少到 737 人[①]。由于对众多实名网友的监督成本太高，无法根本解决"法不责众"的问题，因而很多人用真实姓名登记后继续肆无忌惮地进行攻击谩骂。据调查，三分之二曾发表恶意网贴的网民对是否实名并不在意[②]。

（三）制度执行成本高低决定网络传播制度的效用大小

网络传播制度的实际运行，需要必备的资源投入和条件保障，这就是网络传播制度的执行成本。如果制度设计本身有缺陷，执行起来有较大难度，还会新增执行成本。如果执行成本较大幅度地低于制度效用，执行成本就处于可控范围，并且也在制度固有成本范围内；如果执行成本超过了制度本身带来的效用，制度就没有存在的必要了。韩国是世界上第一个实行网络实名制的国家。2005 年，韩国开始提出网络实名制，经过两年的全社会讨论，从 2007 年 7 月开始实施互联网实名制。"上有政策、下有对策"。自实施实名制之后，被称为"身份证伪造器"的作弊软件也应运而生。这类软件可以伪造出通过身份验证机制的韩国身份证号，从而可以用伪造的身份注册。此类软件的出现，大大增加了识别"伪身份证"的制度执行成本。与此同时，实名登记的政策本身更给网络黑手大开方便之门。2011 年 7 月，韩国发生了空前的信息外泄案件，韩国 SK 通讯旗下的门户网站 Nate 和社交网站"赛我网"被黑客攻击，约 3500 万名用户的信息外泄（韩国总人口约 5000 万人）。这些信息，不仅可以被商家利用来进行电话营销、发送广告邮件等，更容易侵入私人邮箱，盗用他人账号，窃取信

---

① 朱景：网络实名制的全球先行者，韩国为什么失败了?》http：//int. nfdaily. cn/content/2012－01/19/content _ 36711818. htm。

② 朱景：网络实名制的全球先行者，韩国为什么失败了?》http：//int. nfdaily. cn/content/2012－01/19/content _ 36711818. htm。

息，窥探隐私，带来史无前例的安全危机。这意味着，网络实名制又极大增加网络安全的制度执行成本，使网络实名制的实施越来越不现实。2011年12月29日，韩国政府不得不宣布，从2012年起取消网络实名制。

（四）制度变迁成本决定网络传播制度变迁的进程

网络传播制度的变迁成本来自新旧制度的冲突与斗争。根据二者斗争的激烈程度，形成了渐进式制度变迁和激进式制度变迁两种模式。渐进式制度变迁过程相对稳定，不会引起大的网络动荡，但所需时间较长；激进式制度变迁过程较短，时间成本相对较小，但网络风险较高，如处理不善，则可能需要更高的制度变迁成本。中国实施微博实名制的过程就是一个渐进式制度变迁的过程。首先，对网络实行实名制管理是国际社会的基本做法。由于社交网络是一把"双刃剑"，海量信息在社交网络自由流通的同时，一些造谣、诽谤、网络欺诈、恶意炒作等不法行为也夹杂其间，成为影响社交网络正常发展的掣肘。因此，不少国家都制定了以实名制为代表的专门法律措施来降低和遏制这些负面效应。以美国为例，美国司法部要求国会修改相关的计算机欺诈法案，以起诉那些在网络上提供虚假身份等信息来伤害他人的人[1]。全球最大社交网站Facebook一直采取"一经发现、立刻关闭账户"的做法查处使用化名的用户，Facebook和互联网巨头谷歌新推出的"谷歌＋"社交服务推出了一系列实名认证制。这为我国微博实名制的提出并实施提供了国际借鉴。其次，我国已经提出了实名制网络管理设想。从2003年"李希光事件"开始，关于网络实名制的讨论和争辩至今已有9年之久，社会舆论和社会心理对实名制有了充分的准备，这为我国微博实名制的提出和实施奠定了良好的舆论基础和社会基础。再次，我国微博管理与微博发展不适应成为社会共识。微博是互联网的一种新应用，传播快、影响大、覆盖广，并具有很强的社会动员能力，在我国呈现出爆发式的增长。同时，作为一种自媒体，微博也容易使一些非理性的声音以及负面舆论、有害信息迅速传播。我国现有的微博管理与微博的发展很不适应，对网络信息安全和社会和谐稳定提出了新挑战。最后，党和国家制定了相应了法律规定。《中华人民共和国电信条例》第59条专门规定，不能用假冒他人信息注册入网和使用移动电话。党的十七届六中全会《中共中央关于深化文化体制改革、推动社会主义文化大发展大繁荣若干重大问题的决定》明确提出要加强对社交网络和即时通信工具的引导和

---

① 薛国林：国外微博管理经验借鉴，《人民论坛》，2012年第6期。

管理。2011 年 12 月，北京市制定出台《北京市微博客发展管理若干规定》，在全国率先推出"后台实名，前台自愿"的微博实名制。2012 年 3 月 16 日，新浪、搜狐、网易等各大网站微博全部实行实名制。因此，即便对于微博实名制有各种反对意见和质疑声音，由于我们采取了渐进式变迁路径，降低了从微博的匿名自由发言制到微博实名制的制度变迁成本，制度变迁得以"软着陆"。

（五）制度成本对网络传播制度的影响分析

根据以上分析，可将制度成本对网络传播制度的影响用图 3—1 进行简单表示。

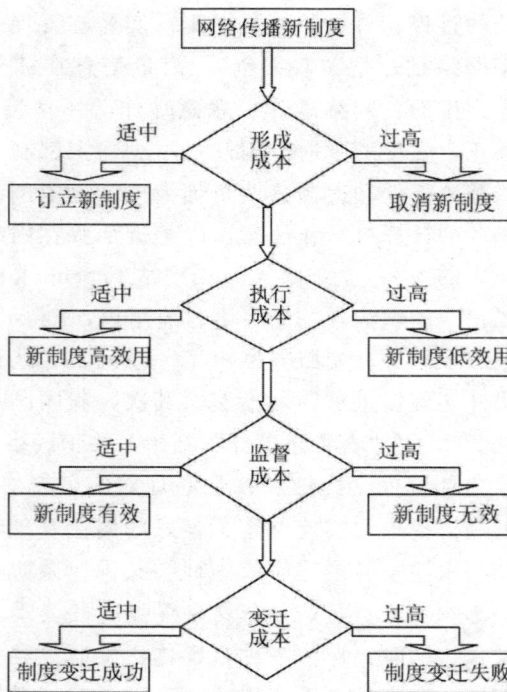

图 3—1　制度成本对网络传播制度的影响

一项网络传播新制度的订立，首先取决于这项制度的形成成本，成本适中，新制度订立；成本过高，新制度取消。在执行环节，如果新制度的执行成本适中，新制度则发挥出高效用；执行成本过高，新制度的效用则很低。制度的有效执行离不开监督，监督成本适中，新制度是有效的；监督成本过高，新制度无效。在制度变迁过程中，新制度能否取代旧制度或修订后的制度能否有效推行，取决于变迁成本的高低，变迁成本适中，制度变迁成功；变迁成本过高，制度变迁失败。

当然，在网络传播制度运行实践中，制度的兴废成本是多样而复杂的。这四种成本是决定网络传播制度兴废的主要成本，它们是制度效用、走向的决定性成本因素。

第三节　利益对中国网络传播制度的影响

制度作用的对象是人。新制度经济学假设市场主体都是以实现自身利益最大化为理论前提的，都是利益人。根据这一假设，制度的形成与变迁，从根本上说是利益博弈与平衡的结果。

一、利益、利益共享与制度建构

（一）利益人假设

学界大多是从个体的需要或者需求满足的角度来定义利益的。北京大学周旺生教授认为，利益就是能够使社会主体的需要获得某种满足的生活资源，而这种资源满足的程度是以客观规律、社会环境和社会制度所认可的范围为限度的[①]。综合学界观点，大家比较认同的看法是：利益是指行为主体采用一定的手段谋求的、有助于其生存与发展的物质和精神诸要素。作为利益受益者的行为主体，既可以是个人，也可以是群体，还可以是一个国家或民族。物质与精神诸要素包括物质财富、权力地位、名誉声望等要素。

利益人是指具有追求主观上认为相对较大利益或最大利益（这些利益均指具体化利益）的行为倾向，并且在具体行为实施之前主观认为自己所选择的手段符合自己的生存与发展目标的行为主体[②]。行为者在作出行动之前，往往会对行为的选择进行判断，然后采取追求更有利于自身生存与发展的物质和精神利益的行为。

（二）利益关系是制度的核心内容之一

制度是规定利益流动及对行为主体的行为进行规制的正式或非正式规

---

① 周旺生：论法律利益，《法律科学》2004 年第 2 期。
② 陈忠云：从利益角度构建新的制度理论，《思想战线》2011 年第 2 期，第 70 页。

则的总称，各种制度都对不同利益的内涵、利益流向的规定、对行为者行为的制约方式等进行或多或少的规定，利益关系是制度的核心内容之一。同时，制度总是根据现实的需要不断调整、不断发展，如有了车就催生了交通制度，有了房地产交易就有了房地产制度，有了电脑就产生了网络制度。市场的程序化平等交换制度，是最有生命力的制度，不仅在经济领域产生重要影响，还会辐射到社会、政治等诸多领域。（制度所包含的利益内涵有三种类型：一是超越具体利益计算的制度，如家庭的尊老爱幼制度；二是具体利益计算的利益均衡导向制度，如市场的平等交换制度；三是具体利益计算的非利益均衡导向制度，如古代中国的等级礼制。超越具体利益计算、具体利益计算的利益均衡导向、具体利益计算的非利益均衡导向，是这些制度的利益内涵。）可将上述不同利益内涵的制度进行图式化。用利益的纽带把规范人们各种利益关系的制度串联起来，按照不同的利益内涵进行上下、左右排列，构成一个富有逻辑关系的整体。即以具体利益计算为中心，其上是超越具体利益计算制度，其下是具体利益计算的利益均衡导向制度与具体利益计算的非利益均衡导向制度（如图3-2）。

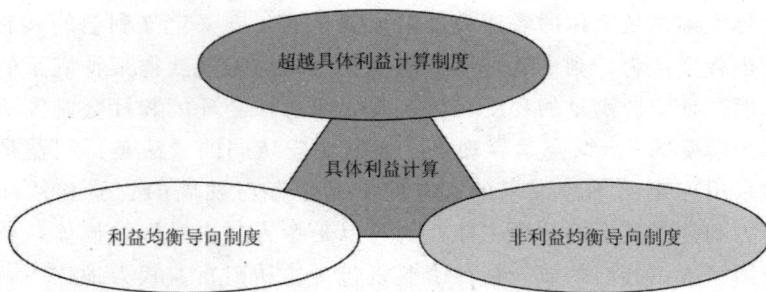

图3-2　利益均衡导向关系

经济、政治、社会等领域的制度，都可以根据其不同的利益内涵进行归类，而纳入这个制度的利益分析框架。

（三）实现利益共享是制度变迁的新方向

制度是对支配经济系统之间可能合作与竞争的方式的一种安排，是对不同个体与群体之间利益的实现方式及其结果的成文或不成文认定。除排他性的利益之外，共同利益在利益格局中占有很大比重，甚至可以说，没有共同利益，个体或群体的私利就难以实现。正是基于这样一种认识，当代制度设计越来越注重实现利益共享。实现利益共享的制度能够产生有效的激励与约束两种功能。

1. 实现利益共享的制度具有激励功能。

实现利益共享的制度是一种激励相容的制度。这种制度把劳动者的劳动力转化为他的资本，这样，劳动者的个人目标与整个企业的团体目标统一起来，劳动者的个人收入与整个企业的盈亏挂钩，每个劳动者的劳动力资本投入的回报与企业的稳定发展与利益最大化建立起了利益共同关系，从而有效激发出劳动者的积极性、主动性和创造性。共享利益制度的选择是在企业收益产生之前作出的，而不同的制度安排必将影响或改变利益共享参与者的偏好及理性计算。显然，赋予生产成员对企业收益的索取权，在这种制度安排下，企业的收益分配与生产者的收入来源紧密相连，即企业成员的科学操作技能、技术创新所产生的收益归劳动者所有，这必然会激发劳动者的积极性①。同时，共享利益制度也为经营者提供了改善其行为的内在动力。经营者低频率流动使他们的个人利益在很大程度上与企业利益保持一致，或者至少都是朝着共同的利益方向变化。共享利益制度将经营者的货币收入与企业经济效益双重挂钩，对其行为朝向有利于企业和全体参与者利益的方向发展产生非常有效的诱导作用。共享利益制度还具有促进生产要素在企业内部的有效组织和利用及在整个社会范围内优化配置的作用。共享利益制度不仅体现了各类参与者共享利益、同担风险的基本原则，而且促进他们关注产品开发和市场拓展等战略经营问题，努力探索改进生产技术和生产方法，以尽可能地降低生产成本，扩大共同利益。

2. 实现利益共享的制度具有约束功能。

参加收益共享的每个人都是企业利益的分享者，每个人都期望实现利益分配的最大化，但很难实现既利己又不损人。由于共享利益制度的各主体之间是一种合作关系，同时彼此又是利益共同体，损人利己行为的发生必然影响企业实现利益最大化的目标。利益共享制度是集体选择的结果，对任何一个收益的共享者产权权能的侵害，都将影响到所有收益共享者的利益。因而，共享利益制度应当约束这种行为，通过明确界定企业内各利益主体的产权关系及其权能，缩小个人利益共享目标与企业收益目标之间的差距，使每个利益分享者利己亦不能损人，从而尽量减少行为偏差的发生。同时，共享利益制度也对利益共享风险产生约束作用。利益共享风险是由于收益共享可能会对企业未来的生产经营带来的不利影响，如收益的

① 洪远朋等：共享利益制度：一种新的企业制度，《复旦学报》（社会科学版）2001年第 3 期。

不确定性，收益分享的时间、形式和金融把握不当所产生的风险等。通过一定的规则，确定合理的共享顺序、共享标准以及共享方式，协调好各利益共享参与者的短期利益和长期利益，共享利益制度实现了对利益共享风险的制约。此外，共享利益制度还能降低经营者权利运用不当的危险。共享利益企业制度下经营者的行为选择将受到来自多方面的约束。作为企业权利和利益关系中的共同主体，资本参与者和劳动者可以联合起来对经营者的权利行为进行约束和控制，一方面，共享利益制度可以借助劳动者在经营活动的参与，克服资本所有者从外部控制对经营者在权利运用中的行为表现了解不充分的局限性；另一方面，利用资本所有者的参与，可以克服劳动者的利益实现对经营者的依赖。这样，共享利益制度企业便可以使资本控制与劳动控制互为补充，充分利用单方制导的有利条件，克服相应的局限性，从而形成联合制导的综合优势[1]。

因此，实现利益共享的制度越来越成为制度演变的一个重要发展方向，对于实现各方利益最大化和利益均衡具有十分重要的价值，同时也能保证企业发展的可持续性。

二、从利益博弈到利益共享——中国网络传播制度变迁的必然走向

（一）利益博弈是网络传播制度形成的基本途径

1. 网络媒体与传统媒体的利益博弈影响传播制度变迁

相对于报纸、广播、电视等传统媒体，网络媒体是后来者，新生的网络媒体破坏了原有利益格局，必然引起传播媒体的抵制与反对。网络媒体与传统媒体围绕利益分配进行全方位博弈，博弈的结果便形成了新的网络传播制度。特别是在知识产权方面，20世纪90年代，传统媒体与网络媒体之间的博弈非常激烈，网站与传统媒体、传统媒体与网站、著作权所有人与网站的利益纠纷时有发生。在新闻和信息传播方面，突出表现为商业网站将传统新闻媒体及其网站上的内容随意转用，有网友据此将ICP（Internet Content Provider，网络内容提供者）戏称为"Internet Copy & Paste（网络复制和粘贴）""Internet Copy Provider（网络复制提供者）"。新闻媒体网站对商业网站肆意盗用新闻媒体网站新闻、侵犯新闻媒体网络

---

① 洪远朋等：共享利益制度：一种新的企业制度，《复旦学报》（社会科学版）2001年第3期。

知识产权以及侵害由此带来的商业利益表示了不满，双方利益博弈的结果是形成了《中国新闻界网络媒体公约》。

1999 年 4 月 15 日，国内 23 家新闻媒体网站召开会议，通过了《中国新闻界网络媒体公约》（以下简称《公约》）。《公约》呼吁全社会尊重网上的信息产权和知识产权，坚决反对和抵制任何相关侵权行为，对于侵权行为，《公约》单位将共同行动，联合抵制；各公约单位郑重约定，凡不属于此《公约》的其他网站，如需引用《公约》单位的信息，应经过授权，并支付相应的费用，使用时，或注明出处，或建立链接；各网络媒体无论规格高低，实力大小，实行在信息产权面前人人平等，从而建立起网上新闻发布和信息传播的"游戏规则"[①]。这是传统媒体第一次就维护网络信息版权结成联盟，也是第一次与网络媒体展开的版权利益博弈。但是，在当时互联网尚处普及阶段、网络中文信息相对匮乏、网站无清晰盈利模式的背景下，无论是商业网站还是《公约》单位自身，都很难执行这样的约定。特别是当时的纸媒还处在盈利的高点，在媒体广告利益格局中占据绝对的统治地位，因而缺乏版权经营意识；对于网络新媒体，只是想利用其快速传播和广域覆盖的特点来扩大自身影响，以获取更多的线下广告，所以并不想在信息产权和知识产权方面真正钳制网络媒体的发展，《公约》最终也未发挥出设计者所期望的作用。

2005 年，传统媒体尤其是纸媒用户逐步流失，发行量减少，广告份额大幅下降。2005 年上半年全国报刊广告额平均仅增长 7.08％；而此前十几年，国内报刊的广告收入平均增速高达 30％以上[②]。而网络媒体通过低廉的价格获得新闻信息，利用其网络传播优势建立了庞大网络用户群，并据此形成了最具吸引力、最具发展潜力的广告模式和增值模式。面对利益格局的重新调整，传统媒体再次试图利用内容版权维护自身利益。2005 年 10 月，全国 20 多家都市报在南京联合起草并发布了《南京宣言》，宣称"不再容忍商业网站无偿使用报纸新闻产品"，呼吁"全国报界应当联合起来，积极运用法律武器，加强知识产权保护，维护自身合法权益，改变新闻产品被商业网站无偿或廉价使用的现状"[③]。2006 年元旦前后，解放日报报业

---

① 百度百科：中国新闻界网络媒体公约，http：//baike. baidu. com/view/1383906. htm。

② 叶铁桥：报业提高转载门槛 向互联网"拿来主义"宣战，《中国青年报》2006 年 4 月 10 日。

③ 叶铁桥：报业提高转载门槛 向互联网"拿来主义"宣战，《中国青年报》2006 年 4 月 10 日。

集团也向全国其他 38 家报业集团发出了《发起全国报业内容联盟的倡议书》（以下简称《倡议书》，呼吁"共同制定向网络媒体提供新闻内容的定价规范，提高网络转载的门槛，捍卫自己的知识产权，让新闻内容回归应有的价值"。① 然而，对于网络媒体的强势兴起，各报社之间却利益分化。由于网络转载能扩大纸媒自身知名度和影响，即使明知网络侵权、转载费用低廉以及由此带来的广告客户的流失，平面媒体也无法拒绝网站所依托的巨大网络受众。因而，这场传统媒体与网络媒体的第二次版权博弈并没有持续多久。2006 年 8 月，发起倡议书的解放日报报业集团宣布与新浪公司建立战略合作伙伴关系，《倡议书》的实效亦十分有限。

两次以版权为主要内容的传统媒体与网络媒体的利益博弈最终促进了对 2001 年《中华人民共和国著作权法》的修订和实施。由于传统媒体在博弈中不断表达自己的利益主张，同时，国家也充分意识到网络时代为实现著作权人和以社会公众为代表的作品使用者之间实现利益平衡问题的重要性和紧迫性，2006 年 7 月 1 日，国务院正式颁布实施了修订后的《信息网络传播权保护条例》（以下简称《条例》）。《条例》包括合理使用、法定许可、避风港原则、版权管理技术等一系列内容，区分了著作权人、图书馆、网络服务商、读者各自可以享受的权益，网络传播和使用都有法可依，形成一个相互依存、相互作用、相互影响的"对立统一"关系，很好地体现了产业发展与权利人利益、公众利益的平衡，为产业加速发展做好了法律准备。对于传统媒体所特别关注的相关版权，《条例》规定："作品在报刊刊登后，除著作权人声明不得转载、摘编的外，其他报刊可以转载或者作为文摘、资料刊登"，"广播电台、电视台播放他人已发表的作品，广播电台、电视台播放已经出版的录音制品，可以不经著作权人许可，但应当支付报酬。"②

2. 网络媒体与网络媒体之间的利益博弈促进网络传播新制度的产生和原有制度的变迁

网络传播制度是对网络传媒利益格局在制度层面上的认可和保护。在网络传播发展的前期，形成什么样的网络传播制度取决于网络媒体与传统媒体的博弈，网络媒体之间在这种博弈中是利益共同体；而在网络传播进

---

① 叶铁桥：报业提高转载门槛 向互联网"拿来主义"宣战，《中国青年报》2006 年 4 月 10 日。

② 百度百科：信息网络传播权保护条例，http：//baike. baidu. com/view/239488. htm。

入相对成熟阶段，传统媒体与网络媒体之间的利益格局通过业已形成的网络传播制度予以确认和保护，网络媒体之间的利益关系如何确定和划分就上升为主要矛盾，推动着网络传播新制度的形成和原有制度的变迁。我国互联网发展迅猛，网络传播制度设计相对滞后，面对网络媒体之间的利益博弈往往难以实现有效的制度供给。腾讯与奇虎之争就是其中的典型案例。腾讯 QQ 和奇虎 360 是目前国内最大的两个客户端软件。双方为了各自的利益，展开了前所未有的互联网之战。2010 年 11 月 3 日晚，腾讯公司发布公告，装有 360 软件的电脑停止运行 QQ 软件。360 随即推出了"Web QQ"的客户端，腾讯却关闭了 Web QQ 服务，使客户端失效。2010 年 11 月 10 日下午，在工信部等三部委的积极干预下，腾讯 QQ 与奇虎 360 已经兼容。2011 年 4 月 26 日，北京市朝阳区人民法院对腾讯起诉360 隐私保护器不正当竞争案做出判决，奇虎 360 被判停止发行 360 隐私保护器 V1.0beta 版，赔偿腾讯 40 万元。时隔一年，2012 年 4 月 18 日上午 8 点 30 分，广东省高级人民法院正式开庭审理奇虎 360 状告腾讯公司滥用市场支配地位纠纷一案。奇虎 360 诉称，根据《中华人民共和国反垄断法》（以下简称《反垄断法》）第 17 条第一款第四项明确"禁止限制交易的行为"以及第 17 条第一款第五项明确"禁止具有支配地位的经营者进行搭售"的规定，请求法院判定腾讯要求用户"二选一"的行为是限制交易行为，是严重滥用市场支配地位的行为。同时，奇虎 360 认为，腾讯大量模仿互联网公司的产品和服务，再通过《反垄断法》明确禁止的搭售行为，对整个行业形成了巨大的伤害。奇虎 360 公司主张，腾讯公司构成《反垄断法》所禁止的限制交易和捆绑销售，并索赔 1.5 亿元。广东高院驳回奇虎公司的全部诉讼请求。奇虎公司上诉至最高法院。

　　3Q 之争暴露出我国在网络传播制度供给方面存在较大问题：一是《反垄断法》有缺陷，尤其不适应网络竞争。我国反垄断法律体系还在起步阶段，其条款大多是框架性的，缺乏具体实施的指导细则，可操作性不强，特别是很难在实施过程中有效打击互联网领域的垄断行为。二是现有网络传播制度对不正当竞争行为缺乏有效约束。在 3Q 之争中，奇虎 360和腾讯都存在不正当竞争行为，但我国现有的网络传播体系在反不正当竞争行为的认定与打击上缺乏有足够约束力的制度。同时，行业监管机构和行业协会在管理上也存在缺失，无法对行业内部产生自律性影响，未能及时调整和处理内部的关系，缺乏有效的调解机制。三是对网络消费主体的权益保护不力。在 3Q 之争中，腾讯单方面宣布在装有 360 软件的电脑上停止运行 QQ 软件，严重侵害了网络消费者的权益。我国的《消费者权益保护法》第 24 条规定，"经营者不得以格式合同、通知、声明、店堂告示等方式作出对消费者不公平、不合理的规定，或者减轻、免除其损害消费者合法权益应当承担的民事责任。"① 但是，腾讯的这一侵害网络消费主体权益的做法并没有得到法律上的处罚，网络消费者也并未得到相应的补偿。四是互联网监管制度的缺失。3Q 之争反映出目前我国的网络环境还缺乏足够的监管制度，还不能对互联网经营行为进行有效规范和约束，对互联网的监管也存在明显的不足，比如对软件、信息库的保护等。因此，网络传播新制度的供给变得比以往任何时候都更为迫切。

正由于此，最高法院高度重视奇虎起诉腾讯滥用市场支配地位纠纷案的审理工作，认为这涉及互联网领域《反垄断法》适用的重要标准问题。这是最高法院审理的第一起反垄断案件。经过四年的审理，2014 年 10 月 16 日，最高法院终审驳回奇虎《《公司全部上诉请求，判决奇虎360》对腾讯滥用市场支配地位的指控不成立。判决书除了对案件做出判决之外，最高法院还对互联网领域《反垄断法》意义上相关市场界定标准、市场支配地位认定标准等重要的法律问题明确了裁判标准。最高法院认为，市场份额只是判断市场支配地位的一项比较粗糙的指标，中国大陆即时通信服务市场竞争比较充分、市场进入较为容易、大量新兴即时通信服务提供商成功进入市场等因素，现有证据不足以支持腾讯公司具有市场支配地位。《反垄断法》所关注的重心并非个别经营者的利益，而更应关注健康的市场竞争机制是否受到扭曲或者破坏。最高法院认为，没有证据表明，腾讯通过实施"产品不兼容"和将 QQ 软件与其他软件打包安装的行为，将其在即时通信市场的领先地位延伸到安全软件市场，并且并未出现排除或者限制竞争的明显效果，所以腾讯公司不构成《反垄断法》所禁止的滥用市场支配地位行为。最高法院在判决中所阐述的这些法律适用标准在互联网领域反垄断案件审理问题上将产生决定性的影响。

（二）实现利益共享是网络传播制度的变迁趋势——以著作权制度为例

作为一种全新的传播方式，网络传播瓦解了传统传播方式下的利益形成机制，形成了网络传播下的新的利益分配格局。特别是网络传播对于著作权的利益分配格局的重构，具有很强的代表性。第一，网络传播催生了基于网络传播环境的新的创作方式和传播手段，也使作品可以很容易地被获取、整理、传输和使用。第二，数字技术颠覆了传统的复制概念，网络

---

① 百度百科：消费者权益保护法，http://baike.baidu.com/view/534439.htm。

传播下的复制过程简单、快捷并且难以控制，传统传播下的复制主体可审查、可控制、可追溯，而网络传播下的复制主体数量巨大、传受一体、难以控制、追溯困难。第三，网络传播下的复制成本极其低廉（成本近乎于零），每个网络作品的使用者都可能成为潜在的侵权人，而复制品又可进行无限制地传播，版权人权益极大受损。第四，网络侵权十分隐蔽，侵权人分布于世界各地并且匿名，网络侵权证据收集、确认非常困难，传统的协商、调解、诉讼等保护方式无法保护著作权人权益，网络传播下的著作权维护的诉讼成本十分高昂[①]。

网络技术的发展给传统著作权制度提出的挑战是十分严峻的。最大的挑战来源于《中华人民共和国著作权法》（以下简称《著作权法》）对于网络与知识产权的权责关系的制度缺失。《著作权法》第四章对于作品的出版、表演、录音录像、播放的权责关系进行了明确规定，但没有对作品的网络使用权责作出规定，这就使二者的权责关系缺乏法律依据，知识产权在网络传播条件下得不到足够的法律规范和保护。即使是《著作权法》中能够找到相关的规定，但也与网络传播的特点和规律不适应，不能真正起到规制作用。《著作权法》虽然对创作作品所产生的利益按照平等原则、贡献原则作出分配，赋予作者对其创作享有专有权，但是在一定条件下，无须作者同意社会使用作品。例如，《著作权法》第22条规定，"为个人学习、研究或者欣赏，使用他人已经发表的作品"，"可以不经著作权人许可，不向其支付报酬"。在网络传播环境下，任何网络用户都可以出自个人爱好或商业动机将其输入自己的终端并发送入网，其他终端的用户则可以不费分文地使用这些作品。可见，传统《著作权法》的此类规定无法禁止网络侵权，将对作品的市场销售和著作权人的利益形成重大威胁。因此，在网络传播中，《著作权法》规定的权利限制和例外是否仍然适用、需要作出哪些调整，是《著作权法》必须作出的回答。

面对数字技术和网络环境，著作权人迫切需要通过网络实现推广和收益，而使用者又需要满足其精神需求的各种网络产品。如果交易成本过低而使著作权人的利益得不到应有的实现和保护，著作权人就会丧失创作的动力，导致网络文化发展乏力，最终将导致网络缺乏应有的文化创新产品，网络文化发展就会停滞不前；如果交易成本过高而减少交易量或者使潜在的交易难以转化为现实的交易，在著作权人和使用者之间就会出现

---

① 王希：《网络时代著作权合理使用制度的利益平衡》，《广西社会科学》2009年第10期。

"否定性平衡",最终以不交易作为终结,将导致社会资源闲置和浪费,文化科学事业以及相关产业的发展也将因此受到阻碍。为此,2010年,我国正式启动《著作权法》的修订工作[①],2012年2月下旬,起草工作初步完成。《中华人民共和国著作权法(修改草案)》(以下简称《草案》)旨在通过对《著作权法》的修订,实现著作权人与网络使用者之间的利益平衡与利益共享。

1. 著作权许可制度

我国现行《著作权法》规定了教科书编写出版、报刊转载、录音制作、电台电视台播放等五类著作权法定许可制度。著作权法定许可制度允许他人使用作品不经权利人许可,本质上是对权利人权利的限制。如果权利人的报酬权不能保证,那么这项制度在实际上就会成为对权利人权利的剥夺。但是从著作权法定许可制度20年的实践来看,基本没有使用者履行付酬义务,也很少发生使用者因为未履行付酬义务而承担法律责任,权利人的权利未得到切实保障,法律规定形同虚设。为此,《草案》增加了关于法定许可必须事先备案、及时通过著作权集体管理组织付酬和指明来源等义务的规定,如使用者不及时履行上述义务,著作权行政管理机关可以根据具体情况给予相应的行政处罚。这样的调整既满足了使用者使用作品的客观需要,也保证了权利人的基本权利。此外,《草案》取消了法定许可制度中声明不得使用的例外情况,即权利人关于不得使用的声明不影响法定许可使用,报刊专有权声明除外;教科书法定许可增加了图形作品;转载法定许可增加了专有出版权声明;录音法定许可调整为合法录音制品出版后3个月;将广电播放录音制品法定许可并入广电播放作品法定许可制度。

2. 计算机程序反向工程

计算机程序反向工程是计算机程序兼容必不可少的一个环节,多年来这个问题一直未得到合理解决。《草案》借鉴欧洲和德国等《著作权法》的做法,明确规定计算机程序的合法授权使用者可以复制和翻译该程序的兼容性信息,但是同时规定不得将该信息用于其他目的或者侵权行为。

[①] 2010年2月26日,为进一步完善我国著作权法律制度,并根据执行世界贸易组织中美知识产权争端案裁决的现实需要,第十一届全国人大常委会第十三次会议审议通过《关于修改〈中华人民共和国著作权法〉的决定》,并自2010年4月1日起施行。

3. 著作权集体管理制度

著作权集体管理制度是衡量一个国家或地区著作权保护水平的重要标志，也是解决广大使用者合法使用作品的重要途径。近年来，我国建立了一系列著作权集体管理组织，但是社会各界关于著作权集体管理的认识和知识尚待提高，很多作者还没有加入相应的集体管理组织，在现实中常常出现使用者愿意合法使用作品却找不到权利人的情况。为解决使用者使用作品的困境，《草案》根据我国国情，借鉴北欧国家著作权集体管理制度，原则性规定了延伸性集体管理制度，即对于具有广泛代表性的著作权集体管理组织，国务院著作权行政管理部门可以许可其代表非会员开展延伸性著作权集体管理业务。

4. 专有许可合同与转让合同登记制度

近年来，著作权和相关权市场交易中经常出现"一物二卖"或者"一女二嫁"的案件，对著作权交易造成很大威胁，社会各界也多次提出要建立专有许可和转让的登记备案制度。《草案》综合考虑各方因素，规定了著作权和相关权专有许可和转让的登记制度，在法律效力上采取了"登记对抗主义"，同时规定法定许可赔偿必须以登记为前提条件（另一类法定赔偿的前提条件是著作权和相关权登记）。

5. 著作权行政管理保护制度

我国著作权保护制度实行行政保护和司法保护双轨制，但是现行《著作权法》中没有规定任何行政强制手段，尤其在网络技术迅猛发展、互联网上侵权盗版现象普遍，甚至在某些地区、领域和环节还十分猖獗的形势下，这种立法上的不足和欠缺已经严重影响和制约了著作权行政保护的有效性和威慑力，不利于打击侵权盗版行为，著作权行政管理部门特别是一线执法部门在实际执法和社会监管中反应强烈。为有效打击侵权盗版行为，完善我国著作权行政保护制度，草案增加了著作权行政管理部门执法手段的规定，特别是增加了查封扣押权。

6. 著作权纠纷行政调解制度

根据国务院关于推进法治政府建设的要求，结合著作权领域的实际情况（案件量增长最快、规模最大，目前全国法院系统受理的知识产权案件著作权案件占一半以上），《草案》探索性地规定了著作权案件行政调解制度，以充分发挥著作权行政管理机关专业性的优点，发挥行政调解高效、便捷的特点，减轻当事人的诉讼成本。

（三）国外实现著作权利益共享的制度探索

《欧盟信息社会版权指令》。2001 年 5 月 22 日，欧洲议会和欧盟理事会①通过了《欧盟信息社会版权指令》（以下简称《指令》），基本上勾勒出著作权的利益共享框架。《指令》充分认识到版权和相关权利对智力创造的决定性意义，因此十分强调对著作权进行高水平保护，把知识产权纳入财产权的一部分，以保障作者、表演者、制作者、消费者、文化界、工业界和全体公众的利益，促进创造力的维持和发展。《指令》认为，面对网络传播的挑战，版权保护不可能仅限于单个国家的独自行动，必须是多个成员国在共同体层面的统一协调行动，消除立法的差异性、不确定性，一方面充分利用网络对版权产品的最大范围的传播，促进含有知识产权或以知识产权为基础的产品的跨境利用和自由流动；另一方面保护著作权的利益，促进含有版权和相关权利的新产品和新服务的规模经济的发展。《指令》考虑到技术保护措施可能带来的对作品的垄断，要求成员国采取适当的措施确保权利人能使权利限制或例外的受益人从权利限制或例外中获得利益。这一限制性规定适用范围包括：私人复制、图书馆复制、临时复制、非商业性目的的社会组织对广播的复制、为教学和科研的使用、残疾人使用和为社会公共利益而使用。也就是说，法律所允许的合理使用不受技术保护措施的限制，为了实现合理使用而有规避行为的，应视为侵权的例外②。

美国《数字千年版权法》。20 世纪 90 年代，信息时代来临，作品的复制与传播变得非常简单与迅捷，传统《著作权法》对其保护已经力不从心。1998 年 10 月颁布了《数字千年版权法》（*Digital Millennium Copyright Act* of 1998，缩写为 "DMCA"），试图在国际范围指导解决因国际互联网蓬勃发展而引起的著作权问题。该法案在版权保护方面有两大亮点：一是保护著作权利管理信息的完整性（Integrity of copyright management information）。作品著作权信息在网络上仅是一段数字化的文字，通过网络传播数字化作品时，传播者可以很容易地将其篡改或删除。这种现象在网络中并不少见，而其不仅侵害了著作权人的署名权，也会让作品的使用人对作品做出错误的判断，并可能导致作品使用人受到伤害。《美国数字

---

① 国家版权局：关于《中华人民共和国著作权法（修改草案）》的简要说明（2012 年 3 月），http：//www. gapp. gov. cn/cms/html/21/508/201203/740605. html。

② 张今：数字环境下恢复著作权利益平衡的基本思路，《科技与法律》2004 年第 4 期。

千禧版权法》第103条规定："禁止任何人明知以及故意地引诱、促使、促进或隐藏侵害事实，或散布或为散布而引进错误的著作权管理信息；禁止任何人在明知该行为将引诱、促使、促进或隐藏侵害事实情况下，故意移除或修改任何著作权权利管理信息，或散布或为散布而引进已知在未经著作权人授权下被移除或修改过的著作权权利管理信息。"二是禁止破坏著作权之保护体系（circumvention of copyright protection systems）。伴随技术的进步，网络上出现了大量提供破解著作权保护措施的密码或程序工具，甚至有专门的破解密码网站，使网络著作权保护变得十分困难。该法案第103条规定，禁止破坏那些用于控制获取作品渠道或者重制作品的科技保护措施的行为，除此之外，但凡制造、进口、交易或者向大众提供用于破解他人作品保护措施并依此获得少量经济利益的破解装置，也在禁止之列。

欧盟和美国的立法对我国如何制定完善著作权制度、促进利益共享提供了很好的借鉴和启迪。第一，著作权的赋予与限制并举。当法律赋予著作权人一些新的权利时，也应同时考虑对这些权利的行使给予必要限制。如果单方面主张著作权人权利的扩张而不对这些扩张后的权利进行相应的约束，也不对传播者、使用者权利的作出相应调整，那么原有的权利平衡就会遭到破坏，既不利于著作权人本身权利的维护，也无法实现他们权利的可持续获得。第二，网络用户利益应当得到尊重。在信息社会，网络传播已经成为网络用户获取和使用信息的一项日常消费活动，网络用户是网络传播这个数字媒介的消费者。与现实世界的物质产品、精神产品的消费关系相同的是，数字媒介消费者和服务者之间，由于信息不对称、技术能力差异等，数字媒介消费者依然处于弱势地位。从保护消费者的角度出发，对网络服务商等规定相应的义务，以保障网络用户的利益，是实现著作权利益平衡的重要方面。第三，法律的配套。《著作权法》固然具有维护著作权人、使用人、社会公众之间的利益平衡的重要使命，但是面对数字世界中复杂的利益关系和技术性问题，《著作权法》无法独立承担，需要其他相关法律在调整手段和调整方法上的支持和参与。

第四节　权力对中国网络传播制度的影响

新制度经济学认为，权力是制度变迁的最终决定因素。从权力在网络传播制度形成中的作用来看，权力是网络传播制度形成的主要动因，催生了制度变迁的初级行动团体。同时，权力也是破解网络传播困境的主要手段。

一、新制度学派的权力理论

（一）技术转移论

新制度学派认为，现代资本主义国家的当务之急是改变权力分配的不平等，即限制大公司的权力，提高小企业和个体生产者在经济中的地位，使得大公司不能再利用手中的权力来剥削小企业和个体生产者。在这方面，美国经济学家、新制度学派的领军人物约翰·加尔布雷思（Galbraith，John Kenneth，1908－2006）权力转移论很具代表性。他认为，在人类社会经济发展的不同阶段，最重要的生产要素是在不断发生变化的，谁掌握了这种最重要的生产要素，谁就掌握了权力。工业化时期，最重要生产要素是资本，因而权力掌握在资本家手中；而在后工业化时期，资本已经不再是最重要的生产要素，资本的地位被技术（加尔布雷思所指的技术其实包括技术知识和管理知识在内的专门知识）取而代之，所以社会权力落到了包括科技人员和管理阶层在内的技术型组织成员或技术专家手中。由于权力不平等，导致了收入不平等；要实现收入均等化，必须从权力均等化开始。所谓权力均等化，是指使小企业对价格有同等的控制权，使它们的贸易条件相同。从具体的政策措施来说，应当针对大企业和小企业的不同情况而实行不同的政策。新制度学派在批判资本主义现行经济制度的缺陷并提出自己的改革主张的同时，把实行改革的政治责任放在资本主义国家科学教育界和立法机构的肩上。新制度学派认为，科学教育界可以在人才培养和教育制度改革方面发挥作用，而立法机构可以通过一系列有助于限制大公司和保护小企业的法律，使资本主义经济中的改革付诸实施[①]。

新制度学派的"权力转移论"在一定程度上反映了战后资本主义的现实。科技革命和管理的专业化对战后资本主义经济一度出现的较快增长的确起了很大作用。但是，技术转移论所说的制度演进就是怎样使资本主义制度更加合理化，企图以技术进步、技术至上来实现资本主义制度与社会主义制度的趋同，这在理论上和事实上都是难以站住脚的。

（二）二元系统与权力分配

加尔布雷思根据他对计划系统和市场系统的分析及其对这两种系统之

---

① 徐桂华、魏倩：制度经济学三大流派的比较与评析，《经济经纬》2004 年第 6 期。

间的关系的考察基础上提出，美国社会的基本矛盾冲突是计划系统和市场系统之间对立。不同市场主体在这两个系统在交换关系中的不平等地位，必然导致收入的不平等："计划系统的参加者得到的是比较可靠和有利的收入，而市场系统的参加者得到的则是不那么可靠和不那么有利的报酬。""正如在世界范围内发达的工业国家对第三世界较弱小的经济的剥削一样，在发达的工业国家内，计划系统也正在对市场系统中的小企业和小生产者进行剥削。更应当引起的注意的是，在国内，大工业对小企业的剥削机会要大得多。"这一切都源于两种系统权力分配的不均衡。计划系统的经济权利和政治权力融合在一起只能是造成两种系统交换的不平等。权力分配的不均衡又必然造成教育程度的不平等和阶级的差异。在计划系统中，权力归于"技术结构阶层"，资本家如果不掌握公司决策所必需的专门知识，他就无法进入决策集团，就被排斥在掌权者圈子之外，而缺乏专门知识和技能的工人，也不可能被吸收到"技术结构阶层"里面去，并会日益被机器所排斥；在市场系统中，整个教育程度要比计划系统低得多，虽然这里的企业权力仍归于所有者，但由于市场系统是受计划系统剥削的，所以市场系统中的所有者仍不得不受计划系统的掌权者——"技术结构阶层"的支配①。

为了克服二元系统带来的不均衡，加尔布雷思在市场系统、非垄断组织或中小企业与计划系统、垄断组织、大企业之间建立一种恰如其分的比例和平等关系，并通过国家干预弥补这两个系统各自的缺陷，消除权力不平等和收入不均等。但这些路径并未触动生产资料私有制的基础，因而无法真正破解二元系统，无法从根本上解决资本主义的基本矛盾。

二、权力在制度变迁中的作用

随着新制度经济学研究的深入，新制度学派开始重视并研究"权力"。美国麻省理工学院（MIT）经济学教授达隆·阿西莫格鲁（Daron Acemo-glu）是权力与制度问题研究的代表人物，他在新古典制度经济学的基础上，提出了权力是制度变迁的最终决定因素的基本观点，并援引了大量历史制度变迁史实加以佐证。

---

① 徐桂华、魏倩：《制度经济学三大流派的比较与评析》，《经济经纬》2004 年第 6 期。

(一) 权力与产权制度变迁

阿西莫格鲁在制度的研究上因袭了新古典制度经济学家诺斯、奥尔森等人的思路,强调制度在经济增长和社会发展中的决定作用,并用计量模型实证了诺斯"制度至关重要 (Institution Matters)"的命题。但他比早期新制度经济学家研究得更深更远,他的研究由经济制度导入政治制度并最终深入社会权力的分配上。他认为,决定一个社会经济增长的经济制度最终是由这个社会的权力分配状况所决定的。

约公元 1500 年,曾经富有的国家,如印度、加勒比海国家、撒哈拉以南国家、墨西哥等,如今均陷入贫困、落后的状态;而那时的穷国,如加拿大、美国,如今却极为富有。为什么会出现这种收入上的大逆转呢?阿西莫格鲁认为,导致大逆转的根本原因是制度发生了根本逆转[①]。15 世纪后期,西方列强在殖民地的扩张导致这些国家原有的社会组织和制度发生了根本的改变。在当时的贫穷地区,他们建立起了私有产权制度,为社会成员提供产权保护,结果激励了私人投资,并最终实现良好的经济绩效。相反,在当时的富裕地区,他们却建立起或保留了原有的掠夺性制度,将权力集中于少数社会精英手中,社会成员中的绝大多数因面临着财产随时会被没收的风险,缺乏投资激励,社会因而不能实现经济增长。从这种制度变迁可以看出,作为强势入侵的西方列强依靠强大无比的权力,重构了当时的产权制度。在富裕地区,当地大量的财富和人口使掠夺性制度对西方殖民者而言更有利可图,他们以此为手段从当地大肆掠夺财富。在贫困地区,私有产权制度则能保护殖民者的根本利益,同时维护殖民者的垄断地位。这两种不同的强制性制度变迁路径导致了当时贫富不同的国家经济增长方式的不同,并由于路径依赖效应,在长期的历史进程中持续地发挥作用直至今日。

(二) 权力与政治制度变迁

阿赛莫格卢和哈佛大学政治学家詹姆斯·A. 罗宾孙 (James A. Robinsion),在其合著的《独裁与民主的经济起源》 (*Economic Origins of Dictatorship and Democracy*, By Acemoglu & Robinson, 2006c) 一书中,探讨了 19 世纪西方国家的选举权拓展问题。他们认为,富人之所以拓展选举权,是因为对革命的恐惧。如果保持现有权力格局不变,富人对未

---

① 郭艳茹:制度、权力与经济绩效——2005 年美国克拉克奖获得者阿西莫格鲁 (Acemoglu) 理论评述,《经济学刊》,2010 年第 5 期。

来再分配的承诺就是不可信的。选举权的扩大可以作为未来再分配的承诺，从而避免社会动乱。同时，他们还揭示了权力变迁与库兹涅茨曲线之间的联系：工业化进程的深入提高了社会不平等程度，从而引起了社会动荡；为避免社会动荡，富人就会选择拓展选举权，对未来社会福利进行再分配，扩大教育大众化程度，使社会不平等程度降低。他们认为，穷人的组织程度（集体行动能力）是导致精英拓展选举权的决定因素[①]。如果穷人的组织程度很低，革命威胁就是暂时性的，因而富人只会在较短时期内进行转移支付。如果穷人组织程度很高，革命威胁就会变得很频繁。在持续的革命威胁下，富人不仅会在当前进行转移支付应对此时之需，而且也会在未来进行转移支付应对彼时之需[②]。19 世纪的德国并没有拓展选举权，却建立了福利型国家，这与当时社会主义政党已经比较成熟是密切相关的。

　　因此，为防止革命，富人会做出一些让步，例如变革收入再分配形式，让财富分配矛盾得到缓和。然而，这种对未来的再分配承诺是不可信的，因为革命威胁通常只是暂时性的，穷人的组织程度也是相对较低的，当革命结束，穷人之间的组织也就松散了。一方面，当前的再分配并不能保证未来的再分配，为减少未来穷人革命的可能性，富人就需要拓展选举权，改变未来权力格局，从而获得维持社会秩序所不可或缺的承诺能力。另一方面，在民主社会，穷人可以通过民主制度对富人征收更高的税收，所以，穷人支持民主制度以实现财富的重新分配，富人却有颠覆民主的动机以保护既有财富。为避免民主被颠覆，穷人也会承诺未来更低的税收，但依据相同逻辑，这样的承诺也并不总是可信的。这样，富人往往更加偏爱重新夺取权力，即使政变导致社会福利水平的下降，而且，税收水平越高，民主负担就会越重，富人就越会发动政变。不平等程度越高，税收水平就会越高，穷人革命或富人政变的动机就会越强[③]。所以，一个不平等的社会更容易造成社会治理模式在民主和独裁之间波动，相应地，其财政政策和财富再分配方案也会变化频繁。在不平等的拉丁美洲国家，它们的

---

① "Democratization or Repression", *European Economic Review* 2006c，pp. 44，683－693.

② 宋旺、钟正生：制度变迁中的权力——Acemoglu 和 Robinson 权力理论述评，《经济问题探索》2010 年第 1 期。

③ 宋旺、钟正生：制度变迁中的权力——Acemoglu 和 Robinson 权力理论述评，《经济问题探索》2010 年第 1 期。

财政政策比相对平等的欧洲国家变动频繁得多。

阿赛莫格卢和罗宾孙指出，富人控制的政体经常崩溃，最终只能求助于彻底的民主。原因在于，富人让步太少会引起更大的社会动荡和更加激进的社会变革，富人精英被迫在暴力镇压和彻底的民主之间作出选择。一旦富人精英预见到暴力镇压无济于事，就会选择最为慷慨的让步，提出让整个社会转向民主的问题解决方案。阿赛莫格卢和罗宾孙认为，政治体制变迁的根源在于拥有不同政治权力的利益集团，而财富不均是政治不平等的决定性因素。所以，稳健的财富再分配政策就成为夯实民主社会政治基础的重要途径。与政治学家利用单纯的政治因素解释民主政治的维系或倒台相比，阿赛莫格卢和罗宾孙更加强调基本的经济因素（收入分配差距、经济繁荣/萧条等）对政治体制转型的外生影响。他们的分析很好地解释了拉丁美洲国家民主常被颠覆，而西欧国家的民主化过程相对平稳的现象。但是，阿赛莫格卢和罗宾孙将不同社会集团的政治权力视为外生给定，将一个社会的资产分配状况视为外生参数，而没有考虑不同社会集团对政治权力的投资，也没有考虑不同社会集团拥有的资产存量与其政治权力的关联[①]。

三、权力是中国网络传播制度的强制性变迁的重要因素

（一）权力是网络传播制度形成的主要动因

1. 公共地悲剧与传播困境

公共地悲剧是个人利益与集体利益冲突的结果。Hardin 引用了一个经典案例：英国村庄的公共资源为镇上地主集体共有，可被用于多种用途，但其承载能力是有限的。由于珍妮机的发明，纺织业劳动生产率大大提高，羊毛需求量也随之大幅提高。于是，地主纷纷在公共牧场上养羊，以至于即使超过了牧场的承载量，也没有人愿意少养一只羊。结果牧场草地资源遭到破坏，最后根本无法养羊了。虽然没有人希望失去牧场，但是所有人共同促成了这个后果。这就是公共地悲剧[②]。

传播领域也存在类似的公共地悲剧，这就是传播困境。Bonacich &

---

① 宋旺、钟正生：制度变迁中的权力——Acemoglu 和 Robinson 权力理论述评，《经济问题探索》2010 年第 1 期。
② Hardin, G., The Tragedy of the Commons, *Science*1968, pp. 162, 1243—1248.

Schneider 分析了传播困境的产生机理。在组织环境中，组织利益要求人们共享信息以实现组织利益的最大化，而个人利益却与组织利益相悖，因而个体在信息传播时往往不愿意信息共享，这样，传播困境就出现了。工作环境、传播系统以及需要人们共享信息的活动的特性，对于传播困境会出现在哪里和怎样去冲击整个组织的利益都有影响，但是个体激励的总结构总会阻碍自由的信息共享[①]。他们列举了一个传播困境的案例：1986 年美国"挑战者"号航天飞机坠毁，所有宇航员遇难。这场灾难一方面归结于机械故障，另一方面正是由传播困境引起的。数月之前，美国联邦宇航局（NASA）已经发现了"挑战者"号存在安全隐患，但为规避自身责任，却未将这个重要信息与其他部门共享，因而无法阻止这场人类宇航灾难的发生。

　　要解决传播困境，有两个关键路径可以选择：一是管理层可以命令人们共享信息。组织可以奖励提供共享信息者，并处罚不贡献信息者。这种选择性激励使集体对他们行为的需求和他们的个体利益一致，参与者不再感觉到社会困境。但这个办法也存在一个问题，即共享信息的正确性和及时性。组织必须建立一套个体的信息源或设计好一套程序以保证信息传输的正确和及时。然而，自动化信息系统是应用假设进行集中控制的，特别是当人们必须当机立断并生成信息时，信息的正确性当然会受到影响[②]。二是创造公共利益转换。当参与者将自身的价值增长直接建立在集体利益基础之上时，这种转换就产生了。一旦集体利益的价值在与个人利益相比较时得到充分认识，个人利益和集体利益的冲突就消失了[③]。这个方法的优点是可以使贡献者运用他们的最佳判断来使集体利益最大化。这种公共

[①] Bonacich, P., & Schneider, S., "Communication Networks and Collective Action,". In W. B. G. Liebrand, D. M. Messick, & H. A. M. Wike (Eds.), *Social Dilemmas: Theoretical Issues and Research Findings*, New York: Pergamon, 1992, pp. 225—245.

[②] Kalman, M. E., Fulk, J., & Monge, P. R., "Resolving Communication Dilemmas: A Motivational Model for Information Conribution to Discretionary Databases," *Unpublished Manuscript Currently Under Publication Revies*, *Annenberg School for Communication*, University of Southern California, 2001.

[③] Kerr, N. L., "Efficacy as a Causal and Moderating Variable in Social Dilemmas," In W. B. G. Liebr and, D. M. Messick, & H. A. M. Wilke (Eds.), *Social Dilemmas: Theoretical Issues and Research Findings*, New York: Pergamon1992, pp. 59—80.

品转换必须支持对共享数据库的参与和自我管理。这种转换避免了选择性激励的困难，因为它把评价和调节个体表现的责任，从管理层转移到每个信息生产者。支持公共品转换的机制是个体参与者的集体认同。

2. 权力是破解网络传播困境的主要手段

信息时代，互联网逐渐成为最重要的公共资源。互联网资源的公共性主要体现在网络硬件基础设施和网络内容两个方面。

（1）网络硬件设施困境。网络公共硬件资源即网民上网终端都被接入有线或无线网络，共享网络的带宽和网络服务器资源，并且这种资源具有非排他性特征。根据吉尔德定律（Gilder's Law），在未来 25 年，主干网的带宽每 6 个月增长一倍，其增长速度是摩尔定律①预测的 CPU 增长速度的 3 倍并预言将来上网会免费。21 世纪以前的互联网带宽不足以支撑大流量信息传递。网站数量、上网人数每年却呈几何级数增加，照此下去，最终可能因极度超载而导致互联网的彻底瘫痪。这种网络用户无限扩张导致作为公共资源的网络硬件基础设施供给严重不足并走向崩溃的现象，实质上就是网络的公共地悲剧。令人欣慰的是，随着 3G 时代的来临，基础设施的快速高质发展使带宽不足、服务器的处理能力有限、物理网络健壮性差等问题得到不同程度的改善，带宽等基础设施暂时不会成为网络公地悲剧爆发的触发点。

（2）网络传播的内容困境。网络内容的公共地悲剧在日渐迫近。互联网是海量信息高速传播的无限通道，大量微价值、零价值甚至负价值的信息也在网络中传播扩张。以太网的发明人鲍勃·梅特卡夫认为，网络价值同用户数量的平方成正比。作为理性的人，用户会为不断获取更多注意力而大量生产信息，经过一段时间的运行后，这种无排他性的稀缺的注意力资源被无条件占用，用户有限的注意力不断地被耗费在漫无边际地重复浏览、对垃圾邮件的阅读和删除以及非法网站的接触上面；与此同时，为实现生产者的私人利益，各种垃圾、虚假和不良信息又被不断地炮制出来，无限制增长的信息量将注意力资源消耗殆尽了。更为严重的是，与只被羊群吞噬的草地相比，拥有独立注意力选择权的用户在被网络注意力侵蚀中显得更为积极和主动。传播学里的使用与满足理论有一个假设前提，即假设人们对媒体的接触的目的在于获得效用。而在网络传播里，这个假设更

———————

① 摩尔定律是由英特尔（Intel）创始人之一戈登·摩尔（Gordon Moore）提出来的。其内容为：当价格不变时，集成电路上可容纳的晶体管数目，约每隔 18 个月便会增加一倍，性能也将提升一倍。

接近于事实。1950 年，施拉姆就影响受众对大众传播节目选择的决定性因素提出了一个媒体选择或然率公式：选择的可能性＝回报期待/费力程度。该公式表明，一个媒体是否被选择，取决于两个因素：使用回报的期待和费力程度。满足程度越高，费力程度越低，或然率就越大，受众就越容易选择这种媒介或信息。互联网如今的注意力与信息的极端不对称的困境，大大增加了人们寻找真正有价值信息的成本和难度。当人们对有价值信息的检索所付出的成本大于信息本身的价值时，理性必将使人们放弃互联网而重新回归图书馆。如果真的到了那个程度，互联网的发展就将迈入"严冬"，这也就意味着网络公地的彻底崩溃[①]。

（3）权力——破解网络传播困境的关键。互联网之父蒂姆·博纳斯·李说："随着互联网的发展，它已经到了必须控制和管理的时代，因为网上充满了错误的信息、虚假的信息和非民主的力量。"[②] 在网络传播的发展初期，曾有观点认为，网络本身应该构成一个单独的自治区域，即"网络主权区"，现实世界里的政府没有任何正当理由介入网络世界的运作。约翰·P. 巴洛甚至宣称："我们的世界（网络空间）与你们的世界截然不同。"[③] 这种无政府主义的思想曾经在网络传播中占据主导地位，并抑制了政府对网络传播的有效规制。但网络公共地管理的缺失带来的是垃圾、虚假和不良信息的大肆泛滥，它造成了原本有限的公共资源的浪费，使网络传播业承担了极大的负外部性成本，也在很大程度上导致人们对网络的不信任的认知态度。

在网络传播系统中，网络传播主体也是经济人，都在追求自身利益（经济利益、政治利益、社会影响等）的最大化。为实现这一网络传播目的，各利益主体必然将自身利益视作最重要、最根本的价值取向，以致对他人利益、社会利益观照甚少，甚至当自身利益与社会利益、他人利益产生冲突时，不惜牺牲社会利益与他人利益。如果没有权力的介入和干预，这种利益冲突将扰乱甚至破坏整个网络传播秩序，最终将使网络传播失序。唯有政府才能实现互联网硬件资源的公共供给。硬件资源的公共性决

---

① 李钢、于国辉：《论网络公地悲剧及其解决方式》，《北京邮电大学学报》（社会科学版），2010 年 2 期。

② 转引自《中国互联网"不良信息"研究报告》（2008），http：//tech. ccidnet. com/art/1099/20090227/1692975_1. html。

③ 李钢、于国辉：《论网络公地悲剧及其解决方式》，《北京邮电大学学报》（社会科学版），2010 年 2 期。

定了政府才是这类资源供给规则的制定者，而互联网发展的水平直接决定着一个国家在未来世界中的地位和竞争力，因此，世界各国纷纷加大政策倾斜，大力拓展互联网硬件资源供给空间。美国联邦通信委员会制订了高速宽带网络发展计划，力争未来 10 年内在全美各个角落建立起高速宽带网络，包括：为至少 1 亿个美国家庭建立传输速度达每秒 100 兆比特的网络，这一速度将比现有用户上网速度快 20 倍以上；在学校、医院和政府部门等公共场所建立每秒 1 吉比特的高速网络；为警察、消防队和其他公共安全部门建立新的无线网络，以确保这些部门在紧急情况下能相互联系和分享信息[①]。一旦该计划付诸实施，美国将拥有当今世界上"最快和最广泛"的宽带网络。欧盟也敦促其成员国使用同样的微波调频作为其手机宽带，借以实现 2013 年宽带网络覆盖全欧洲的目标。日本和韩国是宽带网络发展非常好的地区一，其光纤到户普及率分别达到 55％和 49％。在破解网络内容困境方面，权力也是至关重要的。由于受到自利性的局限，网络主体不可能将公共利益置于行为取向的首位，唯有政府才会从国家、社会的整体利益出发，利用公共权力实现互联网的可持续发展。所以，政府有责任、有权力来禁止一切淫秽信息的散播，并严厉追究当事人的责任，增加对其的处罚，使其潜在成本明显大于潜在收益。同样，政府也必须不遗余力地对于欺骗性的虚假信息以及垃圾邮件进行规制，以保证契约实现和交易公平。值得一提的是，政府的规制措施都必须严格恪守法治的原则，没有规则的管制不但救不了网络，反而会导致进一步的混乱[②]。美国政府制定了三部关于网络安全的联邦法律，即《儿童在线保护法案》《儿童在线隐私保护法案》和《儿童互联网保护法案》，规定商业组织、家庭和学校等在儿童网络保护方面的义务和责任。同时，美国政府还发布了大量指导文件、技术政策和研究报告，促进和提高对儿童互联网安全的社会保护。澳大利亚政府对成人色情服务或成人网站进行分级并纳入服务项目。为避免青少年接触到不该接触的内容，澳大利亚联邦政府拨出 9000 万澳元来协助有子女的家庭筛选网站，包括免费提供一种过滤软件，并让各中小学屏

---

① 美国联邦通信管理局预先解读国家宽带计划，http：//www. ccpitecc. com/article. asp？ id＝647。

② 李钢、于国辉：《论网络公地悲剧及其解决方式》，《北京邮电大学学报》（社会科学版），2010 年 2 期。

蔽交友网站和厌食网站的链接①。近年来，中国政府高度重视互联网不良信息整治工作，由国家互联网信息办牵头，联合全国"扫黄打非"办、工信部、公安部、文化部、国务院国资委、国家工商总局、新闻出版广电总局等九部门在全国深入开展整治互联网和手机传播淫秽色情及低俗信息专项行动。主要任务是：大力整治淫秽色情和低俗信息集中、人民群众反映强烈的网络传播重点领域，坚决关闭严重违法违规网站、传播淫秽色情和低俗信息的微博客、社交网站和即时通信群组账号，查处传播网络淫秽色情的大案要案，依法严惩违法犯罪分子，依法查处少数为淫秽色情和低俗网站提供代收费的企业，查处少数在淫秽色情和低俗网站投放广告和为其宣传的广告联盟，清理整顿违法违规接入服务商，进一步加强网站备案、审批、接入管理，督促基础电信运营企业、接入服务企业、域名注册管理和服务机构落实信息安全管理责任制，进一步建立健全防范和查处淫秽色情及低俗信息长效工作机制。

第五节　网络舆论对中国网络传播制度的影响

社会舆论推动社会制度的形成、实施和评估。网络舆论的"倒逼"机制推动政府转型，"沉默的螺旋"效应助推网络传播制度的形成，传染效应催生谣言多元治理机制。

一、舆论与制度

（一）舆论的概念

舆论是公众的意见或言论，是公众对其关心的人物、事件、现象、问题和观念的信念、态度和意见的总和，具有一定的一致性、强烈程度和持续性，并对有关事态的发展产生影响②。马克思认为，舆论在社会中是一种"普遍的、隐蔽的和强制的力量"③。舆论可以渗透到社会生活的方方面面，潜在地影响公众心理；舆论无形而又强大，任何人都无法无视舆论的强大力量。"一批公民以平等身份聚集到一个论坛，它既不同于国家的公

---

① 杨牧：多管齐下 各具特色 打击互联网和手机淫秽色情信息 各国在行动，http://world.people.com.cn/GB/57507/10772381.html。
② 陈力丹：从舆论导向视角看舆论的基本要素，《新闻大学》，1997年第3期。
③ 《马克思恩格斯全集》第一卷，北京：人民出版社，1972年版，第237页。

共权威，又不同于市民社会和家庭生活的私人领域，能够通过批判式讨论和说理的辩论来形成一种公共舆论。它体现了哈贝马斯称之为'公共性'或'开放性'的原则，就是说，私人的意见可以通过向所有人开放的、不受统治约束的一批公民的理性批判辩论而成为一种公共舆论。"[①] "一个拥有公共媒体的社会，就像拥有一组公共论坛的社会一样，能将未经选择的信息和意见暴露在数不尽的人面前，同时促进经验的分享。"[②] 这种公共舆论即社会舆论，它反映人心的向背，影响着人们的行动和局势的发展，在造成或转移社会风气方面具有不可估量的影响。

（二）舆论对社会制度的影响

社会制度的形成与变迁始终离不开由社会公共空间给予的精神力量，即社会舆论。当一种新社会制度作用于社会现实时，最初或许并不被社会所接受，反而可能引发焦躁、盲目、不安甚至逆反等社会心理，正如心理学家勒温提出的，与"生活空间函数"[③] 所展示出来的情景一样，是一种脆弱的平静心态。上述社会心理可能在一个平台中被集中展示出来，而这个平台就是社会舆论。此外，社会制度为了保障其实施，最初往往采用社会动员造就"需求的形成"，而社会所能提供的实际进展并不能像社会动员所承诺的那样，造成"需求的不满足"，两者的差距便产生社会挫折感。在这个过程中，社会动员就是一种重要的舆论形式[④]。

（三）舆论对社会制度的调节机理

通过媒介对舆论的形成与发展的控制抑或引导，对于社会制度的确立与推行提供可靠的观念一致性的支撑，同时确保在方向上的正确性（见图3—3）。

第一，舆论推动制度形成。制度的形成，需要大众对新制度的接受和支持。如果在公众需要对即将形成的新制度做出判断而又难以确切表达的时候，大众传播媒介及时提供简单明确而又为公众接受的价值判断或道德选择，往往会形成有利于制度形成的舆论导向，为新制度的形成创造良好的舆论氛围和舆论导向。

---

① ［英］约翰·汤普森：意识形态与现代文化，南京：译林出版社，2005年版，第112—113页。
② ［美］凯斯·桑斯坦：《网络共和国：网络社会中的民主问题》，上海：上海人民出版社2003年版，第138页。
③ ［德］库尔特·勒温：《拓扑心理学原理》，北京：商务出版社，2003年版。
④ 卢毅刚：探索社会制度的"端粒酶"——舆论对社会制度的调节与驱动，《青年记者》2010年9月下。

　　第二，舆论推动制度实施。当社会制度的理念以态度的形式确立在公众的思维体系中时，具体的社会制度推行便不再显得那么困难了。公众之所以会给予充分的理解和支持，是因为在他们的观念体系中认为这就是应该的，是符合他们的思维惯性的。最好的确立公众态度的方式不是宣传，不是说教，应该是自然的舆论生成。这更符合公众的认知习惯，会更有效地进行社会参与。社会制度与社会和谐存在一种正相关关系。就像市场机制天然地追求效率一样，社会制度也天然地追求社会公平。社会制度关乎民生、民态，由社会公众的实际利益延伸为一种普遍的共识性态度，产生较为一致和方向性明确的意见——舆论，构建精神世界的平衡与物质世界的平衡总是息息相关、密不可分的[①]。

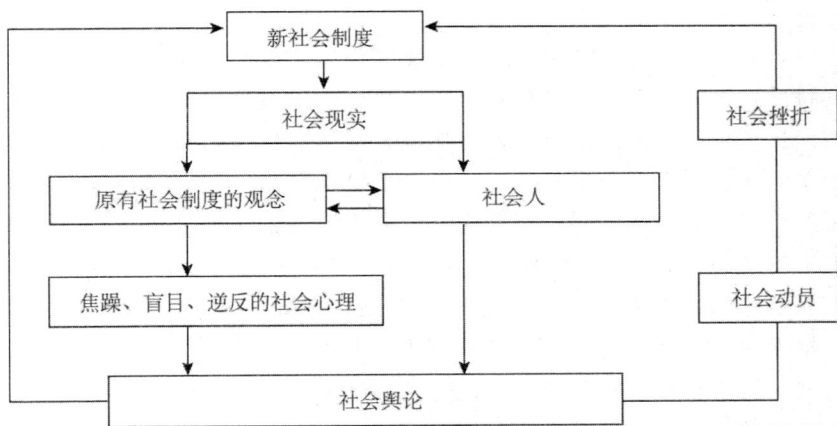

图 3-3　舆论对社会制度的调节机理[②]

　　第三，舆论推动制度评估。现代社会是一个高度分工、高度协作的社会，人们将自己和社会更加紧密地联系在一起，互联网的出现更是加剧了这一趋势，因为互联网表面上看是人与网络的联系，而实质上是经由网络、根本上是人与人、人与社会的联系。正是利益的高度相关，迫使公众需要冷静思考、面对和评估与其生活息息相关的社会制度。由于互联网具有了公众利益攸关的基础，如果大众传播媒介能够给予制度优劣及其实施

---

① 卢毅刚：探索社会制度的"端粒酶"——舆论对社会制度的调节与驱动，《青年记者》2010 年 9 月下。

② 卢毅刚：探索社会制度的"端粒酶"——舆论对社会制度的调节与驱动，《青年记者》2010 年 9 月下。

效果充分的关注和引导，便会正确引导社会舆论对社会制度进行积极评估，促进制度平衡与社会和谐。

二、网络舆论与中国网络传播制度

（一）网络舆论

1. 网络舆论

网络舆论是广大网民以网络为平台，积极发表自己对所关心的事件的看法、意见所形成的。网络舆论有以下特点：一是包容性。在传统媒体中，普通受众只是被动地接受信息，对信息做出反馈是很难的，而这些被动接受的信息，是通过媒体层层把关后才得以面向大众的。把关人出于种种考虑，导致信息不可能完全客观地反映现实。网络具有自由开放兼容并包的特性，把关人的作用也相对弱化，允许网民可以自由地发布任何感兴趣的信息，可以自由地发布自己的见解。网络言论自由化也带来了网络话语的多元化，社会系统中各种不同观点平等地呈现，造成对传统一元化价值观的挑战，对"话语霸权"形成了前所未有的冲击。二是互动性。网络改变了传统媒体单向传播的模式，网民可以对自己感兴趣的话题发表观点，而话题的发布者也可以对此观点进行回复，这样就构成了双方的交流，越来越多的网友的参与，就会形成一个大的交流圈。三是大众性。网络时代，普通大众也有了话语权，网民不仅可以自由选取自己感兴趣的信息，而且可以在网上自由地发布信息；网民既可以从网上了解全球重大新闻事件，也可以报道自己身边的生活小事并对自己的新闻关注点发布"新闻"。网络舆论的话语权不再局限于精英阶层。

2. 网络舆论与网络舆情

网络舆情是由于各种事件的刺激而产生的通过互联网传播的人们对于该事件的所有认知、态度、情感和行为倾向的集合[①]。需要强调的是，舆论是人们的认知、态度、情感和行为倾向的集聚表现，是多数人形成的一致意见，是单种意见的集合，即需要持有某种认知、态度、情感和行为倾向的人数达到一定的量，否则不能认为是一种舆论。而舆情是人们的认知、态度、情感和行为倾向的原初表露，可以是一种零散的、非体系化的东西，也不需要得到多数人认同，是多种不同意见的简单集合，这也是最

---

① 曾润喜：网络舆情管控工作机制研究，《图书情报工作》，2009 年第 18 期。

容易将二者混淆的地方。当舆情产生聚集时就可以向舆论转化，因而对舆情的管控就是要使舆情不转化为舆论或转化为良性舆论。

（二）网络舆论对中国网络传播制度形成和变迁的影响

哈贝马斯说："大众传媒在现代社会中，无疑是公共领域的一种形成性因素。"[①]作为公共领域的行为准则，无论是社会管理的正式规则和非正式规则，其形成都离不开大众传媒。

1. 互联网的"倒逼"机制——网络舆论推动政府网络治理方式转型

中央提出社会管理创新，要以解决"影响社会和谐稳定突出问题"为突破口，网络舆论就是检测和研判这些"突出问题"最新鲜、最丰富的信息源，借助互联网唤醒和激活我们的体制机制，改进公共治理，撬动民间社会，促进官民沟通，是当前成本最小、风险最低的政治体制改革举措。改革开放以来，互联网作为个人、民间组织之外的第三种社会力量，改变着传统的"强政府弱社会"格局，尤其是日益发展的微博，已经成为"倒逼"政府网络治理方式转型的最大社会推手。在网络舆论的推动下，2011年9月，中共中央办公厅、国务院办公厅印发《关于深化政务公开加强政务服务的意见》，要求抓好重大突发事件和群众关注热点问题的公开，客观公布事件进展、政府举措、公众防范措施和调查处理结果，及时回应社会关切。这表明，中央对重大事故的态度是不包庇、不隐瞒，要让社会关心的问题得到正面的回应，而绝对不是让社会上出现的批评声音沉没下去[②]。

2. 沉默的螺旋效应——网络舆论助推网络传播制度的形成

德国学者伊丽莎白·诺尔－诺依曼（Elisabeth Noelle－Neumann）在《沉默的螺旋：舆论——我们社会的皮肤》（1980）一书中，系统提出了"沉默的螺旋"（the spiral of silence）假说。诺依曼认为，舆论的力量来源于我们社会的本质，来源于社会对被禁止的观点和行为实施的严刑峻法，来源于个人对孤立的恐惧。恐惧使个人在社会允许的情况下以"准统计的方式"不断变化着，在社会中赞成的呼声不断升高时表达赞成的观点，在赞成的呼声下降时保持沉默，沉默进一步使原有的观点失去了民心[③]。"沉默的螺旋"理论在网络环境下所形成的局面，即网民发觉自己的观点和绝

① ［英］约翰·汤普森：《意识形态与现代文化》，南京：译林出版社，2005年版，第126页。

② 祝华新等：2011年中国互联网舆情分析报告，http：//yuqing. people. com. cn/GB/16698341. html。

③ 陈力丹：大众传播理论如何面对网络传播，《国际传播》，1998年第5－6期。

大数人一致，就会大胆说出自己的观点；当发觉自己观点正在处于劣势时，为了避免遭受攻击，便会沉默，这就促使了主导性舆论的形成。而制度的形成需要舆论的支持与配合，缺乏舆论基础，制度很难得到社会的认同和接受，这样的制度也难以得到执行，导致制度无效。

3. 传染效应——网络舆论催生的谣言多元治理机制

传染效应是指传播网络所提供的接触机会形成一种机制，使个人、团体和组织与他人的信息、态度和行为相接触，这些接触增加了网络成员形成与其他成员相似的信念、假设和态度的可能[①]。"当真理还在穿鞋，谣言已走遍天下"。网络谣言的传播就是一种典型的传染效应：造谣者出于商业目的或其他目的造谣——谣言在网络中传播——部分网络接触者信谣——信谣者传谣——形成利于谣言的网络舆论。近年来，互联网在深刻地改变人们生产生活方式和社会组织模式的同时，也呈现其另一面：虚假信息、过激言论、恶意炒作、非法营销、低俗之风等充斥其间，尤其是一些不负责任的谣言泛滥成灾，极大地消耗着社会成本。从抢盐风波，到地震谣言，再到艾滋病女事件，在传染效应的作用下迅速传播，这些谣言形成了负面的网络舆论，不断侵犯他人的权利名誉、破坏社会的公共秩序。2011年2月10日，江苏省响水县谣言称，陈家港化工园区大和化工企业要发生爆炸，部分不明真相的群众陆续产生恐慌情绪，并离家外出，引发多起车祸，造成4人死亡、多人受伤。在网络谣言中，微信谣言格外具有煽动性和欺骗性。与微博开放式的信息共享不同，微信群和朋友圈构成了熟人社交网络，"躲进小楼成一统"，更为私密，信任度也更高。"转疯了"的鼓动、"集赞送礼"的利诱、"不转不是中国人"的怂恿，让"朋友圈"里的谣言病毒式传播、裹挟式转发，影响更为深广，危害也就更大。"求助陷阱"让爱心很受伤，"伪科学"给生活造成误导，含沙射影的政治谣言更是离心离德。当谣言不断刷着存在感，代价却是人与人之间的信任被消解，社会心态被扭曲，最终从个体到社会都要为之埋单。如果任由谣言泛滥，"朋友圈"搞得乌烟瘴气，微信难免会成为"危信"。遏制网络谣言，净化网络环境，已经成为包括广大网民、互联网企业和管理部门等在内的全社会的共识。

自由和秩序是辩证的关系，任何个人的自由必须在法律的范围内行使，不能突破底线，妨碍他人自由。也就是说，言论应当自由，谣言不能

---

① ［美］彼得·R.芒戈，诺什·S.康特拉克特著，陈禹等译：《传播网络理论》，中国人民大学出版社2009年版，第163－164页。

自由。对谣言的否定态度，体现着一个公民的基本理性，捍卫着一个社会的道德底线。对于网络谣言的肆虐，许多网民对蓄意制造谣言、谎言表示强烈谴责，对依法惩治网上造谣传谣行为表示坚决支持。例如，微博用户"1980年的荷塘月色"：支持政府严打网络谣言。我看历次网上打击，这次下手是最狠的。对于网站来讲，可能也是打得最疼的一次。打得疼才能记得久。微博用户"易木一目"：社会舆论决不能容忍谣言横行，破坏正常的社会秩序。如果不能及时制止谣言，下次谣言制造者必然变本加厉，更加猖狂。此次处理对网站以后更好地遵守法律法规具有重要的示范意义。网友"10001629"：只有将造谣者清除出网络空间，微博才能真正发挥出公众表达平台的用途，我们才能看到更多的事实、更多的真相。不然现在微博上发什么我都不敢相信了。现在政府大力清理整治网络谣言，对网民无疑是一个好消息。网友认为，对付谣言绝非一日之功，一方面要靠政府加强管理，依法惩办造谣者，并稳步推进政务公开；另一方面也要靠网站和网民加强自律，不传谣、不信谣，真正做到文明办网、文明上网。比如，网友"梦见江南"：全体网民才是制止网上谣言的最后"把关者"。在净化网络环境、维护社会稳定、促进社会发展的过程中，网民作为一种日益强大的因素也不可忽视。在网上每个人都有权阻止谣言。网友"心向往之"：应对公共突发事件的最好办法还是公开透明，政府部门擅用互联网平台，在第一时间发出权威准确信息，最大限度地压缩谣言传播的空间[①]。在这些网络舆论的推动下，2012年3月中旬以来，国家有关部门开始着手治理网络造谣传谣行为，并采取关停微博评论、问责相关责任人等措施严罚严惩。4月8日，中国互联网协会向全国互联网业界发出倡议书：共同抵制网络谣言，营造健康文明的网络环境，推动互联网行业健康可持续发展。随后，地方相关部门及时召开座谈会，交流学习相关法律法规，同时，新浪、百度、腾讯等网站响应倡议抵制网络谣言，探讨防止网络谣言传播的有效方式，呼吁文明上网、办网，共同抵制网络谣言。2013年9月9日，最高人民法院和最高人民检察院公布了《关于办理利用信息网络实施诽谤等刑事案件适用法律若干问题的解释》（以下简称《解释》），自2013年9月10日起施行。《解释》规定，"同一诽谤信息实际被点击、浏览次数达到五千次以上，或者被转发次数达到五百次以上的"，应当认定为诽谤行为"情节严重"，从而为诽谤罪设定了非常严格的量化的入罪标

---

① 舆情综述：网民支持查处网络谣言，http://opinion.people.com.cn/GB/17557312.html。

准。具有下列情形之一的，应当认定为《刑法》第246条第一款规定的
"捏造事实诽谤他人"：一是捏造损害他人名誉的事实，在信息网络上散
布，或者组织、指使人员在信息网络上散布的；二是将信息网络上涉及他
人的原始信息内容篡改为损害他人名誉的事实，在信息网络上散布，或者
组织、指使人员在信息网络上散布的；此外，明知是捏造的损害他人名誉
的事实，在信息网络上散布，情节恶劣的，以"捏造事实诽谤他人"论。
2014年8月7日，国家互联网信息办公室发布了《即时通信工具公众信息
服务发展管理暂行规定》（即微信十条），明确提出，即时通信工具服务提
供者应当落实安全管理责任，建立健全各项制度，配备与服务规模相适应
的专业人员，保护用户信息及公民个人隐私，自觉接受社会监督，及时处
理公众举报的违法和不良信息。网络谣言的多元治理机制正在逐步形成。

4. 网络舆论的对冲机制

互联网信息传播，能量越大，责任也越大。必须形成网络舆论自身的
对冲机制，让网络媒体实现对自身不良信息的净化，始终保持正确的网络
舆论导向。2011年5月18日，中国互联网成立了微博"辟谣联盟"。此事
在网上一直争议不断。支持者认为，微博似乎已成为假新闻的最大滋生
地，需要一个核实求证的力量存在。反对者则认为，"微博辟谣"本身就
是个伪命题，是用传统思维来框定新事物，总认为某一个人可以成为真相
的把握者、揭示者，但是这种人是不存在的。在探寻的过程中，有的时候
有一些偏差是非常合理的，不该用"辟谣"方式去阻塞、打击公民揭示真
相的热情，否则将不利于揭示真相。更多的网友则希望，辟谣同时针对民
间的"谣言"和某些政府部门掩盖真相的"谎言"，有时"谎言"恰恰是
"谣言"赖以滋生的土壤。新浪网在2011年岁末设立了"微博辟谣"官方
账户，现已发布约250条辟谣信息，粉丝62万个。新浪辟谣小组每天收到
的求证和举报信息过百条。忙的时候甚至需要30多个人同时工作。造谣者
被证伪后将暂停发帖和"被关注"功能。说到底，健康的网络舆论生态，
有赖于网民的媒介素养和社会责任感的提高。武侠小说家金庸两次"被死
亡"谣言，发端于微博，也迅速消解于微博；日本地震后的中国抢盐风波
中，微博成了辟谣的主力。可见，网民的自我管理、网络的自我净化功能
发挥得好，有助于克服公权的缺位和越位。对政府来说，只有允许不同声
音彼此竞争，才能让网络的自我净化机制效能最大化[①]。网络舆论的引导

[①] 祝华新等：2011年中国互联网舆情分析报告，http://yuqing.people.com.cn/GB/
16698341.html。

和对冲，需要遵循小政府大社会的价值取向，既要依靠政府这只奋发有为的"看得见的手"，依托政务微博，党报、国家电视台等主流媒体微博积极发声、引导舆论；更要充分激发和调动市场机制和网络社区"看不见的手"的力量，鼓励网络社区的自治，鼓励网民的道德自律，鼓励网民特别是"意见领袖"增强媒介素养和社会责任感，让网络正能量不断积聚和传递，让负能量受到有效压制和消解。

第六节　文化特征对中国网络传播制度的影响

人类创造了灿烂的文化，但人类又反过来受文化模式的强烈影响和制约，从而成为文化的"产物"。任何制度都是以既有的文化作为其基础和土壤的，文化是制度的活的灵魂和精神基础。

一、文化与制度

（一）文化与制度的关系

1. 什么是文化

文化是一个非常广泛的概念，很难对其下一个严格和精确的定义。虽然专家学者试图从各自学科的角度来界定文化的概念，但迄今为止仍没有获得一个公认的、令人满意的定义。英籍奥地利经济学家哈耶克（Hayek，Friedrich August，1899－1992）从文化与制度的关系角度来看，文化是一种由长期习得的行为规则构成的传统，这种规则可能起始于人类所拥有的在不同环境下指导做什么或不做什么的能力。文化的演进是通过社会竞争实现的，制度无非是文化演进的结果①。这一概念对于我们研究文化与制度的关系具有十分重要的意义。

2. 文化与制度的关系

人是文化的产物，文化是人类活动的非正式约束条件。对于制度来说，文化是制度的基础和土壤，它支撑着制度等各种正式约束条件的运作，构成社会系统整体的活的灵魂和精神基础。在现代社会，文化作为自由主体之间的公共价值观、基本共识和起码的共同感，构成生活于其中的

---

① ［英］哈耶克著，邓正来译：《哈耶克文集》，北京：首都经济贸易出版社，2001年版。

主体之间分有和共享的公共领域,具有内在于主体精神的公共性,因而是现代社会制度的形成及其功能充分发挥的重要机制①。文化与制度之间的关系表现为冲突或兼容,互补性或替代性,以及相互转化②。对于二者的冲突与兼容,从制度变迁的角度看,文化与正式制度的相互关系如何、是否兼容,会对经济增长绩效产生影响。在文化与正式制度相互兼容的情况下,经济运行所需的交易成本就相对较低,而经济增长的绩效就会相应较高;当文化与正式制度不兼容时,经济运行的交易成本就会较高,而经济增长绩效就会较低③。从市场规则的作用环境来看,只有在一定的文化氛围中,市场制度规则方能发挥起合意的作用④。另外,文化可以弥补正式制度的不足,它可以在正式制度安排交易成本过高(成本超过收益)的领域内替代正式制度安排,发挥规范人们行为、减少不确定性、降低交易成本、辅助正式制度有效运行的多重作用⑤。从制度变迁的角度观察,文化始终影响着制度及制度变迁,文化与制度的互动则更加明显。文化的精神、思想、观念和知识等是制度的基础,是制度这个体系的"灵魂"⑥。

3. 文化与制度变迁

从古今中外制度史的演变来看,文化不仅扮演塑造正式规则的作用,而且也对作为制度构成部分的非正式制约起支持作用。制度的产生、形成和发展,往往受到文化的隐性影响。非正式制度安排可以降低信息费用,能有效地克服"搭便车"现象,减少违反制度的行为,特别是对现行制度安排的合乎理性的非正式制度安排,能弱化机会主义行为⑦。对于一个组织而言,制度变迁的动力主要来源于组织内部,而组织内部各种约定俗成的组织文化(非正式规则)产生了制度,文化的变迁也随之带动制度的变

---

① 陈纯仁:论制度创新与文化创新的契合,《求索》2009 年第 3 期。
② 黄革飞:正式制度与非正式制度的关系探析,《管理纵横》2003 年第 5 期。
③ 刘梅生:文化因素对经济增长的作用机理研究,《贵州师范大学学报》2008 年第 3 期。
④ 韦森:文化精神、制度变迁与经济增长,《经济学研究》2004 年第 3 期。
⑤ 何国平:文化与制度变迁,《生产力研究》2006 年第 8 期第 41—42 页。
⑥ 曾小华:论文化变迁与制度变迁的互动关系,《杭州市委党校学报》2005 年第 5 期第 80—84 页。
⑦ 徐燕兰,杜晓燕:西部非正式制度安排的路径依赖及其克服途径,《浙江万里学院学报》2004 年第 4 期 78—81 页。

迁①。经济制度变迁的基础是由文化变迁所形成的自发秩序和人为设计的规则，由此架构的经济制度变迁才能有效实现，新经济制度也才可以持久、有效地发挥作用②。无论制度是源自文化传统的自然演进，或是以文化观念为导引建构而成，制度的形成都有其深厚的文化底蕴，它对制度变迁具有促进或阻碍的双重作用③。文化与制度的相互制约与促进的机制是社会发展的根本动力之一，初始文化和制度背景对文化变迁和制度演进有显著的内敛作用，而最终所有文化和制度又都朝同一个方向发展，内敛性和趋同性是文化变迁和制度演进的两个显著特点④。

（二）文化影响制度变迁

文化对制度变迁的作用至关重要，文化的精神、思想、观念和知识等是制度的基础，是制度这个体系的"灵魂"。

1. 文化对制度变迁的传导机制

文化对制度变迁的影响，有其传导机制。其一，文化影响社会主流思想观念的形成与改变。文化是社会主流思想最核心的部分，当社会环境发生改变时，文化引导社会主流思想观念发生改变。只有一个社会（区域）的主流思想观念发生了变化，制度变迁才能在此基础上实现。其二，文化影响制度变迁的价值取向。在不同的文化背景下，制度的收益/成本比是不同的。一个倡导革新的文化氛围更有利于推动制度的变迁，一个因循守旧的文化氛围则对制度的稳定性起很强的支撑作用。其三，文化影响制度变迁后的实施效果。无论是自上而下强制性的还是自下而上诱致性的，制度变迁都应当和当地的文化相互兼容、相互融合。只有相互兼容和相互融合，制度与文化才能相互促进，制度也才能达到预期的效果。与当地文化格格不入的制度最终是无效的，不可能在实际执行中得到推行，更不会取得制度应有的效果。

2. 不同文化类型对制度变迁影响存在差异

根据不同划分标准，文化可以划分成不同的类型。根据文化的保守程

---

① 白小虎：文化内生制度与经济发展的文化解释，《浙江社会科学》2006（2）：116—121。

② 王立宏：文化演化与经济制度变迁，《黑龙江社会科学》2005（1）：46—48。

③ 任洁：唯物史观视野中的文化与制度变迁关系论纲，《东岳论丛》2010（11）：21—27。

④ 张勇，古明明：文化变迁、制度演进与改革和发展，《北方论丛》2008（5）：143—147。

度，文化可以划分为创新型和保守型文化。创新型文化是一种敢于突破、勇于开拓的文化，具有敢闯敢干、开放求新和勇于冒险的创新精神；保守型文化是一种因循守旧、缺乏创新精神、不愿进取的文化类型。在不同的文化背景下，制度变迁具有很大的差异性。一是制度变迁的收益/成本比不同。一般地，创新型文化背景下，制度变迁成本相对较低，但收益大，变迁更为容易；而保守型文化背景下，制度变迁成本过高，制度变迁显得很艰难。创新型文化的收益/成本比大于保守型文化。二是制度变迁的路径依赖程度不同。不同文化对制度变迁的路径依赖程度不同，从而导致不同文化地域制度变迁的推动力度也就不同，传统文化对制度变迁的路径依赖起重要作用。三是与时代精神的适应度不同。不同的时代具有不同的时代精神。在市场经济条件下，时代就需要开拓创新的精神，制度变迁的速度也会随之加快。但保守型文化与市场经济的文化要求不一致，在这个文化背景下，市场经济制度不容易自发地产生。四是制度变迁方式不同。根据制度变迁的主体不同，可分为诱致性制度变迁和强制性制度变迁。现实中制度变迁方式的选择主要受制于一个社会的利益集团之间的权利结构和社会的偏好结构。创新型文化的制度变迁方式倾向于需求诱致性，更具主动性；保守型文化的制度变迁方式倾向于强制性，更多的是被动接受①。

　3. 文化对制度变迁产生影响的途径

　　人是文化的载体，又是制度的供给者和需求者，文化影响着人的思想观念，从而影响到制度变迁。第一，文化通过产生企业家阶层来影响制度变迁。"个体生活历史首先是适应由他的社区代代相传下来的生活模式和标准。从他出生之时起，他生于其中的风俗就在塑造着他的经验与行为。到他能说话时，他就成了自己文化的小小的动物，而当他长大成人并能参与这种文化活动时，其文化的习惯就是他的习惯，其文化的信仰就是他的信仰，其文化的不可能性亦就是他的不可能性。"② 能否产生企业家阶层，是市场经济制度发生变迁的重要因素。一种文化所包含的"企业家精神"越丰富，则这种文化就会孕育更多的企业家。反之，如果一种文化不包含"企业家精神"因子，甚至是相背的，那么这种文化就难以产生企业家。第二，文化通过政府来影响制度变迁。中国经济正处于转型时期，尤其需

① 张佑林、李凯：关于文化对制度变迁影响研究的理论述评，《内蒙古农业科技》2011（3）：117—119。
② ［美］露斯·本尼迪克特著，何锡章、黄欢译：《文化模式》，北京：华夏出版社1987年版，第2页。

要政府的参与。政府是经济制度的最大供给者，它是决定制度供给的方向、速度、形式及战略安排的主导力量。不同政府对之所以对经济发展和企业的态度产生差别，根源就在于文化观念不同，不同文化观念所选择的经济制度供给的路径依赖有明显区别。因为创新有政治风险成本，如果一种文化使政府官员价值取向单一化，政府官员对官僚作风产生依赖性，那么，他们就会选择遵从这种文化，遵从现有制度，这就制约了政府在制度方面的创新。第三，文化通过中介组织来影响制度创新。中介组织介于政府和个人之间，既可作为新制度的供给者，也是制度的需求者，对制度创新也能起到很重要的作用。不同的文化类型对社会中介组织的需求也是不一样的。比如在创新型文化里，对中介组织的需求明显多于保守型文化①。

二、网络文化与中国网络传播制度

（一）网络文化的概念

网络文化在本质上是一种真实虚拟的文化，网络文化的这种真实虚拟特性所体现的正是鲍德里亚所说的"拟象化"现象，"拟象和仿真的东西因为大规模地类型化而取代了真实和原初的东西，世界因而变得拟象化了"②。具体而言，网络文化有广义和狭义之分。广义的网络文化是指网络时代的人类文化，它是人类传统文化、传统道德的延伸和多样化的展现。狭义的网络文化是指以计算机技术和信息网络技术为支撑、以网络传播为载体进行的精神创造活动及其精神成果，是人们在互联网这个虚拟世界里形成的网络活动方式及其所反映的价值观念和社会心态等方面的总和，包括了诸如网络活动主体的心理状态、思维特点、知识结构、价值观念、审美方式和行为习惯等方面。

随着新媒体技术的发展，全媒体时代的进入，网络文化创作生产空前活跃，网络文化产品和服务日益丰富，网络文化阵地不断壮大，网络文化产业风生水起，网络文化管理体系日臻完善，网络文化的吸引力、影响力也在进一步增强。

---

① 张佑林、李凯：关于文化对制度变迁影响研究的理论述评，《内蒙古农业科技》2011（3）：117—119。

② ［法］鲍德里亚：《仿真与拟象》，载汪民安编：《后现代性的哲学话语》，杭州：浙江人民出版社 2000 年版，第 329 页。

（二）网络文化的基本特征

网络文化具有较强的技术依赖性，与传统文化存在明显的差异，主要表现为以下四个典型特征。

1. 网络虚拟性

互联网的出现，将人类社会由单一的社会样态变迁为两种社会样态：一种是现实的社会；另一种就是网络中虚拟的社会。后者是前者的投射，前者是后者的原型。网络文化最基本的特征就是网络虚拟性，它通过互联网数字化和信息符号的传播，对真实世界进行克隆、复制、拟态，从而在虚拟世界里形成既来源于现实社会又有别于现实社会的虚拟文化——网络文化。日新月异的网络虚拟技术为我们创设了绚丽奇幻的虚拟世界，并架设起了现实世界与虚拟世界沟通与转换的桥梁，创造出一个穿越时空、虚拟无限的宏大的网络文化空间。在对现实物理世界投射而成的网络虚拟文化世界里，现实中的个体变身为虚拟的存在主体，按照网络文化自身的游戏规则，与虚拟世界进行物质交换、信息交换、文化消遣、精神消费，从而形成了突破现实时空局限和现实身份局限的、以拟态形式存在的网络文化。

2. 多样互动性

在网络世界里，文化信息生产与需要是多样多层的，网络行为选择是自由多样的，网络文化的展现形式也是多种多样的。网络是一个世界交流的平台，在网络世界里，不同国家、不同民族、不同种族、不同地域的网民，可以实现即时信息交流互动。网络文化是多元素融合互动的文化，是一种动态性很强的动感文化，它的文化种类是全球性的，它的形态特征是多样互动的，它是网与网的互动、网络与现实的互动、不同文化样态的互动、网民与网民的多层次多形式互动。

3. 多元包容性

网络的海量信息容量使不同的文化通过不同的网络平台体现存在、展现影响、交流交融成为可能，也使网络文化呈现出多元的结构特征，受大众欢迎的文化会占有大部分的网络空间，而相对弱势的文化也有其一席之地。网民对于文化的偏好程度形成了网络文化分层和网络文化结构，其结果是文化原有的区域性、地缘性等传统特征受到冲击，而网络文化与生俱来的特性强化了网络参与者思想活动的独立性、选择性、多变性和差异性，使文化通过网络平台得到调整与重组，促进了文化的交流与沟通，不同文化之间相互取长补短，促进了自身的发展与提高，促进了整个网络文化的发展和创新。

4. 开放共享性

随着 Web2.0 技术的日益成熟，互联网的互动性和开放性的特点被前所未有地发掘出来，BLOG、MSN、QQ、BBS、微博等成为人们交流和互动的重要渠道。网络的互联互动，促进了信息的全面开放，也形成了资源共享。互联网成为各种文化的交汇点，网络文化也呈现出开放性、共享性的特点。随着 Web2.0 的不断应用，Web3.0 已经悄然兴起。Web3.0 时代的网络访问速度将非常快；网站也将更加开放，对外提供自己的 API（Application Programming Interface，应用程序编程接口）将会是网站的标准配置；信息关联通过语义实现，信息的可搜索性将会达到一个新的高度。Web3.0 时代更加彻底地站在用户角度，提供的是个性化、互动性和深入的应用服务和多渠道阅读、本地化内容，更加强调用户间应用体验的分享。

（三）网络文化与网络传播制度的关系

1. 网络核心价值是网络传播制度得以形成、巩固和持续发挥作用的价值航标，并形成制度变迁的路径依赖

网络核心价值是网络文化中最具有稳定性、最具持久力的因素，是影响网民行为的强大精神力量，直接制约并形塑网民的思维方式和行为方式。网络文化核心的主流价值应该是社会主义核心价值体系。中华全国新闻工作者协会党组书记翟惠生指出，网络是多元的，但是它必须用一元的马克思主义指导思想来指导；网络是时代的，但它必须要有爱国主义的民族精神和不断改革创新的时代精神；网络是引导大众的，它必须让大众能够更牢固地树立中国特色社会主义的共同信念；网络是教化人的，它必须让大众懂得什么是荣，什么是辱[①]。网络传播制度的形成，无论是渐进演变，还是自觉构建，都要以网络核心价值为根本取向和思想基础；而新制度要能持续发挥作用，则必须与网络核心价值相适应，并通过网络核心价值使制度内化为网民的思维模式和行为方式。如果一项网络传播的新制度仅仅是出于某些网络精英一厢情愿的主观设计，忽视对网络核心价值的考量，即使基于良好的愿望和理想的目标，也难以有效发挥作用，甚至事与愿违。

---

① 翟惠生：《网络文化核心的主流价值应该是社会主义核心价值体系》，http：//media. people. com. cn/GB/22114/234362/234363/16325145. html。

2. 网络文化构成了网络传播制度的灵魂和精神基础，直接制约、支配网络传播制度的运行及其功能的发挥

不论是正式规则还是非正式规则，网络传播制度都旨在规范网络传播行为，网络传播主体践行或变革某项制度，都有明确的价值取向或受特定价值观念支配。因此，一项网络传播的新制度能否形成并有效运行，从根本上说取决于该制度实施范围内网民的价值认同，即与网民的价值共识是否相符。正是网民的价值共识及由此产生的文化共同感才构成了网络传播制度的灵魂和精神基础，使制度运行获得天然的合理性和合法性，并使其功能的充分发挥获得有效的支撑。如果网民对于一项网络传播新制度的价值旨向还没有形成共识，这项制度就难以获得社会成员的普遍支持，即使是通过强制力量勉强推行，它也难以持续有效地发挥作用。同理，网络传播制度变革或创新的方向必须顺应网民最基本的共同价值要求，否则，也会因失去合理性而中途而废。

3. 网络文化是阻碍或推动网络传播制度创新的重要力量

一方面，网络文化的多元多样性，会对网络传播制度的改革、创新产生制约和阻碍作用。所以，网络传播制度创新必须充分关注网络文化多种利益趋向和诉求，重视对网络文化的引领，尤其要重视网络文化理论和观念创新。另一方面，创新的网络文化又是推动网络传播制度改革、创新的重要力量。这是因为：其一，创新的网络文化正确反映了网络传播发展的客观规律，能够为网络传播制度创新指明正确的方向。其二，创新的网络文化能够增强网络传播制度创新的自觉性、自主性和前瞻性，减少制度改革、创新过程中可能出现的失误，而这往往是制度创新成功的关键①。而网络文化具有信息功能和认识功能，它能够超越个体直接经验的范围和时代的局限，不断创新的网络文化能够把网络传播发展的经验教训、现实状况及客观要求和未来发展愿景有机衔接起来，为解决网络传播制度创新过程中出现的问题提供一种比较合理的认识背景、思维框架和目的性关注，从而增强制度创新的自觉性和自主性，实现制度创新的合规律性和目的性的统一②。

---

① 李雅兴，陈建华：论农村养老保障制度创新与养老文化创新的契合，《贵州社会科学》2010年第3期。
② 陈纯仁：论制度创新与文化创新的契合，《求索》2009年第3期。

第四章　中国网络传播制度社会生物变迁模型

理论模型是从现实世界的某一特定对象的生活原型出发，充分运用观察、实验、操作、比较、分析、综合、概括等符号抽象，使之简化和假设，并转化为模型的一种思想方法。网络传播制度变迁是一种社会生物过程，据此构建其社会生物变迁模型是一件非常有意义的工作。

第一节　媒介制度变迁的动力机制及其"四维"模型

制度变迁的动力机制是制度变迁的动力学基础。潘祥辉在详细分析了中国媒介制度变迁的动力机制的基础上，提出了中国媒介制度变迁的"四维模型"。

一、社会制度变迁动力论

（一）马克思社会制度变迁动力论

马克思是第一个对人类社会制度变迁的一般规律做出系统阐述的思想家。马克思指出："物质生活的生产方式制约着整个社会生活、政治生活和精神生活的过程。不是人们的意识决定人们的存在，相反，是人们的社会存在决定人们的意识。"[①] 马克思指出，生产力的发展是社会制度变迁的根本动力。马克思的这个论断基于这样既简单又被诸多思想家所忽略的事实："人们为了能够'创造历史'，必须能够生活。但是为了生活，首先就需要衣、食、住以及其他东西，因此第一个历史活动就是生产满足这些需要的资料，即生产物质生活本身。"这个事实构成"一切人类生存的第一个前提"，因而"也就是一切历史的第一个前提"[②]。如果没有这个前提，社会制度就不可能产生变迁。

---

① 《马克思恩格斯选集》（第 2 卷），北京：人民出版社 1995 年版，第 32—33 页。
② 《马克思恩格斯选集》（第 1 卷），北京：人民出版社 1995 年版，第 78 页。

（二）新制度学派的制度变迁动力论

新制度学派代表人物诺斯认为，制度变迁"一般是对构成制度框架的规则、准则和实施组合的边际调整"①。与制度变迁相对的是制度的稳定，"即在行为者的谈判力量及构成经济交换总体的一系列合约谈判给定时，没有一个行为者会发现将资源用于再建立协约是有利可图的"②。所以，制度变迁的动力来自再缔约所能够带来的收益。而哪些因素会让行为者缔结新约，从而打破制度均衡，引致制度变迁呢？诺斯告诉我们，这些因素是"相对价格或偏好的变化"。其中，相对价格的变化，包括要素价格比率、信息成本、技术的变化，等等；偏好的变化则来自观念、宗教教义以及其他意识形态方面的变化，以及相对价格变化引起的精神结构和行为方式的变化。诺斯等人认为，制度变迁是由以下几个变量所驱动：一是制度环境，是一系列用来建立生产、交换与分配基础的基本的政治、社会和法律基础规则的总和；二是制度安排，即支配经济单位之间可能合作与竞争的一种安排，这些安排可能是正规的，也可能是非正规的，可能是暂时性的，也可能是长久的；三是初级行为团体，即一个决策单位，它们的决策支配了安排创新的进程，这一单位可能是单个人或由个人组成的团体，正是行动团体认识到存在一些收入（这些收入是他们的成员现在不能获得的），只要它们能改变安排的结构，这些收入就可能增加。任何一个初级行动团体的成员至少是一个熊彼特意义上的企业家，而且在这一模型的逻辑内，团体启动了安排创新的进程。四是次级行动团体，这也是一个决策单位，是用于帮助初级行动团体获取收入所进行的一些制度安排变迁。五是制度装置，这是行动团体所利用的文件和手段，当这些装置被应用于新的安排结构时，行动团体就利用他们来获取外在于现有安排结构的收入③。

在诺斯看来，大多数相对价格和偏好的变化是内生的，是各种军事、经济、政治组织及其他行为主体在原有制度框架内为追求自身收益最大化的结果。另外一些相对价格和偏好的变化则是外生的，即来自制度框架之外。既然相对价格和偏好的变化有许多来源，那么，很显然，诺斯的制度

---

① ［美］道格拉斯·C.诺斯，杭行译：《制度、制度变迁和经济绩效》，上海：上海三联书店 1995 年版，第 111 页。

② ［美］道格拉斯·C.诺斯，杭行译：《制度、制度变迁和经济绩效》，上海：上海三联书店 1995 年版，第 112—113 页。

③ 潘祥辉：中国媒介制度变迁的动力机制与"四维模型"，《浙江传媒学院学报》2010 年第 5 期。

变迁动力是多元的。多元动力论无疑为诺斯提供了比马克思大得多的解释历史的"自由度"或者说随意性①。诺斯认为，在经济史上引致制度变革的根本动力都是外生的。所以，在他的理论体系中，外生因素占有突出的地位。而在这些外生因素中，最重要的又是人口增长。他将两次"经济革命"即专一公有产权的形成和 18 世纪产业革命的起因，都归结为人口变化。诺斯过分强调技术进步的理论，是缺少根据的。

二、媒介制度变迁动力机制

根据马克思的理论，社会制度变迁的根本动力在于社会生产力的发展。而媒介制度变迁的动力又是什么呢？有学者认为，媒介形态及媒介制度的变迁是由国家的政治体制决定的，政治制度安排决定媒介制度安排，并且媒介制度随政治制度变迁而变迁，如苏格兰传媒学者施莱辛格（Philip Schlesinger）提出：唯有冻结社会制度的基本假设，才可以谈客观、平衡这些"新闻专业主义"的问题②。美国社会构建论者塔克曼（Gaye Tuchman）认为：整个新闻网都环绕着合法的中心机构，新闻节奏跟官僚机构的运转同声共气，以致支配性的观点弥漫于主流媒介，抹杀甚至消灭社会上的异见③。也有学者提出，媒介的经济所有权决定了媒介的制度安排，经济上占统治地位的阶层有权决定媒介制度；也有认为是媒介技术决定了媒介制度的变迁，媒介的技术变迁是媒介制度变迁的根源；还有认为是制度的收益结构决定了媒介制度的变迁，如果有获利机会的存在，且实施制度创新的收益大于成本的话，制度创新就会发生④。

与以上媒介制度变迁单一因素决定论相反的是综合决定论，这种理论认为，媒介制度受到多种因素的制约与影响，其发展与演化也是一种"合力"的结果。英国大众传播学者麦奎尔认为，"传播体制具有不同寻常的特性，关键在于它的行动无法摆脱经济和政治的影响，并且非常依赖技术

---

① 林岗、刘元春、张宇：诺斯与马克思：关于社会发展和制度变迁动力的比较，《中国人民大学学报》2000 年 3 期。

② 李金铨：政治经济学的悖论：中港台传媒与民主变革的交光互影，《二十一世纪》2003 年第 77 期。

③ Gaye Tuchman Making News：A Study in the Construction of Reality，New York：Free Press，1978：68－90.

④ 参见潘祥辉《中国媒介制度变迁的动力机制与"四维模型"》，《浙江传媒学院学报》2010 年第 5 期。

的不断变化。"① 因此，他认为"可以将媒介定位在政治、经济和技术这三种力量之间"。英国学者巴勒特提出了"媒介－社会关系模式"（见图4－1），在他看来，除了政治、经济与技术这三种因素外，媒介制度还受制于媒介的所有权、媒介的受众结构、媒介技术以及社会的意识形态，价值观念也制约着媒介的制度变迁。特别是知识存量和意识形态的影响常常为研究者所忽视②。巴勒特这一模式的可贵之处就在于他注意到了意识形态对媒介制度的影响。

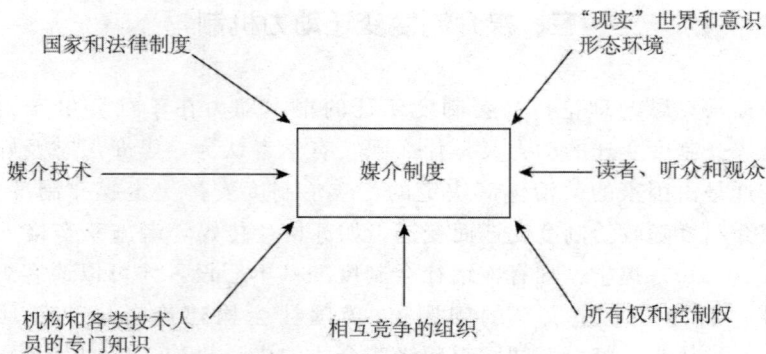

图 4－1　巴勒特媒介－社会关系模式③

三、中国媒介制度变迁的"四维"模型

浙江传媒学院潘祥辉参考诺斯的制度变迁模型以及浙江大学张旭昆教授的制度变迁理论的描述与分析，结合传播学者对媒介制度的阐释，联系中国媒介制度变迁的实际，提出了中国媒介制度变迁的"四维模型"（如图 4－2)④。

模型第一个维度是制度安排——"媒介制度环境"，也就是媒介制度所置身的上一层级的大制度系统，对媒介制度构成约束。这个制度环境中

---

① ［英］丹尼斯·麦奎尔著，崔保国、李琨译：《麦奎尔大众传播理论》，北京：清华大学出版社 2006 年版，第 159 页。

② ［英］戴维·巴勒特著：《媒介社会学》，赵伯英、孟春译，北京：社会科学文献出版社 1989 年版，第 56 页。

③ ［英］戴维·巴勒特著：《媒介社会学》，赵伯英、孟春译，北京：社会科学文献出版社 1989 年版，第 56 页。

④ 参见潘祥辉《中国媒介制度变迁的动力机制与"四维模型"》，《浙江传媒学院学报》2010 年第 5 期。

最重要的是政治体制安排、经济体制安排、法律与政策以及社会结构等；第二个维度是行动集团——媒介制度变迁的主体，代表了制度变迁中的最具主观能动性的一极；第三个维度是内源性变量——"媒介制度变迁的内源性变量"，包括媒介制度的初始设置、路径依赖、均衡状态，媒介制度本身的结构、效率、功能等，对内源性变量的分析主要是对媒介制度的路径依赖的分析和媒介制度报酬结构的分析；第四个维度是外源性变量——"媒介制度变迁的外源性变量"，包括媒介技术变迁、外国力量或者国际体系的影响，以及媒介知识的积累及媒介意识形态的变化等。这四个维度的各种变量可能单独作用于媒介制度系统的某一个层面，也可能同时作用于媒介制度系统的三个层面，打破旧有的媒介制度形成的均衡，引起媒介制度的变迁。这种"均衡——不均衡——均衡"的过程就是媒介制度变迁的过程，这个过程是动态的，是各种变量综合作用所形成的"合力"造成的结果[①]。

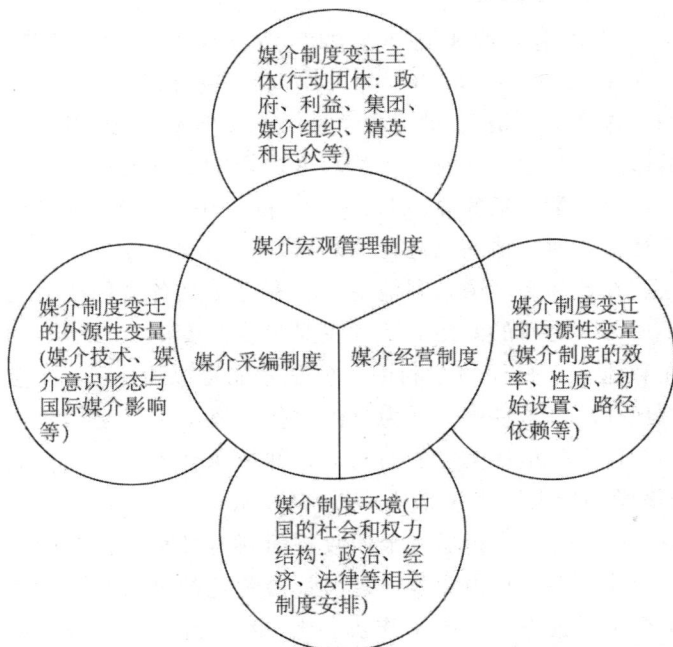

图 4-2　中国媒介制度变迁的"四维模型"[②]

_____

① 参见：潘祥辉：中国媒介制度变迁的动力机制与"四维模型"，《浙江传媒学院学报》2010 年第 5 期。

② 参见潘祥辉：中国媒介制度变迁的动力机制与"四维模型"，《浙江传媒学院学报》2010 年第 5 期。

第二节 中国网络传播制度的社会生物变迁模型

从网络传播制度与环境的关系来看，制度的变迁就是在不断调整与适应这些社会生物环境中实现的。在变迁过程中，网络传播制度的"基因"得到复制和传递，并且利益主体在博弈中促进效率的提高并达到相对平衡状态。本节在对网络传播制度的主要影响因素进行系统分析的基础上，提出了网络传播制度变迁的社会生物变迁模型。

一、社会生物学及其与传播学的关系

（一）社会生物学概述

社会生物学理论起源于达尔文的自然选择学说。查尔斯·达尔文（Charles）（Robert Darwin，1809—1882）的《物种起源》被认为是西方文明最伟大的著作之一，是 19 世纪科学家的主要革命，他的生物进化论对于社会科学的影响远远超出了对于生物科学的影响。社会达尔文主义的代表人物、英国社会哲学家斯宾塞（Herbert Spencer，1820—1903）将进化论思想应用于社会生活。他在《进化伦理学》一书中，提出了对社会制度持久性的看法。在这一制度中，利他主义和利己主义各自的优势是按"较大愉快和较小痛苦"之间的差距的功利主义尺度演变的。公正会约束利己主义，只有在利他主义交往的互利中，公正才能得以稳定[1]。社会达尔文主义理论推崇现存的世界秩序，认为自由放任的资本主义是体系决策的最有效的机制，个体竞争是社会发展的动力，并使每个人都在社会大厦中各得其所[2]。经济学创始人亚当·斯密（Adam Smith，1723—1790）提出了经济学的自由竞争问题：个体通过金钱收益而获得私利是社会的一个普遍的人类动机，个体之间的自由竞争促进了社会利益的最大化，专业工人会迅速地迫使单个工人丧失现有的工作机会[3]。揭示出市场经济活动中的"自

---

[1] ［法］米歇尔·弗伊著，殷世才、孙兆通译：《社会生物学》，北京：社会科学文献出版社 1988 年版，第 21—22 页。

[2] ［法］米歇尔·弗伊著，殷世才、孙兆通译：《社会生物学》，北京：社会科学文献出版社 1988 年版，第 105 页。

[3] ［美］E. M. 罗杰斯著，殷晓蓉译：《传播学史——一种传记式的方法》，上海：上海译文出版社 2005 年版，第 43 页。

然选择"现象。

"二战"后，进化理论受到社会科学研究者的重视，被广泛运用于社会科学研究领域。这一理论也被用于解释社会演变的过程，形成了社会生物学。1975 年夏天，曾两次荣获普利策奖的哈佛大学教授威尔孙（E. O. Wilson）以动物行为学、族群动物学和进化理论为基础，出版了他的论著《新的综合——社会生物学》（Sociobiology：The New Synthesis），标志着社会生物学作为一个学科的诞生。在这部著作中，威尔孙给出的社会生物学的定义是："有关动物社会行为与复杂社会组成这两者的生物学基础的系统研究"，"社会进化的原始动力可以分作两种范畴：系统发育的惯性与生态学压力。"① 社会系统发育惯性决定着社会进化的方向、速度和变化的范围，社会进化是在系统发育惯性的制约下，群体对环境压力的遗传反应的结果。在生态学压力下，社会会提高竞争能力，增强群体稳定性，促进环境的改善。在社会进化开始之后，如果反社会的因素在某个时期逐渐占据优势，社会化物种可能退回更低级的社会状态，甚至会退回到独居生活状态。威尔孙主张，文化能力的进化是由日益增长的学习能力和学习速度完成的。个体之间相互接触的网络也发展起来了，网络大小与文化能力成正反馈关系。他预测，直到 21 世纪末，人类才能达到生态学意义上的稳定状态。威尔孙最大限度地扩大了人们已接受的关于基因进化、动物等级、侵略和适应的思想，为进化论和动物生态学增加了新的力量。

1944 年，冯·诺伊曼和莫根施特恩提出了博弈论的数学模式，并以此说明市场经济中如何选择经济代理人。在市场活动中，一部分人的决策会对另一部分人可能的决策产生影响，从而引起利益矛盾。经济人群体在充分认识到已知活动规律的约束后，应当作出与博弈论所提出的数学模型所预示的选择。博弈论学者普赖斯提出了行为的进化或进化的博弈论的思想，以此为基础，J. 梅纳德·史密斯在《进化论与博弈论》一书中加以完善②。此后，社会生物学的主要模式都出自这一模型，开辟了一条社会生物学研究的新道路。

（二）社会生物学与传播学

传播学有三大思想来源：进化论、精神分析理论和马克思主义理论。

---

① ［爱］爱德华·奥斯本·威尔孙著，李昆峰译：《新的综合——社会生物学》，成都：四川人民出版社 1985 版，第 23 页。

② ［法］米歇尔·弗伊著，殷世才，孙兆通译：《社会生物学》，北京：社会科学文献出版社 1988 年版，第 47－55 页。

达尔文的进化论思想是传播学的理论渊源之一。19世纪90年代,芝加哥学派将这一思想引入传播学的创建,并被深深地植入传播学的主流学派之中。芝加哥学派的集大成者罗伯特·E. 帕克和他的同事 E. 伯吉斯根据达尔文的进化论,借用了入侵、支配、演替和生长变化率等概念,研究了植物生态学和动物生态学,特别是对芝加哥进行了人类生态学研究。他们在芝加哥地图上绘制了青少年犯罪、卖淫、精神病和其他社会问题的位置,形成了一个"同心圆"的示意图,社会问题最集中的地区就是闹市区的外围。这种类型的社会分析就被称作"人类生态学"(human ecology),开辟了人类生态学新领域①。1987年,迪米克(John Dimmick)和罗森比勒(Eric W. Rothenbuhler)对大众媒体机构进行了群体生态学研究,以解释为什么像无线电广播那样的媒体产业正在部分地被电视产业所取代的问题②。

二、中国网络传播制度的变迁是一种社会生物变迁过程

(一) 传媒制度变迁是一种社会生物演化过程

1975年,威尔孙(E. O. Wilson)《论人的本性:社会生物学论文选》(1979)一书中提出:人类社会的行为变迁存在着一种"基因—文化协调变迁机制",人类的"天性"是产生社会契约和规则的关键所在③。经济学家阿尔钦(Armen A. Alchian)首先将生物变迁理论引入经济学领域,随后,熊彼特、尼尔森和温特、哈奇森(Geoferry M. Hodgson)、卢瑟福德(Malcolm Rutherford)、科斯、威廉姆森、诺斯等制度学派学者都很强调社会生物演化在制度变迁中的重要作用④。在他们看来,任何组织与制度都是变迁的结果,制度变迁就是"制度的替代、转换与交易过程"⑤。

---

① 〔美〕E. M. 罗杰斯著,殷晓蓉译:《传播学史——一种传记式的方法》,上海:上海译文出版社2005年版,第54页。

② 〔美〕E. M. 罗杰斯著,殷晓蓉译:《传播学史——一种传记式的方法》,上海:上海译文出版社2005年版,第155—156页。

③ 〔美〕E. O. 威尔孙著,林和生等译:《论人的本性:社会生物学论文选》,贵阳:贵州人民出版社1987版,第147页。

④ 秦海:《制度、演化与路径依赖——制度分析综合的理论尝试》,北京:中国财经出版社2004年版,第77页。

⑤ 苗壮:制度变迁中的改革战略选择问题,《经济研究》1992年第10期。

　　从社会生物学的观点来看，传媒制度的形成与演变是适应环境变化的结果。美国社会学家帕克（Robert E. Park）认为，媒介的演进是各种社会因素综合作用的结果，而不是某个人意志的产物，它是一种自发的变迁过程①。美国传播学家李普曼（Walter Lippmann）也认为，报业的"现代化"是一种自然变迁的过程，新闻业在任何一个国家内都要历经不同阶段的自然演进②。英尼斯（Harold A. Innis）预测，"一种新媒介的长处，将导致一种新文明的产生"③。从媒介制度的变迁过程来看，也遵循着类似于生物变迁的"优胜劣汰"原理。浙江传媒潘祥辉院副教授认为，生态演化和制度演化有着共同的过程和机制：变异、适应和竞争④。人类媒介发展史和发展现状表明，传媒制度的变迁是多个因素为适应制度环境、保持制度系统平衡，通过适应、复制、效率、博弈等机制共同作用的结果。传媒制度的变迁是在特定的社会历史与社会环境下，根据传媒制度自身发展规律、依据自身内在机制竞争演化的结果。这一理论为我们提供了一个从社会生物学角度考察传媒制度变迁的新角度和新视野。

（二）网络传播制度的变迁是一种社会生物演化过程

　　与媒介的演进相类似，网络传媒及其制度的变迁也是一种社会生物演化过程。如前章所述，在既定的经济社会制度下，网络传播制度的形成与变迁主要受到六大因素的影响：传播技术、传播成本、群体利益、公共权力、网络舆论、文化特征等，它们相互作用、相互渗透、相互交织，共同对网络传播制度的形成与演变产生着刚性或柔性、显性或隐性的制约和影响，构成了网络传播制度的社会生物环境的主干框架和主要影响因子（如图4－3）。

　　网络传播制度就是在不断调整与适应这些社会生物环境中实现变迁的。我们以 TCP/IP 协议的形成与变迁为例。在互联网的前身美国阿帕网

① Robert E. Park, "The Natural History of the Newspaper," *In American Journal of Sociology*，Vol. 24 (3) (Nov. , 1923)，pp. 273－289.

② Lippmann，Walter，"Two Revolutions in the American Press," *In Yale Review.* (March 1931)，pp. 3－12.

③ ［加］哈罗德·伊尼斯著，何道宽译：《传播的偏向》，北京：中国人民大学出版社 2009 年版，第 34 页。

④ 潘祥辉：媒介演化论——一种考察媒介制度变迁的社会生物学视角，《中国传媒报告》2011 年第 1 期。

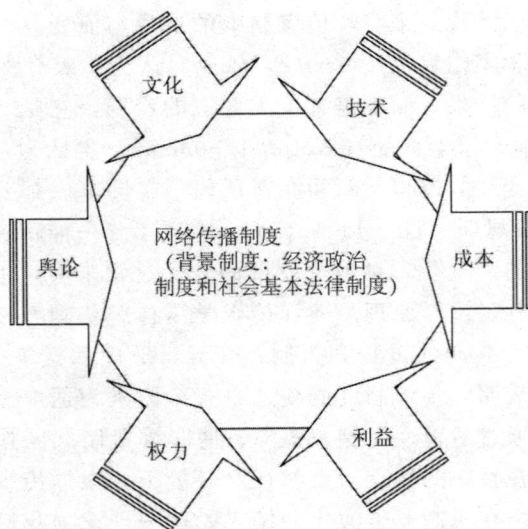

图4—3　网络传播制度社会生物环境示意

（ARPANET）^① 产生并运行之初，通过接口信号处理机实现互联的电脑并不多，大部分电脑相互之间不兼容。在一台电脑上完成的工作，很难在另一台电脑上使用，要把硬件和软件都不一样的电脑联结组网，也有很多困难。当时美国陆军用的电脑是 DEC 系列产品，海军用的电脑是 Honeywell 中标机器，空军用的是 IBM 公司中标的电脑，每一个军种的电脑在各自的系里都运行良好，但不能共享资源。为了让电脑实现资源共享，就需要在这些互不兼容的系统之上，建立一种必须共同遵守的标准。1973 年，在开放系统下的所有网民和网管人员都必须使用的"传输控制协议"（TCP，Transmission—Control Protocol）和"因特网协议"（IP，Internet Proto-col）即 TCP/IP 协议开始被提出来。1983 年 1 月 1 日，TCP/IP 协议成为互联网上所有主机间的共同协议，此后被作为一种必须遵守的规则被肯定和应用。由于 TCP/IP 协议能够使数据用于任何目的，并且能够很轻易地取代以前由专有数据网络传输的数据，所以，它真正把全球各式各类计算机联结起来，宣告了全球性互联网的诞生。传统的 TCP/IP 协议基于 IPV4 属于第二代互联网技术，它的最大问题是网络地址资源有限，目前的 IP 地址已经枯竭。传统的 TCP/IP 协议基于电话宽带以及以太网的电器特性而

---

① 阿帕网（ARPANET）：英文 Advanced Research Projects Agency Network 的缩写，美国国防部高级研究计划局组建的计算机网，又称 ARPA 网。

制定的，其分包原则与检验占用了数据包很大部分比例，造成了传输效率低的问题。现在网络正向着全光纤网络和超高速以太网方向发展，TCP/IP协议不能满足其发展需要。为此，IETF① 在 1992 年 6 月就提出要制定新一代 IP 协议。目前，IPv6 正处在不断发展和完善的过程中，它在不久的将来将取代目前被广泛使用的 IPv4。与 IPV4 相比，IPV6 具有更大的地址空间；使用更小的路由表，提高了路由器转发数据包的速度；为网络多媒体应用提供了强大支持，为服务质量控制提供了良好的网络平台；加入了对自动配置的支持，使得网络管理更加方便和快捷；用户可以对网络层的数据进行加密并对 IP 报文进行校验，极大地增强了网络的安全性。

　　TCP/IP 协议是适应计算机互联的发展需要而形成的，而 IPv4 协议的容量内爆与 IPv6 协议的出现和发展也是互联网发展的必然要求，是一种社会生物变迁的过程。

　　首先，这项制度的变迁是多因素综合作用的结果。传播技术不断取得新突破，为 TCP/IP 和 IPv6 协议提供了技术支撑；传播技术的进步又导致了传播成本的下降，使 TCP/IP 和 IPv6 协议运用具有了实际推广的可能；无论是最初的美国军方还是到后来的网络使用者，TCP/IP 和 IPv6 协议的变迁都符合不同群体的利益；TCP/IP 协议的发展始于美国 DOD（国防部）方案，IAB（Internet 架构委员会）的下属工作组 IETF（Internet 工程任务组）协同研发了众多协议，而这些机构是由美国政府发起的，公共权力在这个过程中发挥了初级行动团体的作用；TCP/IP 协议与其说由因特架构网委员会指定，倒不如说是由"舆论"来开发的，因为任何人都可以提供一个文档，以 RFC（Request for Comment 需求注释）方式公布；TCP/IP 和 IPv6 协议之所以在美国而不是在世界其他地方产生，除了经济和技术因素外，一个非常重要的原因就是因为美国文化是以契约为基础的文化，这使得一旦形成契约，大家都自觉遵守。

　　其次，在互联网传输的 TCP/IP 协议的变迁中，其"基因"得到复制并在变迁过程中完整传递。只能容纳 43 亿个网络地址的 IPv4 已经使用了30 多年，全球网络地址资源几近枯竭，严重制约了网络新兴业务的开展和互联网的可持续发展。为突破这一瓶颈，IETF 才制定出新一代互联网IPv6 协议。在 IPv6 协议框架下，网络地址将达到 2128 个，甚至可以"让

---

① 　IETF：Internet 工程任务组（Internet Engineering Task Force）的简写，成立于1985 年底，是全球互联网最具权威的技术标准化组织，主要任务是负责互联网相关技术规范的研发和制定，当前绝大多数国际互联网技术标准出自 IETF。

地球上的每一粒沙子都具有一个 IP 地址",网络地址不再成为互联网发展的问题。从技术支撑来看,IPv6 是对"因特网协议"(IP)的升级,而"传输控制协议"(TCP)则加以沿用,这些"基因"在制度变迁中得到复制和传递。

最后,该制度变迁的过程就是在博弈中实现效率提高的过程。实现 IPv4 协议向 IPv6 协议的变迁,还需要利益攸关诸方进行多重博弈。网络使用者和新网络设备供应商是 IPv6 协议最坚定的支持者,新协议能够实现自身利益的最大化。而对于原来的网络设备供应商和运营商而言,适应新协议意味着传统市场的重新"洗牌"和研发经费的全新投入,并且还要承担市场不确定性的风险。政府管理部门对 IPv4 已经相对适应,而且形成了一系列管理制度和方法,新变化将带来新的成本和新的管理风险。但是,面对未来的发展趋势,政府部门却又必须适应,无从选择。在利益冲突与交织中,他们展开复杂的利益博弈,由于 IPv6 协议将实现各方投入/产出比效率的提高,最终他们将一致认为 IPv6 协议是实现自身利益最大化的共同函数,因而也将成为共同的选项。

三、中国网络传播制度变迁的社会生物变迁模型

20 世纪 80 年代以来,一批制度学者从经典生物进化理论的角度,尝试构建经济学的变迁新范式。例如,Nelson and Winter(1982)以制度变迁为研究对象,提出了经济变迁范式下制度变迁研究的若干核心理念。雷国雄、陈恩以基因及其组合机制、创新与记忆机制、非线性的选择机制、不确定性下的多样性与效率机制等为核心,构建了一个拟生物演化制度变迁模型[①]。但是该模型过于笼统,对于传媒制度变迁实践的解释力、证明力和说服力也有待进一步验证。本课题在系统分析网络传播制度主要影响因素的基础上,借鉴社会生物演化机理,探索构建网络传播制度的社会生物变迁模型。

(一)模型的基本假设

1. 假设网络传播制度的变迁是一种社会生物演化过程。社会生物演化的本质是适应。在网络传播制度变迁中,适应网络传播发展的制度就会

---

① 参见雷国雄、陈恩:制度变迁:一个拟生物演化模型,《经济学》(季刊)2009 年 7 月,第 8 卷第 4 期。

被确立起来，不适应的将被废弃。这个适应的过程从表面上看是制度之间的竞争，而实际上是制度背后影响因素之间的博弈。

2. 假设网络传播总是在不断向前发展的，网络传播制度的供给和变迁的总体趋势是总能适应网络传播的发展所需。

3. 假设网络传播制度的社会生物环境构成的主要因素就是影响网络传播制度形成与变迁的主要因素，即技术、成本、利益、权力、舆论、文化。

（二）网络传播制度社会生物变迁模型

在正式构建网络传播制度社会生物变迁的模型之前，我们必须把模型应当反映的原理梳理清楚：首先，这个模型要反映出网络传播制度的起源；其次，要反映出网络传播制度的社会生物环境；再次，要反映出社会生物环境因素在网络传播制度变迁中的作用机理；最后，要反映出网络传播制度的社会生物变迁机理。根据这些要求，结合前文进行的网络传播制度的社会生物环境及其适应过程分析，可以构建起网络传播制度的社会生物变迁模型（如图4—4）。

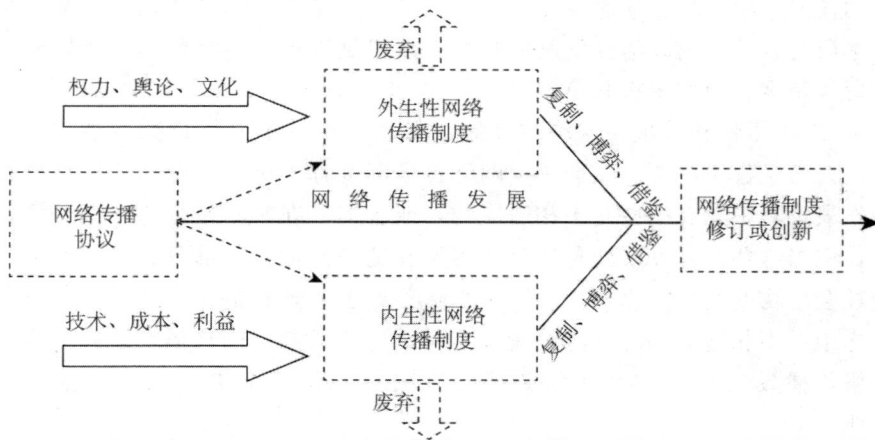

图4—4　网络传播制度社会生物变迁模型

关于模型的几点说明：

1. 贯穿模型的一条主线是网络传播发展。模型中，这条主线是一条虚线而非一条实线。这是因为，网络传播总的发展趋势是向前、是向更高水平发展的。但是，在这个发展过程中，会受到各种社会影响的影响和干扰，同时，也要克服自身产生的问题，因而不会呈直线式前进，而是曲折式前进、螺旋式上升。所以，模型采用虚线进行标注。

2. 网络传播制度起源于自生自发的网络传播协议，这些协议是全球网络传播得以实现的制度前提。没有网络传播协议，就不可能形成庞大而复杂的互联网络，也不可能有互联网今天的景象万千。因此，它位于模型的起点。由于网络传播协议自身也存在更新升级等制度变迁的需要，所以，模型中用虚线加以标注。另外，从严格意义上讲，网络传播协议本身也是网络传播制度，并且是内生性制度。由于它是网络传播制度的起源，对于以后的制度都会产生重要影响，所以模型将其单独列出。值得注意的是，网络传播协议不仅影响到内生性制度，而且还影响到外生性制度。因为它是网络传播得以存在的前提，它对于外生性制度形成和变迁也会产生某些刚性制约。

3. 模型把网络传播制度环境抽象为六个主要影响因子，它们对网络传播制度的形成和变迁产生主要影响。其中，技术、成本和利益主要影响内生性制度的形成和变迁，权力、舆论和文化主要影响外生性制度的形成和变迁。需要特别指出的是，这种划分只具有模型抽象的相对意义，实践中的任何一项网络传播制度的形成和变迁都是诸因素综合作用的结果。由于本研究将社会的政治经济制度和基本法律制度视为网络传播的既定前提和背景制度，模型未将其单独列出。

4. 内生性和外生性网络传播制度最初并不处于网络传播发展这条主线上，而是位于两侧。任何一项网络传播制度都不可能完全适应网络传播的发展，其中总有一些是不相适应的，或者即使在某一社会历史条件下适应，但当这些条件发展变化后就变得不相适应。适应的部分就是该制度实现社会生物变迁的"基因"，将会在制度变迁中被复制和传递，进入新制度之中；不相适应的部分将被淘汰出局。这两类制度的总体变迁趋势是向网络传播发展这条主线无限靠拢，极限状态是完全进入网络传播发展主线。

5. 网络传播制度社会生物变迁的机理主要有三种：复制与传递、博弈与增效、学习与借鉴。第一种机理是复制与传递。在变迁过程中，网络传播制度中适应网络传播发展的合理内核将作为"基因"被复制下来，并传递到新的网络传播制度之中。第二种机理是博弈与增效。博弈是参与社会生物竞争并力争胜出的基本途径，能满足网络传播发展要求的制度，比不太适应网络传播发展要求的制度更能促进网络传播的发展，其效率也更高。旧制度的退出与新制度的供给的实现过程，就是制度效率不断提高的过程。第三种机理是学习与借鉴。如果在原有的制度框架内，被复制的

"基因"和在框架内新增的制度仍然无法适应网络传播发展的需要，制度供给方会在更广阔的范围内寻求可以学习和借鉴的制度。

6. 模型构建的是单次的网络传播制度社会生物变迁。随着网络传播发展对制度供给产生新的要求，网络传播制度又将以现有制度作为新起点，实现新一轮的变迁。网络传播制度就是在不断适应网络传播发展的历史过程中实现持续变迁的。

（三）模型的验证

我们以网络实名制为例来对网络传播制度社会生物变迁模型加以验证。我们重点验证其社会生物因素对该制度形成产生的影响及其社会生物变迁的实现机理。

1. 网络传播的社会生物因素对网络实名制形成的作用

模型假设网络传播制度的社会生物环境包含六个主要影响因素：技术、成本、利益、权力、舆论和文化。这六大因素对网络实名制的产生都起到了重要作用。

第一，网络传播技术。网络实名制形成时期，IPv4 正向 IPv6 过渡，IP 地址资源枯竭的问题得到解决，在技术上可以实现一个真实用户与一个 IP 地址的唯一对应。但是，网络实名制在具体技术实现上依然有障碍，还无法实现网站登录注册系统与公安机关的身份识别系统的对接，无法真正做到"后台实名"。因此，目前的"实名"注册虽然需要填写"真实姓名"和"身份证信息"，即使填写虚假的姓名和身份证号码，未经验证也能成为注册用户。这在技术上制约了网络实名制的全面推行。

第二，制度成本和利益博弈。在网络匿名的管理制度下，对网民的网络诚信和社会责任缺乏有效约束，会造成巨大的交易成本和社会成本。如果网络实名制能够得到贯彻执行，党和政府对于网络言论的管理成本将明显下降，但又大大增加了个人信息泄露引起系列社会问题的风险；网络媒体对于用户的管理成本将大幅降低，但又会导致运营成本（包括后台编辑的人力成本和软件的升级成本）的增加和用户流失；网络用户接受网站审核和注册引起的上网成本（包括时间成本和精力成本）大幅提高，言论自由受到明显限制。总体来看，网络实名制的形成成本相对较高。

第三，公共权力。作为党和国家对于网络实名制的推动是积极而主动的。2005 年 2 月，原信息产业部会同有关部门要求境内所有网站主办者必须通过为网站提供接入、托管、内容服务的 IDC、ISP 来备案登记，或者登录信息产业部备案网站自行备案；2006 年 10 月，原信息产业部提出对博客实行实名制；党的十七届六中全会《决定》明确提出要加强对社交网络和即时通信工具的引导和管理；2008年1月，中国网络实名制立法进程启动，宁夏、甘肃两个地区率先推行版主实名制；2009年5月1日，中国第一部网络实名制的地方法规《杭州市计算机信息网络安全保护管理条例》正式实施；2010年7月1日，中国第一部网络实名制部门规章《网络商品交易管理办法》（国家工商总局）公布实施。在网络实名制形成的过程中，党和政府是网络实名制的初级行动团体，公共权力是网络实名制的第一推动力。

第四，网络舆论。中国网络实名制还没有真正全面推行，原因纷繁复杂，其中网络舆论反对声不绝于耳是其中的重要原因。《中国青年报》2007年的一项调查表明，83.5%的人明确反对网络实名制，59.7%的人认为"网络本来就是虚拟的，不可能实现实名制"[1]。在理论界，反对者也不少，中国人民大学新闻学院陈力丹教授认为，"如果实行网络实名制，就会影响网民的自由表达。"清华大学新闻与传播学院金兼斌教授认为，网络实名制涉及政策和立法，尤其要慎重[2]。

第五，网络文化。经过二十几年的发展，中国网络传播基本上形成了崇尚自由、彰显自我的网络文化。中国是一个传媒管制相对较严的国度，在传统传播模式下，公众自由表达的渠道有限、程度有限、机会有限。网络传播满足了中国公众自由表达的欲望，言论自由权得到充分体现和彰显，网民也非常珍视这种自由表达的权利和机会。网络实名制是对自由表达的限制和约束，所以，从该制度提出之初到现在，许多网民都反对网络实名制。

正是由于以上社会生物因素的复杂影响，10年来，中国网络实名制在争议中艰难推进，至今仍然没有得到全面推行。

2. 网络实名制社会生物变迁机理

第一，复制与传递。网络实名制属于正式规则，因此，它复制了正式规则的"基因"。网络实名制沿袭了此前的电子邮件实名制、高校教育网实名制、网站实名、博客实名，并于2009年由杭州最先出台中国首个实施实名制的成文法规。第二，博弈与增效。网络实名制下的利益博弈从一开始提出就已经展开。但是目前博弈还不充分，网络实名制的效率还有待进一步验证，所以该制度距全面推行还有一段路要走。第三，学习与借鉴。

---

① 文飞翔：调查显示83.5%受访者反对网络实名制，《中国青年报》2007年1月8日。
② 王超等：中国专家争议网络实名制，《中国青年报》2008年10月10日。

网络实名制本身就是国际借鉴的结果。韩国是世界上第一个全面推行网络实名制的国家，并且形成了一套相对完整的网络实名制度。正是对韩国网络实名制经验的借鉴，才推动了中国网络实名制的进程。但是，由于韩国在实行网络实名制的过程中也暴露了许多问题（特别是私人信息泄露的问题），迫于各方压力，2011年12月29日，韩国政府不得不宣布取消网络实名制。这一变化，对于中国网络实名制的推进无疑会产生非常重要的影响。

综上所述，在网络传播的社会生物环境中，网络实名制要受到诸多因素的影响。如果它能真正适应网络传播的发展，能够实现社会生物变迁中的复制与传递、博弈与增效、学习与借鉴，就会被真正建立起来，从而促进网络传播的发展；如果不能实现制度基因的复制与传递、利益主体博弈不充分或不能达成均衡、借鉴有限或无法借鉴，网络实名制的形成（或变迁）就难以实现，最终将被网络传播的社会生物环境所抛弃。

四、中国网络传播制度社会生物变迁模型的启示

网络传播制度社会生物变迁模型表明，网络传播制度的变迁受到内生变量和外生变量的多重影响，制度基因在变迁中得到复制和传递，博弈是新旧制度开展社会生物竞争的基本方式，制度学习与借鉴是突破旧制度基因的限制、引入新制度基因的有效替代机制。

（一）网络传播制度的变迁的受到多重变量的影响

网络传播制度社会生物变迁模型表明，一项网络传播制度的形成和变迁要受到内生变量和外生变量多重因素的影响。网络传播制度的社会生物环境（技术、利益、成本、权力、舆论、文化等）对于网络传播制度的影响是错综复杂的，在内生性网络传播制度形成和变迁中，技术、利益、成本等内生因素发挥的作用更为明显；在外生性制度形成和变迁中，权力、舆论、文化等外生因素所起的作用更大。这也决定了网络传播制度形成和变迁的多样性及复杂性。

（二）制度基因在变迁中得到复制和传递

制度基因是网络传播制度形成和变迁的物质基础，它变迁的自然概率相当低，需要的变迁时间也相当长。如果通过改变基因制度以实现变迁，耗费的时间相当长，所以，这类尝试是不可取的。非基因制度具有更大的变迁概率，可以设法对非基因制度加以改变，并且这类变迁将带来制度效

率的较显著改善。

（三）利益博弈是新旧制度开展社会生物竞争的基本方式

网络传播制度的形成和变迁必须通过社会生物竞争实现，而竞争的基本方式就是利益博弈。博弈的主体是制度的利益攸关各方，他们必须经过充分而有效的多重博弈达到利益相对均衡状态。如果不形成这个均衡状态，制度将不会形成或不能实现变迁。

（四）制度学习与借鉴是突破旧制度基因的限制、引入新制度基因的有效替代机制

网络传播是一个全开放的无限领域，制度借鉴将成为一个能打破制度变迁概率约束的替代机制。在原有的制度变迁路径中，如果缺乏足够的博弈力量达成利益均衡，就需要引入新的制度基因。制度学习与借鉴可以增强新制度的适应能力，降低形成（变迁）成本，缩短博弈进程，推进网络传播制度效率的提升。

第五章　建立健全中国网络传播制度变迁的良性互动机制

机制（Mechanism）一词最早源于希腊文 mechane，原指机器的构造和动作原理。生物学和医学借用这个概念表示有机体内发生生理或病理变化时，各器官之间相互联系、作用和调节的方式。引入社会科学研究领域后，机制指社会有机体各部分的相互联系、相互作用的方式。而在社会制度研究领域，机制即制度机制，它通过制度系统内部组成要素按照一定方式的相互作用实现其特定的功能。机制运行规则都是人为设定的，具有强烈的社会性。促进网络传播制度的形成与变迁，必须让诸多影响因素按照一定的互动方式相互影响、相互作用才能真正实现。因此，面临发展迅猛的网络传播，建立健全中国网络传播制度变迁的良性互动机制，显得十分重要而迫切。

第一节　健全中国网络传播主体利益充分表达机制

网络传播制度的变迁，实质上是诸多网络传播主体不断从利益不均衡到利益均衡的实现过程。利益不均衡，就会产生强大的制度变迁动力，引起旧制度的变迁和新制度的形成；利益均衡，利益诸多力量相对平衡，就会保持制度的稳定性和有效性。因此，无论是形成一项网络传播的新制度还是改进或完善现有网络传播制度，其前提都应当是网络传播主体①的利益诉求得到充分表达，被合理采纳，并有效反映到网络传播制度之中。

一、网络利益诉求表达的特性

网络既是网络利益主体表达利益诉求的平台，也是实现自身利益的渠道，具有十分鲜明的特性。

---

① 本书所指的网络传播主体是指包括网络管理者、网络运营商、网络媒体、网民等在内的网络传播行为的全体参与者。

（一）互动性强，利益表达方便快捷

互联网最核心的特性是传受一体化互动。互联网为用户在线上实施交流提供了诸多便利，尽管这种交流与现实生活中面对面的人际交流有所不同，并且这种交流还有可能是非同步的，但增加了网站的互动性。QQ、MSN、在线讨论、聊天室交流、实时交互等网络交流平台（或工具）的全面普及大大提高了网络的传受一体化互动。因此，网民可以通过电子邮件和公告板、网络博客、网络论坛、聊天室等方式进行意见表达，这些形式可以使信息反馈得到及时实现，意见表达者还可以和相关人员进行互动、探讨、交流，从而增加了民众进行利益表达的积极性和主动性。

（二）传播手段多媒体化，利益表达效果好

网络传播作为一种全新的传播方式，整合了传统传播方式的所有优点，集文字、图像、视频、音频等人类现有的一切传播手段为一体，并将它们进行整合优化，获得了前所未有的传播能量，使传播效果放大了好几倍。例如，在涉藏传播中，人民网、新华网、新浪网、搜狐网等网络媒体，充分运用文字、图片、音频、视频等多媒体手段展开主题报道，组织网民们拍摄、撰写和制作了大量图文和音视频作品，还开展了"反对 CNN 等西方媒体不实报道""全球华人反藏独护圣火""强烈谴责 CNN 主持人辱华言论"等网上签名活动。海内外华人网民充分利用互联网平台，通过制作视频、贴发照片、撰写博客、发表留言等方式，充分表达了爱国主张，给西方反华势力强大的国际舆论压力，一些西方媒体被迫作出道歉。亿万网民的爱国意愿得到充分表达，有力打破了西方主流媒体的话语霸权，在网上形成了海内外维护统一、振兴中华的巨大声浪。

（三）传播成本低、效率高，利益表达真实充分

利用网络传播，人们可以进行充分而真实的利益表达，特别是廉价的上网资费可以让经济基础比较薄弱的群体有进行利益表达的机会和能力。同时，网络意见表达不受时间、地点的限制，可以随时发布、随时更新，甚至随时传播，网络的这种特征足以让政府部门的领导时时关注网络上利益表达诉求，并争取在第一时间内反馈信息、解决问题。2013 年，微博、社交网站及论坛等互联网应用使用率均下降，而类似即时通信等以社交为基础的平台应用发展稳定。从具体数字分析，2013 年微博用户规模下降 2783 万人，使用率降低 9.2 个百分点。而整体即时通信用户规模在移动端的推动下提升

至 5.32 亿人，较 2012 年底增长 6440 万人，使用率高达 86.2%①。这充分表明，中国网民利用即时通信进行利益表达成为主要发展趋势。

（四）传播虚拟，利益表达安全

大多数中国人不太善于进行利益表达，甚至在利益表达时存在某些方面的顾虑，所以，一般在利益表达时很多都是以沉默应对。网络传播者与受众身份的隐匿性增加了人们进行利益表达的安全感，使人们在进行利益表达时放下心理包袱，大胆地进行利益表达，争取自己的权利。

同时，网络利益表达也存在一些负面影响，例如，网络空间的情绪化表达导致了表达的不可控性；网络的自由性导致网络表达的虚假性；网络空间的隐匿性导致网民缺乏责任感。

二、建立健全中国网络传播主体利益充分表达机制

网络传播制度是网络传播主体利益的制度确认。一个有效的网络传播制度应当使网络传播利益攸关诸方达到利益均衡，即在不损害其他各方利益的前提下，均能通过这个制度实现自身利益的最大化。一个网络传播制度需充分反映并体现利益攸关方的不同利益，否则，由于遭到利益体现不充分方的强烈抵制，此项制度将是低效甚至是无效的。因此，需要建立健全中国网络传播主体利益充分表达机制，以真正形成各方利益均衡的网络传播制度。

（一）健全网络传播主体利益表达渠道畅通机制

"利益表达的关键是有关行动者能够获得进行利益表达的渠道或途径。"② 互联网已经成为中国网络传播主体利益表达的主要渠道。除了电子邮箱、BBS、QQ、MSN 等网络利益表达方式外，博客、微博客、微信、视频分享、社交网站、手机上网等新兴网络利益表达方式在中国发展迅速，为网络传播主体的利益表达提供了更便捷的条件。此外，专题会议（包括研讨会、听证会等）、电话、信函等传统方式在网络传播主体利益表达渠道体系中依然发挥着重要的作用。

1. 建立以网络传播制度主题网站或专题网页为核心的网络利益表达主渠道

是否实行博客实名制，不仅是中国网络传播管理的难题，也是全世界

---

① 中国互联网络信息中心：第 32 次中国互联网络发展状况统计报告。
② 胡伟：《政府过程》，杭州：浙江人民出版社 1998 年版，第 193 页。

网络传播管理的难题。针对这个网民关注的焦点制度，腾讯专门开设了"博客实名制究竟能否实行?"专题网页，设置了"业界声音""动态追踪""最新消息""评论""相关新闻"等栏目[①]，并对"您支持博客实名吗?""您觉得博客实名制能够顺利推行吗?""您觉得博客实名制能够解决侵权、隐私等问题吗?"三个核心问题设置了网上民意调查。截至 2012 年 8 月，不支持博客实名制的占 48.93%，支持的占 36.89%；认为博客实名制能够顺利推行的只占 24.09%，认为不能推行的占 46.25%；认为博客实名制不能解决侵权、隐私等问题的占 53.24%，认为能够解决的仅占 24.26%[②]，网上民意调查很好地收集了网民的主张。在中国博客实名制度的制定实施过程中，腾讯的这个专题网页对于收集各方意见起到了十分重要的作用，为中国网络传播制度制定实施中的利益表达渠道畅通机制的形成作出了积极的探索。在未来的网络传播制度形成与变迁中，要逐步形成以网络传播制度主题网站或专题网页为核心的网络利益表达主渠道：一是主题网站或专题网页的设立方既可以是制度供给方（主要是政府主管部门或互联网协会），也可以是网络媒体，但应当以制度供给方为主导力量，因为利益表达的对象是制度供给方。二是主题网站或专题网页既要反映制度制定的背景、原则、思路、进程等基本问题，也要设置利益诸方的表达渠道，并将他们最愿意使用的表达意愿的网络运用方式集中到主题网站或专题网页中来（如论坛、QQ、MSN、博客、微博等），并针对其中的热点、焦点、难点问题设立专题论坛、QQ 群等网络社区开展专题研讨。三是主题网站或专题网页要明确设立民意调查，使之成为社会公众表达态度或主张的重要平台，相关网民意见的统计数据为制度供给方提供决策参考。四是建立意见与建议采纳与反馈机制，对于各利益团体关注的热点、焦点、难点问题以及各利益团体提出的建设性的意见或建议，要通过主题网站或专题网页及时反映采纳情况，或者即时开展必要的沟通和解释工作。

2. 形成网络表达与传统表达的互动机制。如前所析，网络表达具有无可比拟的优势

但是，传统表达特别是公函、信件等传统正式表达对网络传播制度形成的影响不可替代。即使是在网络传播占压倒性优势的信息时代，传统表

---

① 参见腾讯专题网页：博客实名制究竟能否实行？http：//tech. qq. com/zt/2006/blog/。

② 腾讯网络调查，http：//vote. qq. com/cgi－bin/survey _ project _ stat? pjtId＝3945&rq＝yes。

达特别是传统正式表达依然被视为最正式、最严肃、最具可信度的意见或建议表达。在网络传播制度形成或变迁中，传统表达仍然是吸纳各方意见或建议的基本途径。因此，需要建立网络表达与传统表达互动的利益表达机制。一是制度供给方定期召开网络传播制度制定或修改的研讨会（或说明会），同时在主题网站或专题网页上对会议进行网络直播。除制度攸关各方代表外，还要邀请在主题网站提出代表性观点的专家、学者、网络媒体、社会组织或者网民参加，认真讨论、听取各方意见，会上或会后做好各意见或建议的说明、解释、沟通、反馈等相关工作。二是制度供给方在主题网站或专题网页公开联系方式（邮寄地址、工作电话、移动电话、电子邮箱、QQ群号等），随时接收各方意见和建议。三是制度订立或修改初稿形成后，要通过网络平台和报纸杂志等传统媒体公布并广泛征集社会意见或建议。四是在制度正式公布前，举行专门的听证会，主题网站或专题网页同时进行网络直播，最后听取各方意见和建议，能够吸纳的尽量吸纳，不能吸纳的要做好解释和说明工作。

（二）推进网络传播主体利益表达制度化

我国的社会主义制度为网络传播主体的利益表达提供了根本保证，但规范网络传播主体利益表达行为、通畅利益表达渠道的具体制度还有待完善。其一，明确将网络传播制度的利益攸关方代表列入制度起草工作组。统计表明，目前我国80％的地方法规草案由立法机关委托政府职能部门起草。自己起草、自己制定、自己执行，容易造成"政府权力部门化，部门权力利益化、部门利益法制化"现象。制度起草工作组对于利益诸方的利益实现起着"把关人"的作用，如果制度起草工作组中没有利益代言人，其利益就难以在新制度中得到充分体现和足够保障。其二，根据不同网络传播利益群体尤其是弱势群体的利益表达的需要，完善利益表达制度的规范体系，包括利益表达的组织形式、权利和义务、准则及程序等多方面的内容。其三，将利益表达的基本制度法制化，用法律制度保证网络传播主体利益表达权利的神圣不可侵犯。实现利益表达制度的法治化，不仅要把网络传播主体利益表达纳入制度化的轨道，而且要在尊重宪法和有关法律的前提下，用法律规章的形式调整、规范网络传播主体利益表达的内容、范围、方式，使公民的利益表达能够做到经常化和秩序化，最终实现网络传播主体依法进行利益表达和国家相关管理机构依法回应利益表达。为此，一方面要引导网络传播主体认识表达自身利益的权利和自由；另一方面要引导网络传播主体把利益表达行为与维护社会稳定、促进网络传播良性发展结合起来，防止出现违法表达、胡乱表达、滥用表达等行为。

(三) 推进网络传播主体利益表达组织化

网络传播主体众多，利益多元，表达方式多样，如果没有足够的组织化程度，就难以形成舆论力量，难以被新制度所重视和吸纳。第一，要增强网络传播主体的主体意识，提高不同群体对自身利益自觉把握的能力，真正树立起通过利益表达维护自己合法权益的勇气和信心。第二，着力推进网络传播主体利益表达组织化。利益表达组织化既可能成为反体制的准备力量，也可以成为稳定社会的基石。中国社会科学院社会问题研究中心主任于建嵘指出，当工会组织没有正常的生存土壤时，工人的群体行动反而会趋向于暗下行动，这会带来很多不可预见的因素，例如黑恶势力的介入。而如果让工人组织起来，以平等的姿态参与到与资本的博弈中，则可能达成对劳资双方、对整个社会长期稳定发展都有益的结果①。同样，如果网络传播主体的利益表达实现组织化，由于利益表达团体人数多、影响大，利益表达更为专业、有力，则会对网络传播制度的科学化和网络传播自身的科学发展起到重要的促进作用。因此，需要积极鼓励网络媒体、传统媒体、网络服务商、网络技术供应商等网络传播主体进一步健全自身行业组织，大力支持网民建立各类不同性质的网民联盟，支持建立独立于政府和媒体的能够整合不同网络传播主体利益表达的第三方民间组织机构，逐步实现网络传播主体利益表达的组织化。

(四) 形成网络传播主体利益凝练机制

不同的网络传播利益主体，其利益表达一般是分散的、无序的，并且不同群体的利益之间总会存在矛盾和冲突。这些分散的、散射的并且是彼此矛盾和冲突的利益诉求，不可能被一一反映或被整合到网络传播制度中去。只有经过凝聚和提炼的利益诉求才能接近制度订阅或修改的需要，才可能最终反映到制度层面。利益诉求的凝聚和提炼，必须由组织化的机构借助一定的组织形式来实现。由于不同的网络传播主体所掌握的社会资源和表达能力都存在很大差异，组织起来的集体表达、沟通与协商对于网络传播中的弱势群体就显得尤为必要。因此，组织化的网络传播主体利益表达团体需要在广泛搜集、整理本利益群体的利益诉求的基础上，对这些利益诉求进行凝聚和提炼，使之尽可能接近制度订立或修改之原则或宗旨，并力争反映到最后的网络传播制度上。

---

① 于建嵘：利益表达组织化有益于社会稳定，《同舟共进》2010年第8期。

（五）建立网络传播主体利益协调机制

网络传播制度对于不同网络传播主体的利益的确认和实现程度必然存在差异。这就需要充分发挥政府管理部门的统筹与协调作用，加强宏观调控，统筹协调网络媒体与传统媒体之间、网络服务商与网络开发商之间、网络传媒与知识产权之间、垄断传媒企业与普通传媒企业之间、网络媒体与普通网民之间等的利益关系，尽可能达到利益相对均衡，促进网络传播的科学发展。首先，政府要为网络传播的发展创造良好的外部环境，确保公平竞争、防止恶意竞争、保护知识产权、防止争权盗版、增强网络透明度、促进网络良性发展等。其次，积极支持互联网行业自律。网络行业的各种协会主要是代表互联网业向政府交涉以争取尽可能多的权益，并同其他行业及国外市场达成贸易协议。但同时，各种网络行业协会也通过行业规范、公约等共同认可的条文推动行业实施自律，以确保行业行为符合法律规定和道德要求。对于违规者，行业协会将代表整个行业通过施加压力要求其改正，甚至可能采取更严厉的措施使其在业内失去发展机会。再次，大力维护公众利益。公众是互联网的信息消费者。但网络内容的泥沙俱下也考验着公众的选择能力和自我控制能力。特别是未成年人，他们对色情、暴力等不良内容缺少抵挡的能力，因而需要受到保护、帮助和引导。为此，政府要大力推进媒介素养教育，将其纳入公民素养基本教育内容；加强网络信息监管，利用技术手段对网络内容进行"把关"，将那些不良内容阻截到特定公众群体的视线之外；强化网络监督与网络执法，加大网络督察的建设力度，使网络投诉、网络救助、网络安全等得到有效、及时地处理，为普通公众营造一个健康有序的网络传播环境。

第二节　建立中国网络传播制度绩效评估机制

一项网络传播制度订立之后，就需要考察这项制度是否有效、在什么范围内有效、产生的是什么效果以及如何评估这些效果。这就需要对网络传播制度的绩效进行科学评估。

一、中国传媒制度综合绩效评价系统

南京大学新闻传播学院丁和根教授构造出了中国传媒制度综合绩效评

价系统的总模型①（如图5－1）。

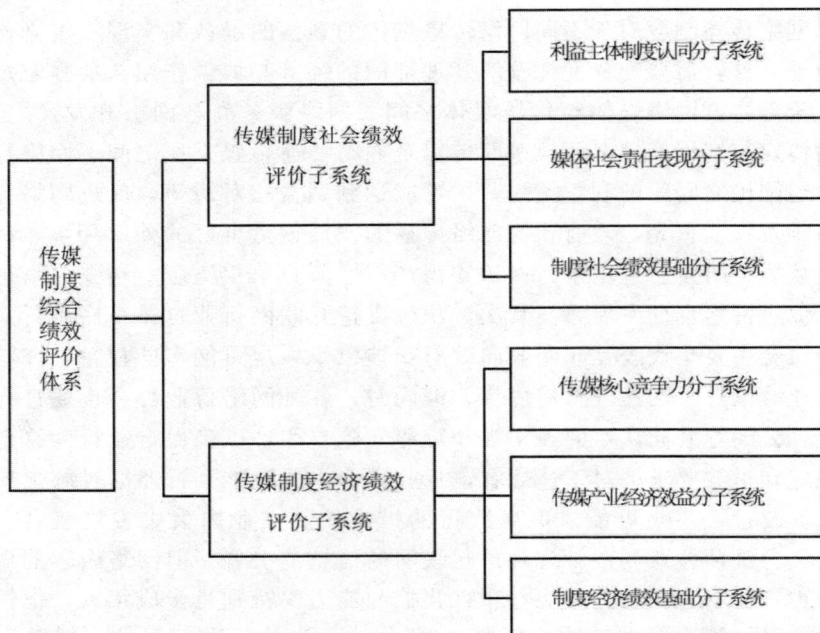

图5－1　中国传媒制度综合绩效评价系统的总模型②

　　在这一模型基础上，可以测量并合成中国传媒制度绩效的总指数（如表5－1）。总指数可分为综合指数和平均数指数两种形式。丁教授通过同度量因素把不能直接相加的指标过渡为可以直接相加的指标，并计算出总指数。

　　丁教授的这一评价指标体系对于传媒制度绩效的研究具有奠基性意义。本课题在借鉴这一评价系统的基础上，尝试提出中国网络传播制度的绩效评估的粗略的框架思路。

二、中国网络传播制度绩效评估维度

　　要对中国网络传播制度的绩效进行评估，首先要解决的问题是评估维度问题。中国网络传播制度的绩效评估至少有三个维度：一是网络传播制度的基本功能在于规范和调整网络传播秩序，因而具有社会效益的维度；

---

① 丁和根：《中国传媒制度绩效研究》，广州：南方日报出版社2007年版，第109页。

二是促进网络传媒企业的发展壮大是网络传播制度的基本宗旨，所以具有经济效益的维度；三是网络传播制度倡导和维护网络传播的基本道德，所以具有道德效益的维度。

表 5—1 中国传媒制度绩效总指数

<table>
<tr><td rowspan="23">中国传媒制度绩效总指标</td><td colspan="2">子系统指数</td><td colspan="4">分子系统指数</td></tr>
<tr><td>评价对象</td><td>指数权重</td><td>评价对象</td><td>指数权重</td><td>评价指标</td><td>指数权重</td></tr>
<tr><td rowspan="9">传媒制度社会绩效</td><td rowspan="9">0.5</td><td rowspan="3">利益主体对制度的认同</td><td rowspan="3">0.2</td><td>党和政府的统治者收益</td><td>0.08</td></tr>
<tr><td>媒体从业者的角色实现</td><td>0.04</td></tr>
<tr><td>受众的权利满足</td><td>0.08</td></tr>
<tr><td rowspan="4">媒体的社会责任表现</td><td rowspan="4">0.2</td><td>公信力</td><td>0.06</td></tr>
<tr><td>影响力</td><td>0.06</td></tr>
<tr><td>认同度</td><td>0.04</td></tr>
<tr><td>美誉度</td><td>0.04</td></tr>
<tr><td rowspan="2">传媒制度社会绩效基础</td><td rowspan="2">0.1</td><td>物质基础</td><td>0.04</td></tr>
<tr><td>制度基础</td><td>0.06</td></tr>
<tr><td rowspan="11">传媒制度经济绩效</td><td rowspan="11">0.5</td><td rowspan="5">传媒核心竞争力</td><td rowspan="5">0.2</td><td>企业文化内涵</td><td>0.05</td></tr>
<tr><td>经营管理能力</td><td>0.09</td></tr>
<tr><td>人力资源素质</td><td>0.04</td></tr>
<tr><td>技术创新水平</td><td>0.02</td></tr>
<tr><td>产品和服务质量</td><td>0.05</td></tr>
<tr><td rowspan="4">传媒产业经济效益</td><td rowspan="4">0.2</td><td>产出水平</td><td>0.08</td></tr>
<tr><td>产出成长率</td><td>0.06</td></tr>
<tr><td>经济效率</td><td>0.04</td></tr>
<tr><td>经济稳定性</td><td>0.02</td></tr>
<tr><td rowspan="2">传媒制度经济绩效基础</td><td rowspan="2">0.1</td><td>物质基础</td><td>0.04</td></tr>
<tr><td>制度基础</td><td>0.06</td></tr>
</table>

（一）社会效益维度

网络传播制度的社会效益是指通过网络传播行为及其功能的实现，尽可能满足人民群众的精神文化需求，尽可能满足执政党巩固执政地位、提升执政形象、推进民主进程的需要，尽可能地满足国家信息安全和增加国际话语权的需要。由于网络传播提供的是精神文化产品的生产和服务，提供的是公共精神产品，具有十分鲜明的意识形态属性，因此，对网络传播制度的评估应当把社会效益放在首位。中国当下的新闻体制明确要求，包括网络传媒在内的新闻媒体必须坚持党性原则，正确处理社会效益与经济效益的关系，并将社会效益放在第一位，在保证社会效益的前提下追求经济效益，从而实现社会效益与经济效益的双赢。

（二）经济效益维度

网络传播制度是否有效，除了考察其社会效益，还要考察这些制度下的网络传媒企业实际的经济效益。经济效益是指经济活动中，资源利用、劳动消耗与所获得的符合社会需要的劳动成果之间的对比关系[①]，包括其经济效率、行业景气度和发展潜力等。网络传播制度是对网络传播资源的配置方式，因此，网络传播制度也是一种经济制度。经过 20 多年的发展，中国网络传播业获得了举世瞩目的发展，但与欧美发达国家相比还存在很大的差距。在制度的经济效益指标方面，我们不能以欧美的评价标准来衡量中国的网络传播制度的经济效益，必须根据中国网络传播及其制度建设的实际情况，构建起适合中国国情的网络传播制度经济效益评价体系。

（三）道德效益维度

中国网络传播制度通常都包括网络道德目的和道德标准，因此需要考察其道德效益。道德效益就是指道德调整社会生活的实际状态和结果与社会道德理想之间的重合程度，即道德在现实生活的作用结果中合乎目的的有效部分。网络传播制度中的道德要求需要在实际实施中取得预想的结果，即期望道德实施的结果与制定道德要求的目的相一致。但在实施过程中，由于网络环境复杂多变，网络传播主体的情感、动机、行为及网络发展的某些不可控因素，加之道德作用的客体及实施诸多因素的影响，使道德在网络传播中的实际作用与其制度目标往往发生某种偏离乃至相悖，从而表现为道德的实然价值与其应然价值的不尽相同甚至背离。所以，考察网络传播制度的道德效益如何，主要考察其发挥作用的实际状态和结果与其道德目的之间的重合程度。

[①] 刘树成：《现代经济辞典》，南京：凤凰出版社、江苏人民出版社 2005 年版，第 562 页。

三、中国网络传播制度的社会效益及其评估

对于中国网络传播制度的绩效评估，始终是将社会效益放在首位的。社会效益的评估虽然无法像经济效益一样进行直观而精确地测量，但也可以选取能够反映社会效益的指标进行定性评价。

（一）网络传播制度利益主体认同度变化

利益主体对网络传播制度的认同状况，既是对该制度社会效益进行评价的基础，也是利益主体对此制度实际的社会效益的间接体现。

制度供给者的社会目标实现程度比较。作为网络传播正式规则的供给者，党和政府的首要目标就是维护和加强其政治权威，使其获得最大限度的社会支持，并尽量降低或者消除公开或潜在地反对自己的政治力量，以维护其执政地位的合法性。其评价指标主要是信息安全比较和舆论导向比较。作为网络传播非正式规则的供给者，网络传播行业协会的首要社会目标是维护本行业的网络地位、社会肯定和社会影响，在与其他网络传播行业的竞争中获得更多的关注和支持。其评价指标主要是本行业的网络关注度比较和社会认可度比较。

网络媒体从业者的角色实现程度比较。网络媒体从业者对其自身利益最大化的追求体现为他们角色实现的动机和愿望，其角色实现的程度决定了他们对网络传播制度的认同度。根据马斯洛的需要层次论，结合网络传播从业者的专业角色的特殊性，可以用网络传播制度实施导致的安全感、归属感、成就感变化来衡量网络传播从业者对其所属网络传播制度的认同度的变化。这种认同度会影响网络传播从业者支持或变革网络传播制度的愿望，影响他们履行社会责任的积极性[①]。

受众的权利满足程度比较。受众对于网络传播制度的满足程度主要是三个方面：一是信息知情权比较，即受众对于在网络传播制度实施前后形成的社会公共领域的信息以及与本人相关信息的知晓权的比较；二是网络传播权比较，即受众对于在网络传播制度实施前后形成的利用网络传播表达意见、阐述主张、发表言论以及开展其他网络活动的权利的比较；三是批评监督权比较，即受众对于在网络传播制度实施前后形成的利用包括网络传播在内的多种渠道，对社会运行中的一切不良现象进行批评、监督权

---

① 丁和根：《中国传媒制度绩效研究》，广州：南方日报出版社 2007 年版，第 109 页。

利的比较。

（二）网络传播行业社会责任彰显度变化

网络传播行业的社会责任包括真实而公正地报道和评述新闻、维护社会公共利益、维护国家信息安全和网络传播秩序、尊重网民人格尊严、发挥网络媒介的社会监督作用、不传播低俗不雅信息等。可以用网络传播制度实施前后形成的网络传播行业公信力、影响力、认可度、美誉度的变化来衡量社会责任彰显度变化。公信力主要考察网络传媒的真实性、权威性和专业性；影响力主要考察其议程设置能力、信息到达率和思想指导性；认可度主要考察其信息接受度、消费忠诚度；美誉度主要考察其内容的贴近性和形式的审美性[①]。

四、中国网络传播制度的经济效益及其评估

网络传播制度的经济效益是通过一系列或某项网络传播制度实施，对特定的时间和空间范围内的网络传媒行业在网络传播活动中所投入的资源和劳动消耗与所获得的劳动成果之间的前后比较。在企业绩效的评价标准方面，我国常用的衡量指标主要有"工业增加值率、总资产贡献率（又称总资产报酬率）、资产负债率、流动资产周转次数、工业成本费用利润率、全员劳动生产率、产品销售率等"[②]。2002年2月，财政部、国家发展计划委员会、国家经济贸易委员会、劳动和社会保障部、中共中央企业工作委员会联合修订的《企业效绩评价操作细则》明确提出，"企业效绩评价指标由反映企业财务效益状况、资产营运状况、偿债能力状况和发展能力状况四方面内容的基本指标、修正指标和评议指标三个层次共28项指标构成"。这些指标主要针对工业部门和微观企业，对于网络传媒行业的绩效评估并不十分适用。丁和根确定了四项指标作为传媒业经济效益的评价指标：产出水平、产出成长率、经济效率、经济稳定性[③]。本课题认为，中国网络传播制度经济效益的评价指标有多种，但无论哪种指标体系都应当

---

① 参见丁和根：《中国传媒制度绩效研究》，广州：南方日报出版社2007年版，第77—83页。

② 刘树成：《现代经济辞典》，南京：凤凰出版社、江苏人民出版社2005年版，第562页。

③ 丁和根：《中国传媒制度绩效研究》，广州：南方日报出版社2007年版，第73—74页。

重点突出两项核心指标：

（一）网络传播制度实施导致的投入/产出比变化

投入/产出比值是指项目投入（包括资金投入、固定资产投入与消耗、技术、服务等）与产出（包括资金产出、网络产品、网络服务等）之比。可将项目投入和产出折合成资金投入，将二者数量之比用"$1：N$"的形式表达，N 值越大，经济效果越好。投入/产出比可以很好地反映网络传媒业的投入情况与产出情况，可以有效说明投入规模和产出产出水平，可以有效比较网络传媒业与其他行业的经济效率，可以反映出网络传媒业在整个国民经济中的地位和作用，因而是衡量网络传媒业经济效益的根本指标。例如，2007 年 12 月 28 日，广电总局下发《关于加强互联网传播影视剧管理的通知》，要求网上传播的影视剧都必须取得国家广电总局颁发的相关许可证。次日，国家广电总局和信息产业部联合发布了《互联网视听节目服务管理规定》，对视频节目中存在的重复资源、靠色情吸引眼球、侵权等问题进行监管，并实行网络视频行业准入制度。这两项制度的出台，为网络视频行业设立了准入门槛，为网络视频企业的发展提供了良好的环境。此前，网络视频行业被认为是"赔本赚吆喝"，投入大但收益小，投入产出比小于 1。两项制度出台后，网络视频行业的经济效益上有了明显改观。仅在 2010 年世界杯足球赛转播中就实现了很好的经济效益。中国共有腾讯、新浪、搜狐、土豆、酷 6、优酷六家网站获得了世界杯的网络视频点播权，每家的投入约为 1500 万元。世界杯期间，土豆、优酷等视频网站的世界杯广告收入在 2000 万元左右，新浪、腾讯结合传统门户优势广告进账近亿元，搜狐略低[①]。以每家平均收入 2000 万元计算，光广告收入一项，这些视频网站投入/产出比就达到 1500：2000＝1：1.33。因此，两项制度产生的经济效益十分明显。

（二）网络传播制度实施导致的网络传媒业成长性变化

网络媒体作为发展迅猛的新型媒体，已成为最具活力、最具发展潜力的大众媒体，在满足人们不同信息消费需求方面具有独特优势。但是，同传统媒体相比，网络媒体的经济实力、经济效率等经济指标还比较落后，网络媒体所具有的最大优势在于无限的发展潜力，在于其高成长性。因而，衡量中国网络传播制度的经济效益的另一个核心指标是网络传播制度

---

① 《网络世界杯经济账：投入产出比最好的一次》，《21 世纪经济报道》，2010 年 7 月 13 日。

实施导致的网络传媒业成长性。国内的第三方支付始自 2001 年,当时最早的模式是网关模式,入门门槛低,但价值有限,并不能做成细分行业。到 2005 年,新支付企业逐渐发展起来,形成了易宝、支付宝、财付通等模式。但是,大多数第三方支付收入主要来源于银行手续费与客户费用的差额,盈利模式单一,盈利能力有限。由于行业门槛不高,竞争残酷,为抢占更多的客户,一些第三方支付公司甚至不惜血本,将向客户的提成份额一降再降,优惠条件层出不穷,长期入不敷出。第三支付行业发展环境不佳,企业成长性较差。2010 年 5 月 19 日,为促进支付服务市场健康发展,规范非金融机构支付服务行为,防范支付风险,保护当事人的合法权益,中国人民银行制定了《非金融机构支付服务管理办法》(以下简称《办法》)。《办法》明确规定,非金融机构提供支付服务,应当依据本办法规定取得《支付业务许可证》,成为支付机构。支付机构依法接受中国人民银行的监督管理。未经中国人民银行批准,任何非金融机构和个人不得从事或变相从事支付业务。《办法》使第三方支付行业全面进入有序管理时代,促进了第三支付行业的发展,大大提升了企业的成长性。2011 年,101 家支付企业相继获得支付业务许可,第三方支付迎来了包括互联网支付企业、移动支付企业、预付卡企业、银行卡收单企业在内的更多的运营主体;第三方支付行业成为中国网络传播细分行业中最具成长性的行业,整体交易规模突破 2 万亿元大关,达到 22038 亿元,增速超过 100%①。

五、中国网络传播制度的道德效益及其评估

所谓道德效益的评价是指在网络传播制度所调整的范围内,人们对网络道德现象是否或者在什么程度上满足了社会对网络道德的功能期待的基本估价和主观判断。而要对中国网络传播制度道德效益的实现状况进行评价,关键是确立科学的道德评价指标。道德作为社会关系的调整手段,既具有其调整的社会价值目标,又具有其特殊的工具要求;道德效益既具有其价值基础,又要体现其特殊的形式特质。所以,对网络传播制度道德效益的实现状况的评价也要考虑其实现网络道德理想的状况,还要考察其是否符合网络道德的形式合理化要求。因此,网络传播制度道德效益的评价标准必然包含两个方面的指标体系:网络道德的价值标准或实质标准和网

① 贺骏:互联网十大成长性排名,《中国证券报》2012 年 1 月 30 日。

络道德的实证标准或形式标准。所谓价值标准是指有关判断网络道德调整结果是否符合网络道德调整的价值理想或网络道德调整的结果与其社会理想的重合程度。

网络传播制度的道德效益价值标准主要有四个方面的具体标准：第一，网络发展标准，即通过网络伦理系统对网络传播关系的调整，是否以及在什么程度上推动了网络传播的科学发展；第二，网络价值标准，即网络道德系统的运行和发展是否有利于网络价值理想的实现，在什么程度上推动了网络正义事业发展；第三，网络传播关系和谐标准，即用网络传播秩序和稳定以及网络传播关系的和谐状况的实现程度作为衡量网络道德实现效益的标尺；第四，网络传播主体人格全面发展的标准，即网络道德实现是否有效推动了网络传播主体人格的全面、健康的发展，是否有利于塑造网络传播主体的理想人格等。

网络传播制度的道德效益实证标准是从网络道德作为网络传播关系调整体系的形式或工具合理性的角度所确立的评价道德效益的标准体系。网络道德作为塑造网民心灵和规范网民行为的社会调整体系，具有其独特的工具性要求。这种工具性的内在特质所决定的合理化要求就构成了对网络传播制度的道德效益进行评价的现实基础。道德效益的形式标准或实证标准至少涵盖四项具体指标：其一，网络道德调整目标是否与网络道德的功能期待相适应，是否符合网络道德理想；其二，网络伦理原则、道德规范是否系统完整，能否完成对网络传播各个领域进行全面调整；其三，网络伦理系统内部各构成要素是否和谐一致、协同运作、共同发展；其四，网络伦理规范是否明确具体、规整完备、具有较强的可实现性。

上述网络传播制度道德效益的价值标准和实证标准是两个相互联系、彼此制约的评价标准体系，其中，价值标准是评价道德效益的价值基础，系统体现了网络道德发展的实质合理性或工具合理性的必然要求。应坚持把这两种标准统一起来，从而有利于对网络传播制度的道德效益进行客观公正、全面系统地评价。

第三节　建立中国网络传播制度执行力递增机制

孟子曰："徒善不足以为政，徒法不能以自行。"[①] 制度的生命力在于

---

① 《孟子·离娄章句上》。

执行，制度的价值必须在执行中体现，在实践中检验。有法不依比无法可依更糟糕。因而，中国网络制度制定后的首要任务，就是使正式规则得到有效遵守，非正式规则形成普遍性制约，真正使制度落到实处、产生实效。

一、不断提高中国网络传播制度执行力

（一）网络传播制度执行力的影响因素

1. 人的因素

马克思说：人是社会关系的总和①。无论是制度的制定者还是制度的执行者，都是人。因此，人的因素是影响网络传播制度执行力的首要因素。具体而言，作为制度制定和执行的主体，对于制度执行力的影响主要表现在：一是决定了制度制定的可执行程度，可执行程度高，执行力就强；可执行程度低，执行力就弱。二是决定了制度执行的力度，人的规则意识强，制度执行力就强；人的规则意识弱，制度执行力就弱。三是决定了制度执行的强度，人的制度素养越高，制度执行就越彻底；人的制度素养低，制度执行就越浮于表面。

2. 制度因素

制度是执行的依据，没有针对性强、可操作、可监督的制度，就谈不上制度的执行力。首先，每一项网络传播制度应当有很强的针对性和实用性，能够切实解决网络传播中出现的重大问题。如果拟定的制度无法解决或无法解决好网络传播问题，就不宜推出，而是应当等到拟推制度能够解决这些问题时再适时推出。其次，网络传播制度应当可操作，制度的规定应当能够在实际执行中方便地操作，能够得到有效地贯彻和真正地落实。最后，网络传播制度应当可监督，监督力量能够在制度执行的各个阶段、各个环节履行有效监督。

3. 组织因素

网络传播制度的执行是一项涉及面广的系统工程，需要建立相应的组织机构。组织机构中的各级部门，是为制度的贯彻执行而服务的，各级部门都必须有自身明确的任务。如果没有明确的任务，各级组织机构就会目的不明，职责不分，造成组织机构整体运行混乱。任务明确以后，再确定

---

① 《马克思恩格斯选集》第1卷，北京：人民出版社1995年版，第56页。

组织机构的职责、功能和具体要求，将执行的任务层层分解，层层分工，层层落实，确保制度能够得到顺畅地执行。

4. 潜规则因素

制度是由正式规则、非正式规则及其实施机制所构成的体系，是为人们之间的相互关系而设定的激励与约束机制。潜规则是指约定成俗、广泛认同、人们必须"遵循"的一种不成文规则，是正式规则的一种逆向选择和异化。通过潜规则，当事人将正式规则的代表屏蔽于局部互动之外，或者将其拉入私下交易之中以获取正式规则所不能提供的利益。通常意义上，潜规则与正式规则的目的并不一致。因此，网络传播制度的执行，应当考虑如何消解潜规则的负面影响。

（二）提高网络传播制度执行力的思路

1. 增强制度意识

所有网络传播主体都应当增强三种制度意识：一是增强制度管理的意识，网络是一个倡导自由与开放精神的全新领域，但是如果没有制度的保驾护航，就不可能有真正的自由和开放，不可能有可持续发展的网络传播。二是增强制度执行的意识，制度如果不能得到有效的执行，就将形同虚设，而这对于大多数网络传播主体、对于网络传播的发展都是弊远大于利的。三是增强制度维护的意识，制度在执行中，总有人不执行，甚至有意违反、故意破坏，需要网络传播主体增强维护制度的意识，坚决反对违反制度、破坏制定的行为和现象，以维护制度的严肃性和权威性。

2. 提高制度制定的科学化水平

提高制度的执行力，必须着力提高网络传播制度制定的科学化水平，增强制度执行的针对性、适用性和可操作性，确保制度用得上、行得通、管得住、用得好。制度的制定应符合几个方面的要求：一是要有实用性，内容具体明确，要求规范到位；二是要有适用性，要结合网络传播发展趋势和适用领域的实际，简洁明了，能有效解决适用范围内的问题，并且便于检查和监督；三是要有可操作性，不与现行法律法规和其他制度规定相矛盾和抵触，方便操作，便于执行。

3. 加强制度执行的检查监督

要建立健全网络传播制度的执行监督机制，对制度执行进行责任分解，明确责任部门和具体责任人，对有令不行、有禁不止、随意变通、恶意规避等行为，坚决追究相关人员的责任，确保制度执行有章可循、监督有法可依、追究有典可据。同时，拓宽监督渠道，充分利用党内监督、网友监督、舆论监督、同行监督、司法监督等监督手段。注重发挥广大网友在监督中的积极作用，扩大和保障其知情权、表达权和监督权，提高网友对制度执行中的热点敏感问题的参与度，以民意求公正，以公开促落实。

4. 加强网络文化建设

潜规则的盛行缘于正式规则的缺陷和网络文化的缺位。正式规则的制定周期长、程序复杂、变通性差，无法对网络传播实践中产生的问题及时作出条文式规定。而网络文化在调整网络传播秩序中发挥的作用巨大，可以有效弥补正式规则中难以调整的范围和领域。因此，要大力发展健康向上的网络文化，积极构建网络文化的公共服务体系，以实现公民的基本课题化权益和信息网络传播权；积极构建网络文化产业体系，切实保障公民的网络文化产品与服务消费权；积极构建网络文化创新体系，为网络传播行业的良性发展营造良好的创新环境和氛围。

二、构建科学的中国网络传播制度执行评估体系

网络传播制度执行评估机制，就是以综合而科学的制度执行评估指标体系为衡量标准，以科学严谨的调查研究与分析预测为手段，通过广泛收集各种信息对网络传播制度执行的情况作出评价，从而对制度执行实施科学管理的评估机制。建立中国网络传播制度的执行评估机制，需要解决好以下几个基本问题：制度执行评估的标准、制度执行评估的体系和制度执行评估的信息平台等。

（一）形成网络传播制度执行的评估标准

中国网络传播制度既有正式规则，也有非正式规则，具体内容非常广泛，需要根据网络传播制度执行中的共性（如制度执行的宗旨、原则与价值取向等），拟定能够对制度的制定、执行、修订等环节进行定性或定量反映的指标体系。初步而言，一级标准可考虑能够反映制度执行的合法性、合理性、实效性、协调性、专业性、成本效益和社会认同等七大类标准。根据一级指标，再设立二级、三级评估测定标准，共同构成一个完整的制度执行评估标准体系。在指标设定中，每一级的每个指标都要考虑其定性或定量评估材料的可获得性，以保证评估工作的可操作性和评估结论的有效性。

（二）构建制度执行的多元主体评估体系

网络传播制度执行的过程是网络传播主体共同参与的过程。可以尝试

构建一个由政府主管部门、网络行业组织、网民代表、专家学者以及中介评估机构等组成的制度执行的多元主体评估体系。一要发挥政府主管部门的主导作用。政府主管部门是网络传播正式规则的供给者，在制度执行评估中，他们具有的配置资源、调动资源的力量是居于统治地位的，是其他任何力量难以企及的，因而在制度执行评估体系中居于主导地位。二要发挥网络行业组织的重要作用。网络行业组织是网络传播非正式规则的供给者，他们在非正式规则的执行中发挥着政府主管部门难以发挥的作用。三要建立健全网民参与机制，让网络传播制度的执行在广大网民的监督下进行，使制度在阳光下运行。同时，要吸纳网民代表进入网络传播制度执行的多元主体评估体系。四要让专家学者和中介评估机构介入制度执行的评估，由于他们在制度执行中属于非利益攸关方，可以站在第三方视角对制度执行情况进行相对客观的评估。

（三）建立和完善制度评估的网络信息平台

网络信息平台是网络传播的特点和优势，也是实现网络传播制度执行评估工作高效运转不可缺少的重要条件。可建立网络传播制度执行的专门网站，网站主体内容包括网络传播制度条文，制定出台的背景和制定过程介绍，各项具体条文的执行情况，案例分析，焦点问题辨析，执行效果通报，网友反馈等。此外，条件成熟时，还可在网站中设立在线监控系统，重点对网络传播制度执行的事前、事中、事后进行监察。

第四节　建立中国网络传播制度帕累托改进机制

帕累托改进是经济学的一个概念，即一种制度的改变在不减少其他人的利益的前提下，能够增加至少一部分的利益。如果一种制度改进减少了一部分人的既得利益，不管这种改进是否能带来更大的整体利益或者是否有助于实现崇高的目标，都不是帕累托改进。网络传播制度的帕累托改进就是通过网络传播制度的供给与变迁，在不减少其他网络传播主体的利益的前提下，不断增加至少一部分网络传播主体的利益，从而促进网络传播制度收益的不断提高，最终促进网络传播发展达到理想的状态。中国网络传播制度的帕累托改进机制需要通过建立四个机制来实现：制度供给机制、技术风险防控机制、网络舆论引导机制和制度文化互动机制。

一、健全网络传播制度供给机制

网络传播制度实现帕累托改进，首要前提是制度的供给充分有效。目前，我国网络传播领域的法律法规体系基本形成，相关法律、行政法规、司法解释和部门规章共计 30 多部，形成了专门立法和其他立法相结合、涵盖不同法律层级、覆盖互联网管理主要领域和主要环节的互联网法律法规体系。根据执法工作需要，最高人民法院、最高人民检察院出台了《关于办理利用互联网、移动通讯终端、声讯台制作、复制、出版、贩卖、传播淫秽电子信息刑事案件具体应用法律若干问题的解释》等司法解释，为新形势下依法管理互联网提供了法律依据。加强网络文明建设，大力净化网络文化环境得民心、顺民意，文明办网、文明上网已经成为广泛共识。中央外宣办、工信部、公安部等部门，持续在全国打击互联网和手机媒体淫秽色情、整治互联网低俗之风、整治网络暴力、整治非法网络公关、整治涉性用品药品非法信息等一系列专项行动，共关闭非法网络公关网站 7000个、非法涉性用品网站 160 个。中国互联网协会、北京网络媒体协会、互联网违法和不良信息举报中心、12321 网络不良与垃圾信息举报受理中心等行业组织和公众监督机构建立起来，发布了《中国互联网行业自律公约》等一系列自律规范，建立公众举报奖励、网络新闻公众评议、违法违规网站曝光谴责等制度，持续开展"大兴网络文明之风""阳光绿色网络工程""全国中小学生网络安全与道德教育活动"等一系列活动。办文明网站、做文明网民、倡文明表达、创文明环境成为互联网业界和广大网民的共识[①]。

网络传播制度是一种公共产品，如由网络传播市场自发供给会因外部性的存在而发生供给不足。因此，网络传播主管部门要根据中国网络传播发展的客观规律和实际需要，及时供给正式规则，为网络传播的可持续发展创造良好的制度环境。同时，促进网络传播的正式规则与非正式规则的协调发展。从长期来看，非正式规则决定着正式规则的演变，即使网络传播的正式制度结构有了整体性的改变，但其实际结果如何往往要取决于该正式规则同非正式规则之间的互动关系的变化。因此，要增加网络传播非正式规则的供给。一要促进网络传播行业协会或组织的健康发展。非正式

[①] 中国特色网络文化与时俱进 蓬勃发展——党的十七大以来我国网络文化建设综述，新华网，http://news.xinhuanet.com/politics/2011-10/13/c_122154782.htm。

规则供给的主体是网络行业协会，其成熟程度直接关系的非正式规则的供给能力。政府主管部门要积极扶持网络传播行业协会或组织的发展。二要建立非正式规则的形成机制，网络传播行业协会或组织要紧密追踪网络传播发展态势，及时发现重大问题；召开专题研讨会，邀请业界、学界、商界和用户代表围绕重大问题深入研究讨论；建立主题网站或专题网页，发动社会各界进行全方位、深层次、多角度研讨；如有必要，组织专门力量出台行业自律规范或公约；组织本协会力量对自律规范或公约进行检查监督。三要增强非正式规则的约束力。网络传播行业协会或组织要在非正式规则主题网站或专题网页中，定期或不定期发布履行情况，对于履行好的网络商家予以表彰，对于拒不履行的在网站或网页中公开通报，并限制其参加行业有关活动。

二、建立网络传播技术风险防控机制

网络传播是以网络传播技术为基础的全新传播方式，网络传播制度也是以技术为支撑的，没有网络传播技术的支撑，制度的执行就难以实现。但是，网络传播技术有其双面性，在推动网络传播不断向前发展的同时，也带来了技术风险。因此，控制网络传播技术的风险，也就意味着网络传播制度效益的提高，从而实现制度的帕累托改进。

（一）网络传播技术风险防控机制

网络技术的出现，带来网络病毒、网络恐怖、网络威胁等一系列网络问题的出现。技术的风险可通过以下措施进行防范：一是健全网络警察制度，充分发挥网络警察的功能，为党委和政府相关部门提供网络动态信息，给决策者作好参谋和提供信息，对网络传播的信息系统安全进行全方位管理，对网络犯罪予以技术解决、有力侦破。二是建立网络技术安全预测和预警系统，在线查找对系统的不良访问和恶意攻击，为网民发现、预防和反击各种攻击行为提供支持。三是着力构建网络道德，大力倡导"诚信、安全、公开、公平、公正、互助"的网络道德基本价值理念，进一步提炼和推广网络道德规范，坚决反对网络不道德行为。四是构建网络伦理法规。网络伦理法规的建构对网络社会健康有序地发展起到"软保障"的作用。任何空间都需要秩序，技术的发展只有在有序的环境下才能造福人类。而一旦法律建立在技术革命及其他社会经济价值取得平衡的基础上，就不仅仅起到规范作用，也起到激励和促进作用。

（二）建立网络传播的互信机制

网络安全运行需要良好的社会信用机制来约束，需要有完善的网络互信机制来保障。这就需要党委政府、网络媒体和广大网民共建相互信任、相互联动、相互补充的和谐关系。首先，相互信任。无论是党委政府，还是网络媒体，抑或网络社会主流，基本价值取向都是追求公平正义的。这是网民与党委政府互信关系的基础，也是动力。其次，相互联动。党委政府要把网络社会的呼声作为民意诉求的重要信号，及时吸纳制度修改中，反映到重要决策中。同时，党委政府也要通过网络这个平台，及时传达权威信息，特别是在应对突发公共事件中，更需要及时表达自己的声音。网络媒体要主动承担自身的社会责任，始终将传递正确信息、引导网络舆论作为基本职能，始终走在网络舆论的前列，力避负面信息、网络谣言的泛滥。广大网民要坚持网络道德，做到不造谣、不信谣、不传谣。最后，相互补充。网络媒体要发挥网络社会植根民间大众的优势和快速反应的特点，更好地反映社情民意，表达群众诉求，使党委政府能够及时知情，形成党委政府与社会、与网络合力推动社会和谐的局面。

三、健全网络舆论引导机制

网络舆论是影响网络传播制度的重要因素，其对于网络传播制度的制定、执行和变迁既有积极的、正面的作用，也有消极的、负面的作用。正确引导网络舆论，使其尽可能发挥积极、正面的作用，因而能实现网络传播制度的帕累托改进。虽然网络舆论"作为一种新的言论形式、一种新的社会舆论平台日渐兴起"[①]，已经逐渐进入引导主流舆论的行列，但是，由于网民参与的门槛低，网民素质良莠不齐，使得网络舆论纷繁复杂，必须加强网络舆论的正确引导。

（一）主动设置议程，积极引导网络舆论

与传统媒体不同，网络议程设置相对随意，议题和话题往往比较宽泛、笼统，网站管理者、版主和网民都可以随意设立议题；议题变迁呈发散状，一个议题可以演变成多个议题，正面议题和反面议题随时可能相互转换；议题转化多元，传统媒体和网络媒体的议题可以相互转化。为此，网络传播应主动设置议程，以引导网络舆论沿着正确方向发展。

---

① 贺大为：网络舆论：告别边缘，走向主流，《半月谈内部版》2004 年第 6 期。

第一，充分发挥意见领袖的引导作用。在网络舆论场中，人人可以发言，但能够形成影响的是极少数。政府和行业部门有关人员要成为意见领袖，或提倡有社会影响力的社会专业人士参与讨论成为意见领袖。建立鼓励机制，及时体察和掌握网民的关注热点和疑惑，及时参与到议题的讨论中去，引领网络舆论场的舆论沿着正确的舆论轨道发展。

第二，主动引导传统媒体和网络媒体之间进行议题互动。网络舆论场是一个宽松的和相对自由的信息平台，可以更直接地反映出真实的社会舆论，能够反映真正的民情和民意，但具有盲从性和突发性。我们在应对热点媒体事件时，要组织主要的传统媒体和网络媒体同时进行报道，相互呼应，在舆论导向和目的上保持一致，共同形成基调相对统一的社会舆论，使传统媒体和网络媒体的议题相互转化，利用扩大议程设置的舆论倍增效应在互动中共同设置议题，从而达到正确引导舆论走向的目的。

第三，政府主动参与议题舆论引导。一般来说媒体事件或公众话题形成的舆论热点问题大多与政府或行业有关，很多舆论热点问题就是公众为政府或行业设置的议程。如果政府或行业在媒体热点事件发生后无动于衷，就可能使舆论走向失去控制，小事件变迁成大事件、小问题成为大问题，甚至走向政府和行业的反面。政府和行业部门应充分利用公众议程设置，引导舆论。在舆论热点尚未形成时，政府官员和行业专家要主动及时运用网络舆论场参与网络媒体访谈，发布信息，发表博文，在线问答等解释和回答网民关心的问题，开展网络调查，征求公众的意见，展示尊重民意的形象，使政府处在主动位置。

（二）动态追踪网络舆论，形成网络舆论监测机制

网络舆论的传播呈现出波浪曲线，以起伏状态向四周推进，使一定范围的公众渐渐卷入舆论风波，体现出网络舆论形成和发展过程的复杂性和随机性[1]。针对网络舆论的这个特性，建立网络舆论的动态追踪监测机制。

第一，要建立网络舆论的动态追踪机制，如在主要网站、重要论坛、主流微博上设立各种民意测试或调查问卷，设置"投票栏"，就热点问题征集网民投票或设置简短评论；安排舆情观察员，迅速对网络上出现的"热点"进行追踪式关注；建立网络舆论数据采集系统，对网络舆论的重要数据进行采集、汇总，并进行初步处理。

第二，设立专门网络舆情部门，对网络舆论的相关数据进行系统统计

---

① 参见刘建明：《社会舆论原理》，北京：华夏出版社 2006 年版，第 2 页。

和分析，动态把握网络舆论整体态势，对舆情的发展做出预测。同时，研究制订"网络舆情应急预案"，按敏感程度和影响大小，将网络舆情分为不同类别和程度，分别制订针对性的应急处置工作方案，明确回应原则、工作流程、先期措施、善后处理等内容，同时要一并明确组织领导、责任追究、人员配备等相关内容，有步骤、分阶段、正确而有序地处理网络舆情，引导网络舆论。

第三，建立专业的网评员队伍，对网络热点事件进行深入客观分析，正确把握舆论方向，避免非理性方向。对网民意见要正确加以引导，要努力成为网民意见的组成部分，并利用自身的专业知识和理论成为网民中的意见领袖，从而使自己的声音成为舆论发展链中的一部分，参与、推动或扭转其发展进程。网评员应该具有相当的专业知识和社会理论，要有对党的事业、对网民的根本利益高度的责任感，努力塑造专业、坦诚、公正、热情的形象，努力成为网上专家—意见领袖—大众记者—普通网民的综合体。

第四，要建立网络舆论的应急处理联动机制，对网络事件进行快速联动处理。要打破政府部门网络维稳的"属地管理"体制，政法委、宣传、公安、纪检、信访等相关部门建立网络事件联动平台，实现信息共享、指挥统一、多方联动、行动协同，第一时间发布官方权威信息，尽量压缩谣言滋生的时间和空间，有效及时地对网络事件作出反应与处置，减少甚至消除事件带来的负面影响。

四、建立网络传播制度与文化的互动机制

网络文化对网络传播制度的影响是广泛而深刻的。建立网络传播制度与网络文化的互动机制，可以有效发挥网络文化对于网络传播制度的积极作用，从而实现网络传播制度的帕累托改进。

（一）大力发展健康向上的网络文化，促进网络传播制度的有效制定和贯彻实施

第一，要以社会主义核心价值体系为引领，牢牢把握网络文化发展的正确方向。社会主义核心价值体系是兴国之魂，是社会主义先进文化的精髓。作为承载文化精神价值的物质基础和传播形态，网络媒体必须始终坚持以社会主义核心价值体系为引领，始终坚持正确舆论导向，高扬主流舆论，奏响网络主旋律。网络媒体要充分利用网络优势，大力宣传科学理

论、传播和谐理念、传递美好情感、守护道德良知，在网上不同思想文化的交流、交融、交锋中筑造共同的思想道德基础，在网络舆论的多元、多变、多样中增进社会共识，提高舆论引导的及时性、权威性、公信力和影响力。

第二，着力增加网络文化产品供给，更好地满足人民群众对网络文化的新期待。网络媒体要坚持贴近实际、贴近生活、贴近群众，准确把握社会文化生活的新特点，关注人民群众对网络文化的新期待，真正使网络文化建设与和谐社会建设相协调、与人民群众需求相一致，更好地满足人民群众求知、求美、求乐的文化追求。要大力加强网络内容建设，实施网络内容建设工程，科学规划网络文化产业结构和布局，推动优秀传统文化瑰宝和当代文化精品网络传播，把网络文化建设成适合不同群体需求，丰富多彩、生动活泼的先进文化、精品文化、大众文化；坚决抵制攻击诋毁、传谣信谣、低俗恶搞等网络不文明行为，使网络文化真正成为健康向上、向真、向善、向美的文化。

第三，加强网络文化企业的体制创新，努力打造实力强、信誉高、影响广的网络文化平台。互联网设备制造、基础电信运营、信息内容服务等网络文化企业要加强资源整合和相互合作，延伸拓展产业链，进一步提高网络文化创作、生产、传播的专业化集约化水平，推动网络媒体进一步向新闻资讯、文化娱乐、电子商务、教育医疗等不同领域和行业细分，向专业化、地域化、个性化发展，打造一批在国内外有较强影响力的综合性网站和特色网站，构建定位清晰、功能互补、模式多样、特色鲜明的网络媒体群。

第四，鼓励网络企业加强技术创新，不断提高网络文化的传播力、辐射力、影响力。技术能力决定传播能力，传播能力决定影响能力。技术创新是推动网络文化繁荣发展的战略基点和核心要素，要站在互联网科技发展最前沿，及时跟踪掌握互联网技术最新动态，加强顶层设计和长远规划，加快培育新兴业态和新的市场需求，抢占网络传播制高点。要整合互联网技术研发力量和资源，加大网络关键技术攻关力度，加快互联网核心装备技术国产化，提升互联网行业原始创新、集成创新和引进消化吸收再创新能力，努力在国际互联网技术领域实现更多的"中国创造"。要创新技术研发机制，加强政府部门、网络媒体、网络技术企业、高等院校和科研院所之间的交流合作，采取联合开发、成立技术创新联盟等形式，建立机制灵活、运转高效、实力雄厚、具有较强国际竞争力的网络技术创新研发中心。要切实维护知识产权，为网络技术创新提供良好的社会环境。

第五，加强人才队伍建设，努力培养造就规模宏大、素质优秀的网络文化人才队伍。要加快培养具有战略眼光、视野开阔、善于谋划、锐意创新的高层次领军人才队伍，具有较强把握导向能力和策划能力、掌握网络文化创作生产传播规律的内容建设人才队伍，具有现代市场观念、懂经营、善管理的经营管理人才队伍，具有较强创新意识和技术研发能力的技术人才队伍等"四支队伍"，为中国特色网络文化的繁荣发展提供有力的人才支撑，并积蓄发展后劲。要健全和完善网络文化人才的发现培养、选拔使用、流动配置、激励保障机制，努力营造优秀人才脱颖而出、施展才干的良好环境，吸引更多优秀人才投身网络文化建设事业。要加强从业人员培训，健全学习培训制度，强化责任意识，增强职业素养，提升职业追求[1]。

（二）优化网络传播制度环境，促进网络文化的发展繁荣

党的十七大以来，党和政府积极探索依法管理、科学管理、有效管理网络文化的途径和方法，法律规范、行政监督、公众自律、社会教育、技术保障相结合的中国特色网络文化管理体系初步形成[2]。2011 年 5 月，国务院批准设立国家互联网信息办公室，专门负责落实互联网信息传播方针政策和推动互联网信息传播法制建设，在一定程度将中国互联网"政出多门"的多头管理体制加以整合，进一步健全完善了网络文化建设和管理体系。

网络文化的发展繁荣，首先离不开良好的网络传播制度环境，离不开切实有效的长期监管机制。一要坚决贯彻"积极利用、科学发展、依法管理、确保安全"的方针，认真研究互联网发展的规律和特点，加强网络传播制度的供给与更新，既及时填补法律制度的空白点，又要做好已有法律制度的清理和新旧法律制度的对接工作，构建起渐趋完备的中国网络传播制度体系。二要强化网络传播媒体内部的制度建设，建立健全法人治理结构，理顺和完善企业内部微观运营机制，规范网络传播行为。三要加强网络传播的非正式规则的建设，始终坚持社会主义核心价值体系作为指导思想，大力倡导积极健康向上的网络文化，着力建设网络道德，积极推进意识形态以及网络传播从业者与网络传播组织的知识和习俗的变迁，努力推

---

① 参见钱小芊《大力发展健康向上的网络文化》，人民网，http：//media.people.com.cn/GB/22114/234362/234363/16325770.html。

② 中国特色网络文化与时俱进蓬勃发展——党的十七大以来我国网络文化建设综述，新华网，http：//news.xinhuanet.com/mrdx/2011－10/14/c_131190822.htm。

动中国互联网持续繁荣发展，使之成为促进经济发展的新动力、传播先进文化的新平台、丰富人民精神生活的新空间，为正式规则的实施创造良好的环境和条件。四要注重网络传播的国际交流与合作。网络传播是全球的信息互联。中国应该积极参加网络传播领域的国际交流与合作，通过举办国际网络传播论坛、国际互联网圆桌会议、国际互联网企业峰会等活动，让中国优秀文化走向世界、影响世界；同时，与世界各国共商网络传播发展大计，共谋网络传播大业，共享网络传播技术创新成果。此外，通过广泛的国际交流与合作，还能实现网络传播的跨国管理。

结　语

　　网络传播制度的形成与变迁有其自身的特点和规律。从网络传播制度的起源来看，最初的网络传播制度是一种自生自发秩序，网络传播主体追逐自身利益的最大化必然产生负外部性，于是导致了网络传播内生性制度的产生；网络传播的公共性决定了市场调整的失灵，于是外生性网络传播制度出现了。目前，中国已初步形成了安全与发展并重、管理与技术相结合的网络信息安全保障体系。在中国网络传播形成初期，市场竞争很不充分，制度的供给和变迁具有很强的强制性特征；随着网络传播市场竞争的加剧、市场化水平的大幅提高，网络传播组织开始在制度层面体现自身诉求并得到制度的确认，网络传播制度的变迁模式更具诱致性特征。

　　网络传播制度的影响因素众多，除了社会经济政治制度和基本法律制度这些背景制度之外，技术、成本、利益、权力、舆论、文化等是网络传播制度的形成和变迁的主要影响因素。网络传播技术是网络传播制度形成与变迁的基础变量，它从宏观到微观的多个层面对网络传播制度安排产生影响；它改变了传统媒体的运作和消费者使用媒体的方式，最终也将影响到网络传播制度的变迁。制度成本是网络传播制度形成与变迁的关键要素，制度形成成本决定网络传播新制度的订立与否，决定制度是否有效用、效用大小，决定制度变迁的进程。利益博弈是网络传播制度形成的基本途径，实现利益共享是网络传播制度的演化趋势。权力是网络传播制度形成的主要动因，是破解网络传播困境的主要手段。网络舆论是网络传播制度形成与变迁的重要因子，它推动政府转型，助推传播制度的形成，催生网络传播的多元治理机制。网络核心价值是网络传播制度得以形成、巩固和持续发挥作用的价值航标，并形成制度变迁的路径依赖。网络文化是制度形成与变迁中影响最为广泛的因素，它是网络传播制度的灵魂和精神基础，直接制约、支配网络传播制度的运行及其功能的发挥。同时，网络文化还是阻碍或推动网络传播制度创新的重要力量。

　　网络传播制度的变迁是一种社会生物变迁过程。新制度经济学派受生物演化理论的启发，都很强调社会生物演化在制度变迁中的重要作用，认为任何组织与制度都是变迁的结果，制度变迁就是"制度的替代、转换与交易过程"。在既有的经济社会制度和基本法律框架下，网络传播制度的形成与变迁主要受到六大因素的影响：传播技术、传播成本、群体利益、公共权力、网络舆论、文化特征等，它们相互作用、相互渗透、相互交织，共同对网络传播制度的形成与演变产生着刚性或柔性、显性或隐性的制约和影响，构成了网络传播制度的社会生物环境的主干框架。从网络传播制度与环境的关系来看，制度的变迁就是在不断调整与适应这些社会生物环境中实现的。在变迁过程中，它受到多种因素的复杂影响，制度的"基因"得到复制和传递，并且利益主体在博弈中促进效率的提高并达到相对平衡状态。本课题在对网络传播制度的主要影响因素进行系统分析的基础上，提出了网络传播制度变迁的社会生物变迁模型，并对该模型进行了简单的推演。该模型表明，网络传播制度的变迁受到内生变量和外生变量的多重影响，制度的基因在变迁中得到复制和传递，博弈是新旧制度开展社会生物竞争的基本方式，制度学习与借鉴是突破旧制度基因的限制、引入新制度基因的有效替代机制。

　　促进网络传播制度的变迁，需要建立健全中国网络传播制度变迁的良性互动机制。一是建立中国网络传播主体利益充分表达机制。畅通网络传播主体利益表达渠道，建立以网络传播制度主题网站或专题网页为核心的网络利益表达主渠道，形成网络表达与传统表达的互动机制；推进网络传播主体利益表达制度化，完善利益表达制度的规范体系，将利益表达的基本制度法制化；推进网络传播主体利益表达组织化，增强主体意识，健全网络传播行业组织，支持建立网民联盟，支持建立第三方民间组织机构；形成网络传播主体利益凝练机制；建立网络传播主体利益协调机制。二是建立中国网络传播制度绩效评估机制，可以从网络传播制度利益主体认同度变化、网络传播行业社会责任彰显度变化两个方面评估中国网络传播制度的社会效益，从网络传播制度实施导致的投入/产出比变化、网络传播制度实施导致的网络传媒业成长性变化两个方面评估中国网络传播制度的经济效益，从网络道德调整目标、网络伦理原则和道德规范、网络伦理系统内部各构成要素的协同程度、网络伦理规范的可实现性四个方面评估中国网络传播制度的道德效益。三是建立中国网络传播制度执行力递增机制，增强制度意识，提高制度制定的科学化水平，加强制度执行的检查监督，加强网络文化建设，不断提高中国网络传播制度执行力；形成网络传播制度执行的评估标准，构建制度执行的多元主体评估体系，建立和完善制度评估的网络信息平台，努力构建起科学的网络传播制度执行评估体系。四是建立中国网络传播制度帕累托改进机制，逐步形成网络传播制度的有效供给机制，以满足网络传播业的发展需要；建立网络传播技术风险防控机制和互信机制；主动设置网络传播议程，动态追踪网络舆论，健全网络舆论引导机制；大力发展健康向上的网络文化，促进网络传播制度的有效制定和贯彻实施，建立网络传播制度与文化的互动机制。

本课题的不足：本课题运用新制度经济学中关于制度的基础理论特别是制度变迁理论，对中国网络传播制度的形成与变迁进行了理论思考和模型探索，并在此基础上提出了促进网络传播制度变迁的良性互动机制。但是，由于中国网络传播制度形成的市场环境还不够成熟，市场的资源配置作用和调节功能发挥还不充分，因而制度供给和变迁的强制性特征非常明显。本课题认为，网络传播制度的变迁是一个社会生物过程，但是本课题对于这个过程的研究还是概括性的，还没有对其展开系统而深入地研究。网络传播制度变迁模型的构建，既是一件十分具有挑战性的工作，也是十分严谨的工作。由于笔者水平有限，所构建的社会生物变迁模型还缺乏充分的推演和足够的实证，对于网络传播制度的变迁还未展示出充分而有效的说服力和预测性。本课题的这个缺憾也是笔者未来努力的方向，希望有朝一日能够获得些许成果，借此向致力于网络传播制度研究的专家学者们致敬。

附录：中国网络传播制度（部分）

最高人民法院关于审理涉及计算机网络著作权纠纷案件适用法律若干问题的解释

（2000 年 11 月 22 日最高人民法院审判委员会第 1144 次会议通过根据 2003 年 12 月 23 日最高人民法院审判委员会第 1302 次会议《关于修改〈最高人民法院关于审理涉及计算机网络著作权纠纷案件适用法律若干问题的解释〉的决定》第一次修正根据 2006 年 11 月 20 日最高人民法院审判委员会第 1406 次会议《关于修改〈最高人民法院关于审理涉及计算机网络著作权纠纷案件适用法律若干问题的解释〉的决定（二）》第二次修正）

为了正确审理涉及计算机网络著作权纠纷案件，根据民法通则、著作权法和民事诉讼法等法律的规定，对这类案件适用法律的若干问题解释如下：

第一条　网络著作权侵权纠纷案件由侵权行为地或者被告住所地人民法院管辖。侵权行为地包括实施被诉侵权行为的网络服务器、计算机终端等设备所在地。对难以确定侵权行为地和被告住所地的，原告发现侵权内容的计算机终端等设备所在地可以视为侵权行为地。

第二条　受著作权法保护的作品，包括著作权法第三条规定的各类作品的数字化形式。在网络环境下无法归于著作权法第三条列举的作品范围，但在文学、艺术和科学领域内具有独创性并能以某种有形形式复制的其他智力创作成果，人民法院应当予以保护。

第三条　网络服务提供者通过网络参与他人侵犯著作权行为，或者通过网络教唆、帮助他人实施侵犯著作权行为的，人民法院应当根据民法通则第一百三十条的规定，追究其与其他行为人或者直接实施侵权行为人的共同侵权责任。

第四条　提供内容服务的网络服务提供者，明知网络用户通过网络实施侵犯他人著作权的行为，或者经著作权人提出确有证据的警告，但仍不采取移除侵权内容等措施以消除侵权后果的，人民法院应当根据民法通则

— 201 —

第一百三十条的规定，追究其与该网络用户的共同侵权责任。

第五条　提供内容服务的网络服务提供者，对著作权人要求其提供侵权行为人在其网络的注册资料以追究行为人的侵权责任，无正当理由拒绝提供的，人民法院应当根据民法通则第一百零六条的规定，追究其相应的侵权责任。

第六条　网络服务提供者明知专门用于故意避开或者破坏他人著作权技术保护措施的方法、设备或者材料，而上载、传播、提供的，人民法院应当根据当事人的诉讼请求和具体案情，依照著作权法第四十七条第（六）项的规定，追究网络服务提供者的民事侵权责任。

第七条　著作权人发现侵权信息向网络服务提供者提出警告或者索要侵权行为人网络注册资料时，不能出示身份证明、著作权权属证明及侵权情况证明的，视为未提出警告或者未提出索要请求。

著作权人出示上述证明后网络服务提供者仍不采取措施的，著作权人可以依照著作权法第四十九条、第五十条的规定在诉前申请人民法院作出停止有关行为和财产保全、证据保全的裁定，也可以在提起诉讼时申请人民法院先行裁定停止侵害、排除妨碍、消除影响，人民法院应予准许。

第八条　网络服务提供者经著作权人提出确有证据的警告而采取移除被控侵权内容等措施，被控侵权人要求网络服务提供者承担违约责任的，人民法院不予支持。

著作权人指控侵权不实，被控侵权人因网络服务提供者采取措施遭受损失而请求赔偿的，人民法院应当判令由提出警告的人承担赔偿责任。

全国人民代表大会常务委员会关于维护互联网安全的决定

（2000 年 12 月 28 日第九届全国人民代表大会常务委员会第十九次会议通过）

我国的互联网，在国家大力倡导和积极推动下，在经济建设和各项事业中得到日益广泛的应用，使人们的生产、工作、学习和生活方式已经开始并将继续发生深刻的变化，对于加快我国国民经济、科学技术的发展和社会服务信息化进程具有重要作用。同时，如何保障互联网的运行安全和信息安全问题已经引起全社会的普遍关注。为了兴利除弊，促进我国互联网的健康发展，维护国家安全和社会公共利益，保护个人、法人和其他组织的合法权益，特作如下决定：

一、为了保障互联网的运行安全，对有下列行为之一，构成犯罪的，依照刑法有关规定追究刑事责任：

（一）侵入国家事务、国防建设、尖端科学技术领域的计算机信息系统；

（二）故意制作、传播计算机病毒等破坏性程序，攻击计算机系统及通信网络，致使计算机系统及通信网络遭受损害；

（三）违反国家规定，擅自中断计算机网络或者通信服务，造成计算机网络或者通信系统不能正常运行。

二、为了维护国家安全和社会稳定，对有下列行为之一，构成犯罪的，依照刑法有关规定追究刑事责任：

（一）利用互联网造谣、诽谤或者发表、传播其他有害信息，煽动颠覆国家政权、推翻社会主义制度，或者煽动分裂国家、破坏国家统一；

（二）通过互联网窃取、泄露国家秘密、情报或者军事秘密；

（三）利用互联网煽动民族仇恨、民族歧视，破坏民族团结；

（四）利用互联网组织邪教组织、联络邪教组织成员，破坏国家法律、行政法规实施。

三、为了维护社会主义市场经济秩序和社会管理秩序，对有下列行为之一，构成犯罪的，依照刑法有关规定追究刑事责任：

（一）利用互联网销售伪劣产品或者对商品、服务作虚假宣传；

（二）利用互联网损坏他人商业信誉和商品声誉；

（三）利用互联网侵犯他人知识产权；

（四）利用互联网编造并传播影响证券、期货交易或者其他扰乱金融秩序的虚假信息；

（五）在互联网上建立淫秽网站、网页，提供淫秽站点链接服务；或者传播淫秽书刊、影片、音像、图片。

四、为了保护个人、法人和其他组织的人身、财产等合法权利，对有下列行为之一，构成犯罪的，依照刑法有关规定追究刑事责任：

（一）利用互联网侮辱他人或者捏造事实诽谤他人；

（二）非法截获、篡改、删除他人电子邮件或者其他数据资料，侵犯公民通信自由和通信秘密；

（三）利用互联网进行盗窃、诈骗、敲诈勒索。

五、利用互联网实施本决定第一条、第二条、第三条、第四条所列行为以外的其他行为，构成犯罪的，依照刑法有关规定追究刑事责任。

六、利用互联网实施违法行为，违反社会治安管理，尚不构成犯罪的，由公安机关依照《治安管理处罚法》予以处罚；违反其他法律、行政法规，尚不构成犯罪的，由有关行政管理部门依法给予行政处罚；对直接负责的主管人员和其他直接责任人员，依法给予行政处分或者纪律处分。

利用互联网侵犯他人合法权益，构成民事侵权的，依法承担民事责任。

七、各级人民政府及有关部门要采取积极措施，在促进互联网的应用和网络技术的普及过程中，重视和支持对网络安全技术的研究和开发，增强网络的安全防护能力。有关主管部门要加强对互联网的运行安全和信息安全的宣传教育，依法实施有效的监督管理，防范和制止利用互联网进行的各种违法活动，为互联网的健康发展创造良好的社会环境。从事互联网业务的单位要依法开展活动，发现互联网上出现违法犯罪行为和有害信息时，要采取措施，停止传输有害信息，并及时向有关机关报告。任何单位和个人在利用互联网时，都要遵纪守法，抵制各种违法犯罪行为和有害信息。人民法院、人民检察院、公安机关、国家安全机关要各司其职，密切配合，依法严厉打击利用互联网实施的各种犯罪活动。要动员全社会的力量，依靠全社会的共同努力，保障互联网的运行安全与信息安全，促进社会主义精神文明和物质文明建设。

最高人民法院最高人民检察院关于办理利用互联网、移动通讯终端、声讯台制作、复制、出版、贩卖、传播淫秽电子信息刑事案件具体应用法律若干问题的解释（二）

（2010 年 1 月 18 日最高人民法院审判委员会第 1483 次会议、2010 年 1 月 14 日最高人民检察院第十一届检察委员会第 28 次会议通过）

为依法惩治利用互联网、移动通讯终端制作、复制、出版、贩卖、传播淫秽电子信息，通过声讯台传播淫秽语音信息等犯罪活动，维护社会秩序，保障公民权益，根据《中华人民共和国刑法》《全国人民代表大会常务委员会关于维护互联网安全的决定》的规定，现对办理该类刑事案件具体应用法律的若干问题解释如下：

第一条　以牟利为目的，利用互联网、移动通讯终端制作、复制、出版、贩卖、传播淫秽电子信息的，依照《最高人民法院、最高人民检察院关于办理利用互联网、移动通讯终端、声讯台制作、复制、出版、贩卖、传播淫秽电子信息刑事案件具体应用法律若干问题的解释》第一条、第二条的规定定罪处罚。

以牟利为目的，利用互联网、移动通讯终端制作、复制、出版、贩卖、传播内容含有不满十四周岁未成年人的淫秽电子信息，具有下列情形之一的，依照刑法第三百六十三条第一款的规定，以制作、复制、出版、贩卖、传播淫秽物品牟利罪定罪处罚：

（一）制作、复制、出版、贩卖、传播淫秽电影、表演、动画等视频文件十个以上的；

（二）制作、复制、出版、贩卖、传播淫秽音频文件五十个以上的；

（三）制作、复制、出版、贩卖、传播淫秽电子刊物、图片、文章等一百件以上的；

（四）制作、复制、出版、贩卖、传播的淫秽电子信息，实际被点击数达到五千次以上的；

（五）以会员制方式出版、贩卖、传播淫秽电子信息，注册会员达一百人以上的；

（六）利用淫秽电子信息收取广告费、会员注册费或者其他费用，违法所得五千元以上的；

（七）数量或者数额虽未达到第（一）项至第（六）项规定标准，但分别达到其中两项以上标准一半以上的；

（八）造成严重后果的。

实施第二款规定的行为，数量或者数额达到第二款第（一）项至第（七）项规定标准五倍以上的，应当认定为刑法第三百六十三条第一款规定的"情节严重"；达到规定标准二十五倍以上的，应当认定为"情节特别严重"。

第二条　利用互联网、移动通讯终端传播淫秽电子信息的，依照《最高人民法院、最高人民检察院关于办理利用互联网、移动通讯终端、声讯台制作、复制、出版、贩卖、传播淫秽电子信息刑事案件具体应用法律若干问题的解释》第三条的规定定罪处罚。

利用互联网、移动通讯终端传播内容含有不满十四周岁未成年人的淫秽电子信息，具有下列情形之一的，依照刑法第三百六十四条第一款的规定，以传播淫秽物品罪定罪处罚：

（一）数量达到第一条第二款第（一）项至第（五）项规定标准二倍以上的；

（二）数量分别达到第一条第二款第（一）项至第（五）项两项以上标准的；

（三）造成严重后果的。

第三条　利用互联网建立主要用于传播淫秽电子信息的群组，成员达三十人以上或者造成严重后果的，对建立者、管理者和主要传播者，依照刑法第三百六十四条第一款的规定，以传播淫秽物品罪定罪处罚。

第四条　以牟利为目的，网站建立者、直接负责的管理者明知他人制作、复制、出版、贩卖、传播的是淫秽电子信息，允许或者放任他人在自己所有、管理的网站或者网页上发布，具有下列情形之一的，依照刑法第三百六十三条第一款的规定，以传播淫秽物品牟利罪定罪处罚：

（一）数量或者数额达到第一条第二款第（一）项至第（六）项规定标准五倍以上的；

（二）数量或者数额分别达到第一条第二款第（一）项至第（六）项两项以上标准二倍以上的；

（三）造成严重后果的。

实施前款规定的行为，数量或者数额达到第一条第二款第（一）项至第（七）项规定标准二十五倍以上的，应当认定为刑法第三百六十三条第一款规定的"情节严重";达到规定标准一百倍以上的,应当认定为"情节特别严重"。

第五条 网站建立者、直接负责的管理者明知他人制作、复制、出版、贩卖、传播的是淫秽电子信息,允许或者放任他人在自己所有、管理的网站或者网页上发布,具有下列情形之一的,依照刑法第三百六十四条第一款的规定,以传播淫秽物品罪定罪处罚:

(一)数量达到第一条第二款第(一)项至第(五)项规定标准十倍以上的;

(二)数量分别达到第一条第二款第(一)项至第(五)项两项以上标准五倍以上的;

(三)造成严重后果的。

第六条 电信业务经营者、互联网信息服务提供者明知是淫秽网站,为其提供互联网接入、服务器托管、网络存储空间、通讯传输通道、代收费等服务,并收取服务费,具有下列情形之一的,对直接负责的主管人员和其他直接责任人员,依照刑法第三百六十三条第一款的规定,以传播淫秽物品牟利罪定罪处罚:

(一)为五个以上淫秽网站提供上述服务的;

(二)为淫秽网站提供互联网接入、服务器托管、网络存储空间、通讯传输通道等服务,收取服务费数额在二万元以上的;

(三)为淫秽网站提供代收费服务,收取服务费数额在五万元以上的;

(四)造成严重后果的。

实施前款规定的行为,数量或者数额达到前款第(一)项至第(三)项规定标准五倍以上的,应当认定为刑法第三百六十三条第一款规定的"情节严重";达到规定标准二十五倍以上的,应当认定为"情节特别严重"。

第七条 明知是淫秽网站,以牟利为目的,通过投放广告等方式向其直接或者间接提供资金,或者提供费用结算服务,具有下列情形之一的,对直接负责的主管人员和其他直接责任人员,依照刑法第三百六十三条第一款的规定,以制作、复制、出版、贩卖、传播淫秽物品牟利罪的共同犯罪处罚:

(一)向十个以上淫秽网站投放广告或者以其他方式提供资金的;

(二)向淫秽网站投放广告二十条以上的;

(三)向十个以上淫秽网站提供费用结算服务的;

(四)以投放广告或者其他方式向淫秽网站提供资金数额在五万元以

上的；

（五）为淫秽网站提供费用结算服务，收取服务费数额在二万元以上的；

（六）造成严重后果的。

实施前款规定的行为，数量或者数额达到前款第（一）项至第（五）项规定标准五倍以上的，应当认定为刑法第三百六十三条第一款规定的"情节严重"；达到规定标准二十五倍以上的，应当认定为"情节特别严重"。

第八条　实施第四条至第七条规定的行为，具有下列情形之一的，应当认定行为人"明知"，但是有证据证明确实不知道的除外：

（一）行政主管机关书面告知后仍然实施上述行为的；

（二）接到举报后不履行法定管理职责的；

（三）为淫秽网站提供互联网接入、服务器托管、网络存储空间、通讯传输通道、代收费、费用结算等服务，收取服务费明显高于市场价格的；

（四）向淫秽网站投放广告，广告点击率明显异常的；

（五）其他能够认定行为人明知的情形。

第九条　一年内多次实施制作、复制、出版、贩卖、传播淫秽电子信息行为未经处理，数量或者数额累计计算构成犯罪的，应当依法定罪处罚。

第十条　单位实施制作、复制、出版、贩卖、传播淫秽电子信息犯罪的，依照《中华人民共和国刑法》《最高人民法院、最高人民检察院关于办理利用互联网、移动通讯终端、声讯台制作、复制、出版、贩卖、传播淫秽电子信息刑事案件具体应用法律若干问题的解释》和本解释规定的相应个人犯罪的定罪量刑标准，对直接负责的主管人员和其他直接责任人员定罪处罚，并对单位判处罚金。

第十一条　对于以牟利为目的，实施制作、复制、出版、贩卖、传播淫秽电子信息犯罪的，人民法院应当综合考虑犯罪的违法所得、社会危害性等情节，依法判处罚金或者没收财产。罚金数额一般在违法所得的一倍以上五倍以下。

第十二条　《最高人民法院、最高人民检察院关于办理利用互联网、移动通讯终端、声讯台制作、复制、出版、贩卖、传播淫秽电子信息刑事案件具体应用法律若干问题的解释》和本解释所称网站，是指可以通过互联网域名、IP 地址等方式访问的内容提供站点。

以制作、复制、出版、贩卖、传播淫秽电子信息为目的建立或者建立后主要从事制作、复制、出版、贩卖、传播淫秽电子信息活动的网站，为淫秽网站。

第十三条　以前发布的司法解释与本解释不一致的，以本解释为准。

关于审理利用信息网络侵害人身权益民事纠纷案件适用法律若干问题的规定

(2014 年 6 月 23 日最高人民法院审判委员会第 1621 次会议通过)

为正确审理利用信息网络侵害人身权益民事纠纷案件,根据《中华人民共和国民法通则》《中华人民共和国侵权责任法》《全国人民代表大会常务委员会关于加强网络信息保护的决定》《中华人民共和国民事诉讼法》等法律的规定,结合审判实践,制定本规定。

第一条 本规定所称的利用信息网络侵害人身权益民事纠纷案件,是指利用信息网络侵害他人姓名权、名称权、名誉权、荣誉权、肖像权、隐私权等人身权益引起的纠纷案件。

第二条 利用信息网络侵害人身权益提起的诉讼,由侵权行为地或者被告住所地人民法院管辖。

侵权行为实施地包括实施被诉侵权行为的计算机等终端设备所在地,侵权结果发生地包括被侵权人住所地。

第三条 原告依据侵权责任法第三十六条第二款、第三款的规定起诉网络用户或者网络服务提供者的,人民法院应予受理。

原告仅起诉网络用户,网络用户请求追加涉嫌侵权的网络服务提供者为共同被告或者第三人的,人民法院应予准许。

原告仅起诉网络服务提供者,网络服务提供者请求追加可以确定的网络用户为共同被告或者第三人的,人民法院应予准许。

第四条 原告起诉网络服务提供者,网络服务提供者以涉嫌侵权的信息系网络用户发布为由抗辩的,人民法院可以根据原告的请求及案件的具体情况,责令网络服务提供者向人民法院提供能够确定涉嫌侵权的网络用户的姓名(名称)、联系方式、网络地址等信息。

网络服务提供者无正当理由拒不提供的,人民法院可以依据民事诉讼法第一百一十四条的规定对网络服务提供者采取处罚等措施。

原告根据网络服务提供者提供的信息请求追加网络用户为被告的,人民法院应予准许。

第五条 依据侵权责任法第三十六条第二款的规定,被侵权人以书面形式或者网络服务提供者公示的方式向网络服务提供者发出的通知,包含下列内容的,人民法院应当认定有效:

（一）通知人的姓名（名称）和联系方式；

（二）要求采取必要措施的网络地址或者足以准确定位侵权内容的相关信息；

（三）通知人要求删除相关信息的理由。

被侵权人发送的通知未满足上述条件，网络服务提供者主张免除责任的，人民法院应予支持。

第六条　人民法院适用侵权责任法第三十六条第二款的规定，认定网络服务提供者采取的删除、屏蔽、断开链接等必要措施是否及时，应当根据网络服务的性质、有效通知的形式和准确程度，网络信息侵害权益的类型和程度等因素综合判断。

第七条　其发布的信息被采取删除、屏蔽、断开链接等措施的网络用户，主张网络服务提供者承担违约责任或者侵权责任，网络服务提供者以收到通知为由抗辩的，人民法院应予支持。

被采取删除、屏蔽、断开链接等措施的网络用户，请求网络服务提供者提供通知内容的，人民法院应予支持。

第八条　因通知人的通知导致网络服务提供者错误采取删除、屏蔽、断开链接等措施，被采取措施的网络用户请求通知人承担侵权责任的，人民法院应予支持。

被错误采取措施的网络用户请求网络服务提供者采取相应恢复措施的，人民法院应予支持，但受技术条件限制无法恢复的除外。

第九条　人民法院依据侵权责任法第三十六条第三款认定网络服务提供者是否"知道"，应当综合考虑下列因素：

（一）网络服务提供者是否以人工或者自动方式对侵权网络信息以推荐、排名、选择、编辑、整理、修改等方式作出处理；

（二）网络服务提供者应当具备的管理信息的能力，以及所提供服务的性质、方式及其引发侵权的可能性大小；

（三）该网络信息侵害人身权益的类型及明显程度；

（四）该网络信息的社会影响程度或者一定时间内的浏览量；

（五）网络服务提供者采取预防侵权措施的技术可能性及其是否采取了相应的合理措施；

（六）网络服务提供者是否针对同一网络用户的重复侵权行为或者同一侵权信息采取了相应的合理措施；

（七）与本案相关的其他因素。

第十条　人民法院认定网络用户或者网络服务提供者转载网络信息行

为的过错及其程度，应当综合以下因素：

（一）转载主体所承担的与其性质、影响范围相适应的注意义务；

（二）所转载信息侵害他人人身权益的明显程度；

（三）对所转载信息是否作出实质性修改，是否添加或者修改文章标题，导致其与内容严重不符以及误导公众的可能性。

第十一条　网络用户或者网络服务提供者采取诽谤、诋毁等手段，损害公众对经营主体的信赖，降低其产品或者服务的社会评价，经营主体请求网络用户或者网络服务提供者承担侵权责任的，人民法院应依法予以支持。

第十二条　网络用户或者网络服务提供者利用网络公开自然人基因信息、病历资料、健康检查资料、犯罪记录、家庭住址、私人活动等个人隐私和其他个人信息，造成他人损害，被侵权人请求其承担侵权责任的，人民法院应予支持。但下列情形除外：

（一）经自然人书面同意且在约定范围内公开；

（二）为促进社会公共利益且在必要范围内；

（三）学校、科研机构等基于公共利益为学术研究或者统计的目的，经自然人书面同意，且公开的方式不足以识别特定自然人；

（四）自然人自行在网络上公开的信息或者其他已合法公开的个人信息；

（五）以合法渠道获取的个人信息；

（六）法律或者行政法规另有规定。

网络用户或者网络服务提供者以违反社会公共利益、社会公德的方式公开前款第四项、第五项规定的个人信息，或者公开该信息侵害权利人值得保护的重大利益，权利人请求网络用户或者网络服务提供者承担侵权责任的，人民法院应予支持。

国家机关行使职权公开个人信息的，不适用本条规定。

第十三条　网络用户或者网络服务提供者，根据国家机关依职权制作的文书和公开实施的职权行为等信息来源所发布的信息，有下列情形之一，侵害他人人身权益，被侵权人请求侵权人承担侵权责任的，人民法院应予支持：

（一）网络用户或者网络服务提供者发布的信息与前述信息来源内容不符；

（二）网络用户或者网络服务提供者以添加侮辱性内容、诽谤性信息、不当标题或者通过增删信息、调整结构、改变顺序等方式致人误解；

（三）前述信息来源已被公开更正，但网络用户拒绝更正或者网络服务提供者不予更正；

（四）前述信息来源已被公开更正，网络用户或者网络服务提供者仍然发布更正之前的信息。

第十四条　被侵权人与构成侵权的网络用户或者网络服务提供者达成一方支付报酬，另一方提供删除、屏蔽、断开链接等服务的协议，人民法院应认定为无效。

擅自篡改、删除、屏蔽特定网络信息或者以断开链接的方式阻止他人获取网络信息，发布该信息的网络用户或者网络服务提供者请求侵权人承担侵权责任的，人民法院应予支持。接受他人委托实施该行为的，委托人与受托人承担连带责任。

第十五条　雇用、组织、教唆或者帮助他人发布、转发网络信息侵害他人人身权益，被侵权人请求行为人承担连带责任的，人民法院应予支持。

第十六条　人民法院判决侵权人承担赔礼道歉、消除影响或者恢复名誉等责任形式的，应当与侵权的具体方式和所造成的影响范围相当。侵权人拒不履行的，人民法院可以采取在网络上发布公告或者公布裁判文书等合理的方式执行，由此产生的费用由侵权人承担。

第十七条　网络用户或者网络服务提供者侵害他人人身权益，造成财产损失或者严重精神损害，被侵权人依据侵权责任法第二十条和第二十二条的规定请求其承担赔偿责任的，人民法院应予支持。

第十八条　被侵权人为制止侵权行为所支付的合理开支，可以认定为侵权责任法第二十条规定的财产损失。合理开支包括被侵权人或者委托代理人对侵权行为进行调查、取证的合理费用。人民法院根据当事人的请求和具体案情，可以将符合国家有关部门规定的律师费用计算在赔偿范围内。

被侵权人因人身权益受侵害造成的财产损失或者侵权人因此获得的利益无法确定的，人民法院可以根据具体案情在 50 万元以下的范围内确定赔偿数额。

精神损害的赔偿数额，依据《最高人民法院关于确定民事侵权精神损害赔偿责任若干问题的解释》第十条的规定予以确定。

第十九条　本规定施行后人民法院正在审理的一审、二审案件适用本规定。

本规定施行前已经终审，本规定施行后当事人申请再审或者按照审判监督程序决定再审的案件，不适用本规定。

中华人民共和国电信条例

第一章　总　则

第一条　为了规范电信市场秩序，维护电信用户和电信业务经营者的合法权益，保障电信网络和信息的安全，促进电信业的健康发展，制定本条例。

第二条　在中华人民共和国境内从事电信活动或者与电信有关的活动，必须遵守本条例。

本条例所称电信，是指利用有线、无线的电磁系统或者光电系统，传送、发射或者接收语音、文字、数据、图像以及其他任何形式信息的活动。

第三条　国务院信息产业主管部门依照本条例的规定对全国电信业实施监督管理。

省、自治区、直辖市电信管理机构在国务院信息产业主管部门的领导下，依照本条例的规定对本行政区域内的电信业实施监督管理。

第四条　电信监督管理遵循政企分开、破除垄断、鼓励竞争、促进发展和公开、公平、公正的原则。

电信业务经营者应当依法经营，遵守商业道德，接受依法实施的监督检查。

第五条　电信业务经营者应当为电信用户提供迅速、准确、安全、方便和价格合理的电信服务。

第六条　电信网络和信息的安全受法律保护。任何组织或者个人不得利用电信网络从事危害国家安全、社会公共利益或者他人合法权益的活动。

第二章　电信市场

第一节　电信业务许可

第七条　国家对电信业务经营按照电信业务分类，实行许可制度。

经营电信业务，必须依照本条例的规定取得国务院信息产业主管部门或者省、自治区、直辖市电信管理机构颁发的电信业务经营许可证。

未取得电信业务经营许可证，任何组织或者个人不得从事电信业务经营活动。

第八条　电信业务分为基础电信业务和增值电信业务。

基础电信业务，是指提供公共网络基础设施、公共数据传送和基本话音通信服务的业务。增值电信业务，是指利用公共网络基础设施提供的电信与信息服务的业务。

电信业务分类的具体划分在本条例所附的《电信业务分类目录》中列出。国务院信息产业主管部门根据实际情况，可以对目录所列电信业务分类项目作局部调整，重新公布。

第九条　经营基础电信业务，须经国务院信息产业主管部门审查批准，取得《基础电信业务经营许可证》。

经营增值电信业务，业务覆盖范围在两个以上省、自治区、直辖市的，须经国务院信息产业主管部门审查批准，取得《跨地区增值电信业务经营许可证》；业务覆盖范围在一个省、自治区、直辖市行政区域内的，须经省、自治区、直辖市电信管理机构审查批准，取得《增值电信业务经营许可证》。

运用新技术试办《电信业务分类目录》未列出的新型电信业务的，应当向省、自治区、直辖市电信管理机构备案。

第十条　经营基础电信业务，应当具备下列条件：

（一）经营者为依法设立的专门从事基础电信业务的公司，且公司中国有股权或者股份不少于51％；

（二）有可行性研究报告和组网技术方案；

（三）有与从事经营活动相适应的资金和专业人员；

（四）有从事经营活动的场地及相应的资源；

（五）有为用户提供长期服务的信誉或者能力；

（六）国家规定的其他条件。

第十一条　申请经营基础电信业务，应当向国务院信息产业主管部门提出申请，并提交本条例第十条规定的相关文件。国务院信息产业主管部门应当自受理申请之日起180日内审查完毕，作出批准或者不予批准的决定。予以批准的，颁发《基础电信业务经营许可证》；不予批准的，应当书面通知申请人并说明理由。

第十二条　国务院信息产业主管部门审查经营基础电信业务的申请时，应当考虑国家安全、电信网络安全、电信资源可持续利用、环境保护和电信市场的竞争状况等因素。

颁发《基础电信业务经营许可证》，应当按照国家有关规定采用招标方式。

第十三条　经营增值电信业务，应当具备下列条件：

（一）经营者为依法设立的公司；

（二）有与开展经营活动相适应的资金和专业人员；

（三）有为用户提供长期服务的信誉或者能力；

（四）国家规定的其他条件。

第十四条　申请经营增值电信业务，应当根据本条例第九条第二款的规定，向国务院信息产业主管部门或者省、自治区、直辖市电信管理机构提出申请，并提交本条例第十三条规定的相关文件。申请经营的增值电信业务，按照国家有关规定须经有关主管部门审批的，还应当提交有关主管部门审核同意的文件。国务院信息产业主管部门或者省、自治区、直辖市电信管理机构应当自收到申请之日起 60 日内审查完毕，作出批准或者不予批准的决定。予以批准的，颁发《跨地区增值电信业务经营许可证》或者《增值电信业务经营许可证》；不予批准的，应当书面通知申请人并说明理由。

第十五条　电信业务经营者在经营过程中，变更经营主体、业务范围或者停止经营的，应当提前 90 日向原颁发许可证的机关提出申请，并办理相应手续；停止经营的，还应当按照国家有关规定做好善后工作。

第十六条　经批准经营电信业务的，应当持依法取得的电信业务经营许可证，向企业登记机关办理登记手续。

专用电信网运营单位在所在地区经营电信业务的，应当依照本条例规定的条件和程序提出申请，经批准，取得电信业务经营许可证，并依照前款规定办理登记手续。

第二节　电信网间互联

第十七条　电信网之间应当按照技术可行、经济合理、公平公正、相互配合的原则，实现互联互通。

主导的电信业务经营者不得拒绝其他电信业务经营者和专用网运营单位提出的互联互通要求。

前款所称主导的电信业务经营者，是指控制必要的基础电信设施并且在电信业务市场中占有较大份额，能够对其他电信业务经营者进入电信业务市场构成实质性影响的经营者。

主导的电信业务经营者由国务院信息产业主管部门确定。

第十八条　主导的电信业务经营者应当按照非歧视和透明化的原则，制定包括网间互联的程序、时限、非捆绑网络元素目录等内容的互联规程。互联规程应当报国务院信息产业主管部门审查同意。该互联规程对主导的电信业务经营者的互联互通活动具有约束力。

第十九条　公用电信网之间、公用电信网与专用电信网之间的网间互联，由网间互联双方按照国务院信息产业主管部门的网间互联管理规定进行互联协商，并订立网间互联协议。

网间互联协议应当向国务院信息产业主管部门备案。

第二十条 网间互联双方经协商未能达成网间互联协议的，自一方提出互联要求之日起60日内，任何一方均可以按照网间互联覆盖范围向国务院信息产业主管部门或者省、自治区、直辖市电信管理机构申请协调；收到申请的机关应当依照本条例第十七条第一款规定的原则进行协调，促使网间互联双方达成协议；自网间互联一方或者双方申请协调之日起45日内经协调仍不能达成协议的，由协调机关随机邀请电信技术专家和其他有关方面专家进行公开论证并提出网间互联方案。协调机关应当根据专家论证结论和提出的网间互联方案作出决定，强制实现互联互通。

第二十一条 网间互联双方必须在协议约定或者决定规定的时限内实现互联互通。未经国务院信息产业主管部门批准，任何一方不得擅自中断互联互通。网间互联遇有通信技术障碍的，双方应当立即采取有效措施予以消除。网间互联双方在互联互通中发生争议的，依照本条例第二十条规定的程序和办法处理。

网间互联的通信质量应当符合国家有关标准。主导的电信业务经营者向其他电信业务经营者提供网间互联，服务质量不得低于本网内的同类业务及向其子公司或者分支机构提供的同类业务质量。

第二十二条 网间互联的费用结算与分摊应当执行国家有关规定，不得在规定标准之外加收费用。

网间互联的技术标准、费用结算办法和具体管理规定，由国务院信息产业主管部门制定。

第三节 电信资费

第二十三条 电信资费标准实行以成本为基础的定价原则，同时考虑国民经济与社会发展要求、电信业的发展和电信用户的承受能力等因素。

第二十四条 电信资费分为市场调节价、政府指导价和政府定价。

基础电信业务资费实行政府定价、政府指导价或者市场调节价；增值电信业务资费实行市场调节价或者政府指导价。

市场竞争充分的电信业务，电信资费实行市场调节价。

实行政府定价、政府指导价和市场调节价的电信资费分类管理目录，由国务院信息产业主管部门经征求国务院价格主管部门意见制定并公布施行。

第二十五条 政府定价的重要的电信业务资费标准，由国务院信息产业主管部门提出方案，经征求国务院价格主管部门意见，报国务院批准后公布施行。

政府指导价的电信业务资费标准幅度，由国务院信息产业主管部门经征求国务院价格主管部门意见，制定并公布施行。电信业务经营者在标准幅度内，自主确定资费标准，报省、自治区、直辖市电信管理机构备案。

第二十六条　制定政府定价和政府指导价的电信业务资费标准，应当采取举行听证会等形式，听取电信业务经营者、电信用户和其他有关方面的意见。

电信业务经营者应当根据国务院信息产业主管部门和省、自治区、直辖市电信管理机构的要求，提供准确、完备的业务成本数据及其他有关资料。

第四节　电信资源

第二十七条　国家对电信资源统一规划、集中管理、合理分配，实行有偿使用制度。

前款所称电信资源，是指无线电频率、卫星轨道位置、电信网码号等用于实现电信功能且有限的资源。

第二十八条　电信业务经营者占有、使用电信资源，应当缴纳电信资源费。具体收费办法由国务院信息产业主管部门会同国务院财政部门、价格主管部门制定，报国务院批准后公布施行。

第二十九条　电信资源的分配，应当考虑电信资源规划、用途和预期服务能力。

分配电信资源，可以采取指配的方式，也可以采用拍卖的方式。

取得电信资源使用权的，应当在规定的时限内启用所分配的资源，并达到规定的最低使用规模。未经国务院信息产业主管部门或者省、自治区、直辖市电信管理机构批准，不得擅自使用、转让、出租电信资源或者改变电信资源的用途。

第三十条　电信资源使用者依法取得电信网码号资源后，主导的电信业务经营者和其他有关单位有义务采取必要的技术措施，配合电信资源使用者实现其电信网码号资源的功能。

法律、行政法规对电信资源管理另有特别规定的，从其规定。

第三章　电信服务

第三十一条　电信业务经营者应当按照国家规定的电信服务标准向电信用户提供服务。电信业务经营者提供服务的种类、范围、资费标准和时限，应当向社会公布，并报省、自治区、直辖市电信管理机构备案。

电信用户有权自主选择使用依法开办的各类电信业务。

第三十二条　电信用户申请安装、移装电信终端设备的，电信业务经营者应当在其公布的时限内保证装机开通；由于电信业务经营者的原因逾期未能装机开通的，应当每日按照收取的安装费、移装费或者其他费用数额百分之一的比例，向电信用户支付违约金。

第三十三条　电信用户申告电信服务障碍的，电信业务经营者应当自接到申告之日起，城镇48小时、农村72小时内修复或者调通；不能按期修复或者调通的，应当及时通知电信用户，并免收障碍期间的月租费用。但是，属于电信终端设备的原因造成电信服务障碍的除外。

第三十四条　电信业务经营者应当为电信用户交费和查询提供方便。电信用户要求提供国内长途通信、国际通信、移动通信和信息服务等收费清单的，电信业务经营者应当免费提供。

电信用户出现异常的巨额电信费用时，电信业务经营者一经发现，应当尽可能迅速告知电信用户，并采取相应的措施。

前款所称巨额电信费用，是指突然出现超过电信用户此前三个月平均电信费用5倍以上的费用。

第三十五条　电信用户应当按照约定的时间和方式及时、足额地向电信业务经营者交纳电信费用；电信用户逾期不交纳电信费用的，电信业务经营者有权要求补交电信费用，并可以按照所欠费用每日加收3‰的违约金。

对超过收费约定期限30日仍不交纳电信费用的电信用户，电信业务经营者可以暂停向其提供电信服务。电信用户在电信业务经营者暂停服务60日内仍未补交电信费用和违约金的，电信业务经营者可以终止提供服务，并可以依法追缴欠费和违约金。

经营移动电信业务的经营者可以与电信用户约定交纳电信费用的期限、方式，不受前款规定期限的限制。

电信业务经营者应当在迟延交纳电信费用的电信用户补足电信费用、违约金后的48小时内，恢复暂停的电信服务。

第三十六条　电信业务经营者因工程施工、网络建设等原因，影响或者可能影响正常电信服务的，必须按照规定的时限及时告知用户，并向省、自治区、直辖市电信管理机构报告。

因前款原因中断电信服务的，电信业务经营者应当相应减免用户在电信服务中断期间的相关费用。

出现本条第一款规定的情形，电信业务经营者未及时告知用户的，应当赔偿由此给用户造成的损失。

第三十七条　经营本地电话业务和移动电话业务的电信业务经营者，应当免费向用户提供火警、匪警、医疗急救、交通事故报警等公益性电信服务并保障通信线路畅通。

第三十八条　电信业务经营者应当及时为需要通过中继线接入其电信网的集团用户，提供平等、合理的接入服务。

未经批准，电信业务经营者不得擅自中断接入服务。

第三十九条　电信业务经营者应当建立健全内部服务质量管理制度，并可以制定并公布施行高于国家规定的电信服务标准的企业标准。

电信业务经营者应当采取各种形式广泛听取电信用户意见，接受社会监督，不断提高电信服务质量。

第四十条　电信业务经营者提供的电信服务达不到国家规定的电信服务标准或者其公布的企业标准的，或者电信用户对交纳电信费用持有异议的，电信用户有权要求电信业务经营者予以解决；电信业务经营者拒不解决或者电信用户对解决结果不满意的，电信用户有权向国务院信息产业主管部门或者省、自治区、直辖市电信管理机构或者其他有关部门申诉。收到申诉的机关必须对申诉及时处理，并自收到申诉之日起30日内向申诉者作出答复。

电信用户对交纳本地电话费用有异议的，电信业务经营者还应当应电信用户的要求免费提供本地电话收费依据，并有义务采取必要措施协助电信用户查找原因。

第四十一条　电信业务经营者在电信服务中，不得有下列行为：

（一）以任何方式限定电信用户使用其指定的业务；

（二）限定电信用户购买其指定的电信终端设备或者拒绝电信用户使用自备的已经取得入网许可的电信终端设备；

（三）违反国家规定，擅自改变或者变相改变资费标准，擅自增加或者变相增加收费项目；

（四）无正当理由拒绝、拖延或者中止对电信用户的电信服务；

（五）对电信用户不履行公开作出的承诺或者作容易引起误解的虚假宣传；

（六）以不正当手段刁难电信用户或者对投诉的电信用户打击报复。

第四十二条　电信业务经营者在电信业务经营活动中，不得有下列行为：

（一）以任何方式限制电信用户选择其他电信业务经营者依法开办的

电信服务；

（二）对其经营的不同业务进行不合理的交叉补贴；

（三）以排挤竞争对手为目的，低于成本提供电信业务或者服务，进行不正当竞争。

第四十三条　国务院信息产业主管部门或者省、自治区、直辖市电信管理机构应当依据职权对电信业务经营者的电信服务质量和经营活动进行监督检查，并向社会公布监督抽查结果。

第四十四条　电信业务经营者必须按照国家有关规定履行相应的电信普遍服务义务。

国务院信息产业主管部门可以采取指定的或者招标的方式确定电信业务经营者具体承担电信普遍服务的义务。

电信普遍服务成本补偿管理办法，由国务院信息产业主管部门会同国务院财政部门、价格主管部门制定，报国务院批准后公布施行。

第四章　电信建设

第一节　电信设施建设

第四十五条　公用电信网、专用电信网、广播电视传输网的建设应当接受国务院信息产业主管部门的统筹规划和行业管理。

属于全国性信息网络工程或者国家规定限额以上建设项目的公用电信网、专用电信网、广播电视传输网建设，在按照国家基本建设项目审批程序报批前，应当征得国务院信息产业主管部门同意。

基础电信建设项目应当纳入地方各级人民政府城市建设总体规划和村镇、集镇建设总体规划。

第四十六条　城市建设和村镇、集镇建设应当配套设置电信设施。建筑物内的电信管线和配线设施以及建设项目用地范围内的电信管道，应当纳入建设项目的设计文件，并随建设项目同时施工与验收。所需经费应当纳入建设项目概算。

有关单位或者部门规划、建设道路、桥梁、隧道或者地下铁道等，应当事先通知省、自治区、直辖市电信管理机构和电信业务经营者，协商预留电信管线等事宜。

第四十七条　基础电信业务经营者可以在民用建筑物上附挂电信线路或者设置小型天线、移动通信基站等公用电信设施，但是应当事先通知建筑物产权人或者使用人，并按照省、自治区、直辖市人民政府规定的标准向该建筑物的产权人或者其他权利人支付使用费。

第四十八条　建设地下、水底等隐蔽电信设施和高空电信设施，应当按照国家有关规定设置标志。

基础电信业务经营者建设海底电信缆线，应当征得国务院信息产业主管部门同意，并征求有关部门意见后，依法办理有关手续。海底电信缆线由国务院有关部门在海图上标出。

第四十九条　任何单位或者个人不得擅自改动或者迁移他人的电信线路及其他电信设施；遇有特殊情况必须改动或者迁移的，应当征得该电信设施产权人同意，由提出改动或者迁移要求的单位或者个人承担改动或者迁移所需费用，并赔偿由此造成的经济损失。

第五十条　从事施工、生产、种植树木等活动，不得危及电信线路或者其他电信设施的安全或者妨碍线路畅通；可能危及电信安全时，应当事先通知有关电信业务经营者，并由从事该活动的单位或者个人负责采取必要的安全防护措施。

违反前款规定，损害电信线路或者其他电信设施或者妨碍线路畅通的，应当恢复原状或者予以修复，并赔偿由此造成的经济损失。

第五十一条　从事电信线路建设，应当与已建的电信线路保持必要的安全距离；难以避开或者必须穿越，或者需要使用已建电信管道的，应当与已建电信线路的产权人协商，并签订协议；经协商不能达成协议的，根据不同情况，由国务院信息产业主管部门或者省、自治区、直辖市电信管理机构协调解决。

第五十二条　任何组织或者个人不得阻止或者妨碍基础电信业务经营者依法从事电信设施建设和向电信用户提供公共电信服务；但是，国家规定禁止或者限制进入的区域除外。

第五十三条　执行特殊通信、应急通信和抢修、抢险任务的电信车辆，经公安交通管理机关批准，在保障交通安全畅通的前提下可以不受各种禁止机动车通行标志的限制。

第二节　电信设备进网

第五十四条　国家对电信终端设备、无线电通信设备和涉及网间互联的设备实行进网许可制度。

接入公用电信网的电信终端设备、无线电通信设备和涉及网间互联的设备，必须符合国家规定的标准并取得进网许可证。

实行进网许可制度的电信设备目录，由国务院信息产业主管部门会同国务院产品质量监督部门制定并公布施行。

第五十五条　办理电信设备进网许可证的，应当向国务院信息产业主管部门提出申请，并附送经国务院产品质量监督部门认可的电信设备检测机构出具的检测报告或者认证机构出具的产品质量认证证书。

国务院信息产业主管部门应当自收到电信设备进网许可申请之日起 60 日内，对申请及电信设备检测报告或者产品质量认证证书审查完毕。经审查合格的，颁发进网许可证；经审查不合格的，应当书面答复并说明理由。

第五十六条　电信设备生产企业必须保证获得进网许可的电信设备的质量稳定、可靠，不得降低产品质量和性能。

电信设备生产企业应当在其生产的获得进网许可的电信设备上粘贴进网许可标志。

国务院产品质量监督部门应当会同国务院信息产业主管部门对获得进网许可证的电信设备进行质量跟踪和监督抽查，公布抽查结果。

第五章　电信安全

第五十七条　任何组织或者个人不得利用电信网络制作、复制、发布、传播含有下列内容的信息：

（一）反对宪法所确定的基本原则的；

（二）危害国家安全，泄露国家秘密，颠覆国家政权，破坏国家统一的；

（三）损害国家荣誉和利益的；

（四）煽动民族仇恨、民族歧视，破坏民族团结的；

（五）破坏国家宗教政策，宣扬邪教和封建迷信的；

（六）散布谣言，扰乱社会秩序，破坏社会稳定的；

（七）散布淫秽、色情、赌博、暴力、凶杀、恐怖或者教唆犯罪的；

（八）侮辱或者诽谤他人，侵害他人合法权益的；

（九）含有法律、行政法规禁止的其他内容的。

第五十八条　任何组织或者个人不得有下列危害电信网络安全和信息安全的行为：

（一）对电信网的功能或者存储、处理、传输的数据和应用程序进行删除或者修改；

（二）利用电信网从事窃取或者破坏他人信息、损害他人合法权益的活动；

（三）故意制作、复制、传播计算机病毒或者以其他方式攻击他人电信网络等电信设施；

（四）危害电信网络安全和信息安全的其他行为。

第五十九条　任何组织或者个人不得有下列扰乱电信市场秩序的

行为：

（一）采取租用电信国际专线、私设转接设备或者其他方法，擅自经营国际或者香港特别行政区、澳门特别行政区和台湾地区电信业务；

（二）盗接他人电信线路，复制他人电信码号，使用明知是盗接、复制的电信设施或者码号；

（三）伪造、变造电话卡及其他各种电信服务有价凭证；

（四）以虚假、冒用的身份证件办理入网手续并使用移动电话。

第六十条　电信业务经营者应当按照国家有关电信安全的规定，建立健全内部安全保障制度，实行安全保障责任制。

第六十一条　电信业务经营者在电信网络的设计、建设和运行中，应当做到与国家安全和电信网络安全的需求同步规划，同步建设，同步运行。

第六十二条　在公共信息服务中，电信业务经营者发现电信网络中传输的信息明显属于本条例第五十七条所列内容的，应当立即停止传输，保存有关记录，并向国家有关机关报告。

第六十三条　使用电信网络传输信息的内容及其后果由电信用户负责。

电信用户使用电信网络传输的信息属于国家秘密信息的，必须依照保守国家秘密法的规定采取保密措施。

第六十四条　在发生重大自然灾害等紧急情况下，经国务院批准，国务院信息产业主管部门可以调用各种电信设施，确保重要通信畅通。

第六十五条　在中华人民共和国境内从事国际通信业务，必须通过国务院信息产业主管部门批准设立的国际通信出入口局进行。

我国内地与香港特别行政区、澳门特别行政区和台湾地区之间的通信，参照前款规定办理。

第六十六条　电信用户依法使用电信的自由和通信秘密受法律保护。除因国家安全或者追查刑事犯罪的需要，由公安机关、国家安全机关或者人民检察院依照法律规定的程序对电信内容进行检查外，任何组织或者个人不得以任何理由对电信内容进行检查。

电信业务经营者及其工作人员不得擅自向他人提供电信用户使用电信网络所传输信息的内容。

第六章　罚　则

第六十七条　违反本条例第五十七条、第五十八条的规定，构成犯罪的，依法追究刑事责任；尚不构成犯罪的，由公安机关、国家安全机关依照有关法律、行政法规的规定予以处罚。

第六十八条 有本条例第五十九条第（二）、（三）、（四）项所列行为之一，扰乱电信市场秩序，构成犯罪的，依法追究刑事责任；尚不构成犯罪的，由国务院信息产业主管部门或者省、自治区、直辖市电信管理机构依据职权责令改正，没收违法所得，处违法所得3倍以上5倍以下罚款；没有违法所得或者违法所得不足1万元的，处1万元以上10万元以下罚款。

第六十九条 违反本条例的规定，伪造、冒用、转让电信业务经营许可证、电信设备进网许可证或者编造在电信设备上标注的进网许可证编号的，由国务院信息产业主管部门或者省、自治区、直辖市电信管理机构依据职权没收违法所得，处违法所得3倍以上5倍以下罚款；没有违法所得或者违法所得不足1万元的，处1万元以上10万元以下罚款。

第七十条 违反本条例规定，有下列行为之一的，由国务院信息产业主管部门或者省、自治区、直辖市电信管理机构依据职权责令改正，没收违法所得，处违法所得3倍以上5倍以下罚款；没有违法所得或者违法所得不足5万元的，处10万元以上100万元以下罚款；情节严重的，责令停业整顿：

（一）违反本条例第七条第三款的规定或者有本条例第五十九条第（一）项所列行为，擅自经营电信业务的，或者超范围经营电信业务的；

（二）未通过国务院信息产业主管部门批准，设立国际通信出入口进行国际通信的；

（三）擅自使用、转让、出租电信资源或者改变电信资源用途的；

（四）擅自中断网间互联互通或者接入服务的；

（五）拒不履行普遍服务义务的。

第七十一条 违反本条例的规定，有下列行为之一的，由国务院信息产业主管部门或者省、自治区、直辖市电信管理机构依据职权责令改正，没收违法所得，处违法所得1倍以上3倍以下罚款；没有违法所得或者违法所得不足1万元的，处1万元以上10万元以下罚款；情节严重的，责令停业整顿：

（一）在电信网间互联中违反规定加收费用的；

（二）遇有网间通信技术障碍，不采取有效措施予以消除的；

（三）擅自向他人提供电信用户使用电信网络所传输信息的内容的；

（四）拒不按照规定缴纳电信资源使用费的。

第七十二条 违反本条例第四十二条的规定，在电信业务经营活动中进行不正当竞争的，由国务院信息产业主管部门或者省、自治区、直辖市电信管理机构依据职权责令改正，处 10 万元以上 100 万元以下罚款；情节严重的，责令停业整顿。

第七十三条　违反本条例的规定，有下列行为之一的，由国务院信息产业主管部门或者省、自治区、直辖市电信管理机构依据职权责令改正，处 5 万元以上 50 万元以下罚款；情节严重的，责令停业整顿：

（一）拒绝其他电信业务经营者提出的互联互通要求的；

（二）拒不执行国务院信息产业主管部门或者省、自治区、直辖市电信管理机构依法作出的互联互通决定的；

（三）向其他电信业务经营者提供网间互联的服务质量低于本网及其子公司或者分支机构的。

第七十四条　违反本条例第三十四条第一款、第四十条第二款的规定，电信业务经营者拒绝免费为电信用户提供国内长途通信、国际通信、移动通信和信息服务等收费清单，或者电信用户对交纳本地电话费用有异议并提出要求时，拒绝为电信用户免费提供本地电话收费依据的，由省、自治区、直辖市电信管理机构责令改正，并向电信用户赔礼道歉；拒不改正并赔礼道歉的，处以警告，并处 5000 元以上 5 万元以下的罚款。

第七十五条　违反本条例第四十一条的规定，由省、自治区、直辖市电信管理机构责令改正，并向电信用户赔礼道歉，赔偿电信用户损失；拒不改正并赔礼道歉、赔偿损失的，处以警告，并处 1 万元以上 10 万元以下的罚款；情节严重的，责令停业整顿。

第七十六条　违反本条例的规定，有下列行为之一的，由省、自治区、直辖市电信管理机构责令改正，处 1 万元以上 10 万元以下的罚款：

（一）销售未取得进网许可的电信终端设备的；

（二）非法阻止或者妨碍电信业务经营者向电信用户提供公共电信服务的；

（三）擅自改动或者迁移他人的电信线路及其他电信设施的。

第七十七条　违反本条例的规定，获得电信设备进网许可证后降低产品质量和性能的，由产品质量监督部门依照有关法律、行政法规的规定予以处罚。

第七十八条　有本条例第五十七条、第五十八条和第五十九条所列禁止行为之一，情节严重的，由原发证机关吊销电信业务经营许可证。

国务院信息产业主管部门或者省、自治区、直辖市电信管理机构吊销电信业务经营许可证后，应当通知企业登记机关。

第七十九条　国务院信息产业主管部门或者省、自治区、直辖市电信管理机构工作人员玩忽职守、滥用职权、徇私舞弊，构成犯罪的，依法追究刑事责任；尚不构成犯罪的，依法给予行政处分。

第七章　附　则

第八十条　外国的组织或者个人在中华人民共和国境内投资与经营电信业务和香港特别行政区、澳门特别行政区与台湾地区的组织或者个人在内地投资与经营电信业务的具体办法，由国务院另行制定。

第八十一条　本条例自公布之日起施行。

附：电信业务分类目录

一、基础电信业务

（一）固定网络国内长途及本地电话业务；

（二）移动网络电话和数据业务；

（三）卫星通信及卫星移动通信业务；

（四）互联网及其它公共数据传送业务；

（五）带宽、波长、光纤、光缆、管道及其它网络元素出租、出售业务；

（六）网络承载、接入及网络外包等业务；

（七）国际通信基础设施、国际电信业务；

（八）无线寻呼业务；

（九）转售的基础电信业务。

第（八）、（九）项业务比照增值电信业务管理。

二、增值电信业务

（一）电子邮件；

（二）语音信箱；

（三）在线信息库存储和检索；

（四）电子数据交换；

（五）在线数据处理与交易处理；

（六）增值传真；

（七）互联网接入服务；

（八）互联网信息服务；

（九）可视电话会议服务。

互联网管理条例

第一章　总　则

第一条　为了加强对互联网上网服务营业场所的管理，规范经营者的经营行为，维护公众和经营者的合法权益，保障互联网上网服务经营活动健康发展，促进社会主义精神文明建设，制定本条例。

第二条　本条例所称互联网上网服务营业场所，是指通过计算机等装置向公众提供互联网上网服务的网吧、电脑休闲室等营业性场所。

学校、图书馆等单位内部附设的为特定对象获取资料、信息提供上网服务的场所，应当遵守有关法律、法规，不适用本条例。

第三条　互联网上网服务营业场所经营单位应当遵守有关法律、法规的规定，加强行业自律，自觉接受政府有关部门依法实施的监督管理，为上网消费者提供良好的服务。

互联网上网服务营业场所的上网消费者，应当遵守有关法律、法规的规定，遵守社会公德，开展文明、健康的上网活动。

第四条　县级以上人民政府文化行政部门负责互联网上网服务营业场所经营单位的设立审批，并负责对依法设立的互联网上网服务营业场所经营单位经营活动的监督管理；公安机关负责对互联网上网服务营业场所经营单位的信息网络安全、治安及消防安全的监督管理；工商行政管理部门负责对互联网上网服务营业场所经营单位登记注册和营业执照的管理，并依法查处无照经营活动；电信管理等其他有关部门在各自职责范围内，依照本条例和有关法律、行政法规的规定，对互联网上网服务营业场所经营单位分别实施有关监督管理。

第五条　文化行政部门、公安机关、工商行政管理部门和其他有关部门及其工作人员不得从事或者变相从事互联网上网服务经营活动，也不得参与或者变相参与互联网上网服务营业场所经营单位的经营活动。

第六条　国家鼓励公民、法人和其他组织对互联网上网服务营业场所经营单位的经营活动进行监督，并对有突出贡献的给予奖励。

第二章　设　立

第七条　国家对互联网上网服务营业场所经营单位的经营活动实行许可制度。未经许可，任何组织和个人不得设立互联网上网服务营业场所，不得从事互联网上网服务经营活动。

第八条　设立互联网上网服务营业场所经营单位，应当采用企业的组织形式，并具备下列条件：

（一）有企业的名称、住所、组织机构和章程；

（二）有与其经营活动相适应的资金；

（三）有与其经营活动相适应并符合国家规定的消防安全条件的营业场所；

（四）有健全、完善的信息网络安全管理制度和安全技术措施；

（五）有固定的网络地址和与其经营活动相适应的计算机等装置及附属设备；

（六）有与其经营活动相适应并取得从业资格的安全管理人员、经营管理人员、专业技术人员；

（七）法律、行政法规和国务院有关部门规定的其他条件。

互联网上网服务营业场所的最低营业面积、计算机等装置及附属设备数量、单机面积的标准，由国务院文化行政部门规定。

审批设立互联网上网服务营业场所经营单位，除依照本条第一款、第二款规定的条件外，还应当符合国务院文化行政部门和省、自治区、直辖市人民政府文化行政部门规定的互联网上网服务营业场所经营单位的总量和布局要求。

第九条　中学、小学校园周围200米范围内和居民住宅楼（院）内不得设立互联网上网服务营业场所。

第十条　设立互联网上网服务营业场所经营单位，应当向县级以上地方人民政府文化行政部门提出申请，并提交下列文件：

（一）名称预先核准通知书和章程；

（二）法定代表人或者主要负责人的身份证明材料；

（三）资金信用证明；

（四）营业场所产权证明或者租赁意向书；

（五）依法需要提交的其他文件。

第十一条　文化行政部门应当自收到设立申请之日起20个工作日内作出决定；经审查，符合条件的，发给同意筹建的批准文件。

申请人完成筹建后，持同意筹建的批准文件到同级公安机关申请信息网络安全和消防安全审核。公安机关应当自收到申请之日起20个工作日内作出决定；经实地检查并审核合格的，发给批准文件。

申请人持公安机关批准文件向文化行政部门申请最终审核。文化行政部门应当自收到申请之日起15个工作日内依据本条例第八条的规定作出决定；经实地检查并审核合格的，发给《网络文化经营许可证》。

对申请人的申请，文化行政部门经审查不符合条件的，或者公安机关经审核不合格的，应当分别向申请人书面说明理由。

申请人持《网络文化经营许可证》到工商行政管理部门申请登记注册，依法领取营业执照后，方可开业。

第十二条　互联网上网服务营业场所经营单位不得涂改、出租、出借或者以其他方式转让《网络文化经营许可证》。

第十三条　互联网上网服务营业场所经营单位变更营业场所地址或者对营业场所进行改建、扩建，变更计算机数量或者其他重要事项的，应当经原审核机关同意。

互联网上网服务营业场所经营单位变更名称、住所、法定代表人或者主要负责人、注册资本、网络地址或者终止经营活动的，应当依法到工商行政管理部门办理变更登记或者注销登记，并到文化行政部门、公安机关办理有关手续或者备案。

第三章　经　营

第十四条　互联网上网服务营业场所经营单位和上网消费者不得利用互联网上网服务营业场所制作、下载、复制、查阅、发布、传播或者以其他方式使用含有下列内容的信息：

（一）反对宪法确定的基本原则的；

（二）危害国家统一、主权和领土完整的；

（三）泄露国家秘密，危害国家安全或者损害国家荣誉和利益的；

（四）煽动民族仇恨、民族歧视，破坏民族团结，或者侵害民族风俗、习惯的；

（五）破坏国家宗教政策，宣扬邪教、迷信的；

（六）散布谣言，扰乱社会秩序，破坏社会稳定的；

（七）宣传淫秽、赌博、暴力或者教唆犯罪的；

（八）侮辱或者诽谤他人，侵害他人合法权益的；

（九）危害社会公德或者民族优秀文化传统的；

（十）含有法律、行政法规禁止的其他内容的。

第十五条　互联网上网服务营业场所经营单位和上网消费者不得进行下列危害信息网络安全的活动：

（一）故意制作或者传播计算机病毒以及其他破坏性程序的；

（二）非法侵入计算机信息系统或者破坏计算机信息系统功能、数据和应用程序的；

（三）进行法律、行政法规禁止的其他活动的。

第十六条　互联网上网服务营业场所经营单位应当通过依法取得经营许可证的互联网接入服务提供者接入互联网，不得采取其他方式接入互联网。互联网上网服务营业场所经营单位提供上网消费者使用的计算机必须通过局域网的方式接入互联网，不得直接接入互联网。

第十七条　互联网上网服务营业场所经营单位不得经营非网络游戏。

第十八条　互联网上网服务营业场所经营单位和上网消费者不得利用网络游戏或者其他方式进行赌博或者变相赌博活动。

第十九条　互联网上网服务营业场所经营单位应当实施经营管理技术措施，建立场内巡查制度，发现上网消费者有本条例第十四条、第十五条、第十八条所列行为或者有其他违法行为的，应当立即予以制止并向文化行政部门、公安机关举报。

第二十条　互联网上网服务营业场所经营单位应当在营业场所的显著位置悬挂《网络文化经营许可证》和营业执照。

第二十一条　互联网上网服务营业场所经营单位不得接纳未成年人进入营业场所。

互联网上网服务营业场所经营单位应当在营业场所入口处的显著位置悬挂未成年人禁入标志。

第二十二条　互联网上网服务营业场所每日营业时间限于 8 时至 24 时。

第二十三条　互联网上网服务营业场所经营单位应当对上网消费者的身份证等有效证件进行核对、登记，并记录有关上网信息。登记内容和记录备份保存时间不得少于 60 日，并在文化行政部门、公安机关依法查询时予以提供。登记内容和记录备份在保存期内不得修改或者删除。

第二十四条　互联网上网服务营业场所经营单位应当依法履行信息网络安全、治安和消防安全职责，并遵守下列规定：

（一）禁止明火照明和吸烟并悬挂禁止吸烟标志；

（二）禁止带入和存放易燃、易爆物品；

（三）不得安装固定的封闭门窗栅栏；

（四）营业期间禁止封堵或者锁闭门窗、安全疏散通道和安全出口；

（五）不得擅自停止实施安全技术措施。

第四章　罚　则

第二十五条　文化行政部门、公安机关、工商行政管理部门或者其他有关部门及其工作人员，利用职务上的便利收受他人财物或者其他好处，违法批准不符合法定设立条件的互联网上网服务营业场所经营单位，或者不依法履行监督职责，或者发现违法行为不予依法查处，触犯刑律的，对直接负责的主管人员和其他直接责任人员依照刑法关于受贿罪、滥用职权罪、玩忽职守罪或者其他罪的规定，依法追究刑事责任；尚不够刑事处罚的，依法给予降级、撤职或者开除的行政处分。

第二十六条　文化行政部门、公安机关、工商行政管理部门或者其他有关部门的工作人员，从事或者变相从事互联网上网服务经营活动的，参与或者变相参与互联网上网服务营业场所经营单位的经营活动的，依法给予降级、撤职或者开除的行政处分。

文化行政部门、公安机关、工商行政管理部门或者其他有关部门有前款所列行为的，对直接负责的主管人员和其他直接责任人员依照前款规定依法给予行政处分。

第二十七条　违反本条例的规定，擅自设立互联网上网服务营业场所，或者擅自从事互联网上网服务经营活动的，由工商行政管理部门或者由工商行政管理部门会同公安机关依法予以取缔，查封其从事违法经营活动的场所，扣押从事违法经营活动的专用工具、设备；触犯刑律的，依照刑法关于非法经营罪的规定，依法追究刑事责任；尚不够刑事处罚的，由工商行政管理部门没收违法所得及其从事违法经营活动的专用工具、设备；违法经营额 1 万元以上的，并处违法经营额 5 倍以上 10 倍以下的罚款；违法经营额不足 1 万元的，并处 1 万元以上 5 万元以下的罚款。

第二十八条　互联网上网服务营业场所经营单位违反本条例的规定，涂改、出租、出借或者以其他方式转让《网络文化经营许可证》，触犯刑律的，依照刑法关于伪造、变造、买卖国家机关公文、证件、印章罪的规定，依法追究刑事责任；尚不够刑事处罚的，由文化行政部门吊销《网络文化经营许可证》，没收违法所得；违法经营额 5000 元以上的，并处违法经营额 2 倍以上 5 倍以下的罚款；违法经营额不足 5000 元的，并处 5000 元以上 1 万元以下的罚款。

第二十九条　互联网上网服务营业场所经营单位违反本条例的规定，利用营业场所制作、下载、复制、查阅、发布、传播或者以其他方式使用含有本条例第十四条规定禁止含有的内容的信息，触犯刑律的，依法追究刑事责任；尚不够刑事处罚的，由公安机关给予警告，没收违法所得；违法经营额 1 万元以上的，并处违法经营额 2 倍以上 5 倍以下的罚款；违法经营额不足 1 万元的，并处 1 万元以上 2 万元以下的罚款；情节严重的，责令停业整顿，直至由文化行政部门吊销《网络文化经营许可证》。

上网消费者有前款违法行为，触犯刑律的，依法追究刑事责任；尚不够刑事处罚的，由公安机关依照治安管理处罚条例的规定给予处罚。

第三十条　互联网上网服务营业场所经营单位违反本条例的规定，有下列行为之一的，由文化行政部门给予警告，可以并处15000元以下的罚款；情节严重的，责令停业整顿，直至吊销《网络文化经营许可证》：

（一）在规定的营业时间以外营业的；

（二）接纳未成年人进入营业场所的；

（三）经营非网络游戏的；

（四）擅自停止实施经营管理技术措施的；

（五）未悬挂《网络文化经营许可证》或者未成年人禁入标志的。

第三十一条　互联网上网服务营业场所经营单位违反本条例的规定，有下列行为之一的，由文化行政部门、公安机关依据各自职权给予警告，可以并处15000元以下的罚款；情节严重的，责令停业整顿，直至由文化行政部门吊销《网络文化经营许可证》：

（一）向上网消费者提供的计算机未通过局域网的方式接入互联网的；

（二）未建立场内巡查制度，或者发现上网消费者的违法行为未予制止并向文化行政部门、公安机关举报的；

（三）未按规定核对、登记上网消费者的有效身份证件或者记录有关上网信息的；

（四）未按规定时间保存登记内容、记录备份，或者在保存期内修改、删除登记内容、记录备份的；

（五）变更名称、住所、法定代表人或者主要负责人、注册资本、网络地址或者终止经营活动，未向文化行政部门、公安机关办理有关手续或者备案的。

第三十二条　互联网上网服务营业场所经营单位违反本条例的规定，有下列行为之一的，由公安机关给予警告，可以并处15000元以下的罚款；情节严重的，责令停业整顿，直至由文化行政部门吊销《网络文化经营许可证》：

（一）利用明火照明或者发现吸烟不予制止，或者未悬挂禁止吸烟标志的；

（二）允许带入或者存放易燃、易爆物品的；

（三）在营业场所安装固定的封闭门窗栅栏的；

（四）营业期间封堵或者锁闭门窗、安全疏散通道或者安全出口的；

（五）擅自停止实施安全技术措施的。

第三十三条　违反国家有关信息网络安全、治安管理、消防管理、工商行政管理、电信管理等规定，触犯刑律的，依法追究刑事责任；尚不够刑事处罚的，由公安机关、工商行政管理部门、电信管理机构依法给予处罚；情节严重的，由原发证机关吊销许可证件。

第三十四条　互联网上网服务营业场所经营单位违反本条例的规定，被处以吊销《网络文化经营许可证》行政处罚的，应当依法到工商行政管理部门办理变更登记或者注销登记；逾期未办理的，由工商行政管理部门吊销营业执照。

第三十五条　互联网上网服务营业场所经营单位违反本条例的规定，被吊销《网络文化经营许可证》的，自被吊销《网络文化经营许可证》之日起 5 年内，其法定代表人或者主要负责人不得担任互联网上网服务营业场所经营单位的法定代表人或者主要负责人。

擅自设立的互联网上网服务营业场所经营单位被依法取缔的，自被取缔之日起 5 年内，其主要负责人不得担任互联网上网服务营业场所经营单位的法定代表人或者主要负责人。

第三十六条　依照本条例的规定实施罚款的行政处罚，应当依照有关法律、行政法规的规定，实行罚款决定与罚款收缴分离；收缴的罚款和违法所得必须全部上缴国库。

第五章　附　则

第三十七条　本条例自 2002 年 11 月 15 日起施行。2001 年 4 月 3 日信息产业部、公安部、文化部、国家工商行政管理局发布的《互联网上网服务营业场所管理办法》同时废止。

信息网络传播权保护条例

第一条　为保护著作权人、表演者、录音录像制作者（以下统称权利人）的信息网络传播权，鼓励有益于社会主义精神文明、物质文明建设的作品的创作和传播，根据《中华人民共和国著作权法》（以下简称著作权法），制定本条例。

第二条　权利人享有的信息网络传播权受著作权法和本条例保护。除法律、行政法规另有规定的外，任何组织或者个人将他人的作品、表演、录音录像制品通过信息网络向公众提供，应当取得权利人许可，并支付报酬。

第三条　依法禁止提供的作品、表演、录音录像制品，不受本条例保护。权利人行使信息网络传播权，不得违反宪法和法律、行政法规，不得损害公共利益。

第四条　为了保护信息网络传播权，权利人可以采取技术措施。

任何组织或者个人不得故意避开或者破坏技术措施，不得故意制造、进口或者向公众提供主要用于避开或者破坏技术措施的装置或者部件，不得故意为他人避开或者破坏技术措施提供技术服务。但是，法律、行政法规规定可以避开的除外。

第五条　未经权利人许可，任何组织或者个人不得进行下列行为：

（一）故意删除或者改变通过信息网络向公众提供的作品、表演、录音录像制品的权利管理电子信息，但由于技术上的原因无法避免删除或者改变的除外；

（二）通过信息网络向公众提供明知或者应知未经权利人许可被删除或者改变权利管理电子信息的作品、表演、录音录像制品。

第六条　通过信息网络提供他人作品，属于下列情形的，可以不经著作权人许可，不向其支付报酬：

（一）为介绍、评论某一作品或者说明某一问题，在向公众提供的作品中适当引用已经发表的作品；

（二）为报道时事新闻，在向公众提供的作品中不可避免地再现或者引用已经发表的作品；

（三）为学校课堂教学或者科学研究，向少数教学、科研人员提供少量已经发表的作品；

（四）国家机关为执行公务，在合理范围内向公众提供已经发表的

作品;

(五)将中国公民、法人或者其他组织已经发表的、以汉语言文字创作的作品翻译成的少数民族语言文字作品,向中国境内少数民族提供;

(六)不以营利为目的,以盲人能够感知的独特方式向盲人提供已经发表的文字作品;

(七)向公众提供在信息网络上已经发表的关于政治、经济问题的时事性文章;

(八)向公众提供在公众集会上发表的讲话。

第七条　图书馆、档案馆、纪念馆、博物馆、美术馆等可以不经著作权人许可,通过信息网络向本馆馆舍内服务对象提供本馆收藏的合法出版的数字作品和依法为陈列或者保存版本的需要以数字化形式复制的作品,不向其支付报酬,但不得直接或者间接获得经济利益。当事人另有约定的除外。

前款规定的为陈列或者保存版本需要以数字化形式复制的作品,应当是已经损毁或者濒临损毁、丢失或者失窃,或者其存储格式已经过时,并且在市场上无法购买或者只能以明显高于标定的价格购买的作品。

第八条　为通过信息网络实施九年制义务教育或者国家教育规划,可以不经著作权人许可,使用其已经发表作品的片段或者短小的文字作品、音乐作品或者单幅的美术作品、摄影作品制作课件,由制作课件或者依法取得课件的远程教育机构通过信息网络向注册学生提供,但应当向著作权人支付报酬。

第九条　为扶助贫困,通过信息网络向农村地区的公众免费提供中国公民、法人或者其他组织已经发表的种植养殖、防病治病、防灾减灾等与扶助贫困有关的作品和适应基本文化需求的作品,网络服务提供者应当在提供前公告拟提供的作品及其作者、拟支付报酬的标准。自公告之日起 30 日内,著作权人不同意提供的,网络服务提供者不得提供其作品;自公告之日起满 30 日,著作权人没有异议的,网络服务提供者可以提供其作品,并按照公告的标准向著作权人支付报酬。网络服务提供者提供著作权人的作品后,著作权人不同意提供的,网络服务提供者应当立即删除著作权人的作品,并按照公告的标准向著作权人支付提供作品期间的报酬。

依照前款规定提供作品的,不得直接或者间接获得经济利益。

第十条　依照本条例规定不经著作权人许可、通过信息网络向公众提供其作品的,还应当遵守下列规定:

(一)除本条例第六条第(一)项至第(六)项、第七条规定的情形外，不得提供作者事先声明不许提供的作品；

（二）指明作品的名称和作者的姓名（名称）；

（三）依照本条例规定支付报酬；

（四）采取技术措施，防止本条例第七条、第八条、第九条规定的服务对象以外的其他人获得著作权人的作品，并防止本条例第七条规定的服务对象的复制行为对著作权人利益造成实质性损害；

（五）不得侵犯著作权人依法享有的其他权利。

第十一条　通过信息网络提供他人表演、录音录像制品的，应当遵守本条例第六条至第十条的规定。

第十二条　属于下列情形的，可以避开技术措施，但不得向他人提供避开技术措施的技术、装置或者部件，不得侵犯权利人依法享有的其他权利：

（一）为学校课堂教学或者科学研究，通过信息网络向少数教学、科研人员提供已经发表的作品、表演、录音录像制品，而该作品、表演、录音录像制品只能通过信息网络获取；

（二）不以营利为目的，通过信息网络以盲人能够感知的独特方式向盲人提供已经发表的文字作品，而该作品只能通过信息网络获取；

（三）国家机关依照行政、司法程序执行公务；

（四）在信息网络上对计算机及其系统或者网络的安全性能进行测试。

第十三条　著作权行政管理部门为了查处侵犯信息网络传播权的行为，可以要求网络服务提供者提供涉嫌侵权的服务对象的姓名（名称）、联系方式、网络地址等资料。

第十四条　对提供信息存储空间或者提供搜索、链接服务的网络服务提供者，权利人认为其服务所涉及的作品、表演、录音录像制品，侵犯自己的信息网络传播权或者被删除、改变了自己的权利管理电子信息的，可以向该网络服务提供者提交书面通知，要求网络服务提供者删除该作品、表演、录音录像制品，或者断开与该作品、表演、录音录像制品的链接。通知书应当包含下列内容：

（一）权利人的姓名（名称）、联系方式和地址；

（二）要求删除或者断开链接的侵权作品、表演、录音录像制品的名称和网络地址；

（三）构成侵权的初步证明材料。

权利人应当对通知书的真实性负责。

第十五条　网络服务提供者接到权利人的通知书后，应当立即删除涉嫌侵权的作品、表演、录音录像制品，或者断开与涉嫌侵权的作品、表演、录音录像制品的链接，并同时将通知书转送提供作品、表演、录音录像制品的服务对象；服务对象网络地址不明、无法转送的，应当将通知书的内容同时在信息网络上公告。

第十六条　服务对象接到网络服务提供者转送的通知书后，认为其提供的作品、表演、录音录像制品未侵犯他人权利的，可以向网络服务提供者提交书面说明，要求恢复被删除的作品、表演、录音录像制品，或者恢复与被断开的作品、表演、录音录像制品的链接。书面说明应当包含下列内容：

（一）服务对象的姓名（名称）、联系方式和地址；

（二）要求恢复的作品、表演、录音录像制品的名称和网络地址；

（三）不构成侵权的初步证明材料。

服务对象应当对书面说明的真实性负责。

第十七条　网络服务提供者接到服务对象的书面说明后，应当立即恢复被删除的作品、表演、录音录像制品，或者可以恢复与被断开的作品、表演、录音录像制品的链接，同时将服务对象的书面说明转送权利人。权利人不得再通知网络服务提供者删除该作品、表演、录音录像制品，或者断开与该作品、表演、录音录像制品的链接。

第十八条　违反本条例规定，有下列侵权行为之一的，根据情况承担停止侵害、消除影响、赔礼道歉、赔偿损失等民事责任；同时损害公共利益的，可以由著作权行政管理部门责令停止侵权行为，没收违法所得，并可处以 10 万元以下的罚款；情节严重的，著作权行政管理部门可以没收主要用于提供网络服务的计算机等设备；构成犯罪的，依法追究刑事责任：

（一）通过信息网络擅自向公众提供他人的作品、表演、录音录像制品的；

（二）故意避开或者破坏技术措施的；

（三）故意删除或者改变通过信息网络向公众提供的作品、表演、录音录像制品的权利管理电子信息，或者通过信息网络向公众提供明知或者应知未经权利人许可而被删除或者改变权利管理电子信息的作品、表演、录音录像制品的；

（四）为扶助贫困通过信息网络向农村地区提供作品、表演、录音录像制品超过规定范围，或者未按照公告的标准支付报酬，或者在权利人不同意提供其作品、表演、录音录像制品后未立即删除的；

（五）通过信息网络提供他人的作品、表演、录音录像制品，未指明作品、表演、录音录像制品的名称或者作者、表演者、录音录像制作者的姓名（名称），或者未支付报酬，或者未依照本条例规定采取技术措施防止服务对象以外的其他人获得他人的作品、表演、录音录像制品，或者未防止服务对象的复制行为对权利人利益造成实质性损害的。

第十九条　违反本条例规定，有下列行为之一的，由著作权行政管理部门予以警告，没收违法所得，没收主要用于避开、破坏技术措施的装置或者部件；情节严重的，可以没收主要用于提供网络服务的计算机等设备，并可处以 10 万元以下的罚款；构成犯罪的，依法追究刑事责任：

（一）故意制造、进口或者向他人提供主要用于避开、破坏技术措施的装置或者部件，或者故意为他人避开或者破坏技术措施提供技术服务的；

（二）通过信息网络提供他人的作品、表演、录音录像制品，获得经济利益的；

（三）为扶助贫困通过信息网络向农村地区提供作品、表演、录音录像制品，未在提供前公告作品、表演、录音录像制品的名称和作者、表演者、录音录像制作者的姓名（名称）以及报酬标准的。

第二十条　网络服务提供者根据服务对象的指令提供网络自动接入服务，或者对服务对象提供的作品、表演、录音录像制品提供自动传输服务，并具备下列条件的，不承担赔偿责任：

（一）未选择并且未改变所传输的作品、表演、录音录像制品；

（二）向指定的服务对象提供该作品、表演、录音录像制品，并防止指定的服务对象以外的其他人获得。

第二十一条　网络服务提供者为提高网络传输效率，自动存储从其他网络服务提供者获得的作品、表演、录音录像制品，根据技术安排自动向服务对象提供，并具备下列条件的，不承担赔偿责任：

（一）未改变自动存储的作品、表演、录音录像制品；

（二）不影响提供作品、表演、录音录像制品的原网络服务提供者掌握服务对象获取该作品、表演、录音录像制品的情况；

（三）在原网络服务提供者修改、删除或者屏蔽该作品、表演、录音录像制品时，根据技术安排自动予以修改、删除或者屏蔽。

第二十二条　网络服务提供者为服务对象提供信息存储空间，供服务对象通过信息网络向公众提供作品、表演、录音录像制品，并具备下列条件的，不承担赔偿责任：

（一）明确标示该信息存储空间是为服务对象所提供，并公开网络服务提供者的名称、联系人、网络地址；

（二）未改变服务对象所提供的作品、表演、录音录像制品；

（三）不知道也没有合理的理由应当知道服务对象提供的作品、表演、录音录像制品侵权；

（四）未从服务对象提供作品、表演、录音录像制品中直接获得经济利益；

（五）在接到权利人的通知书后，根据本条例规定删除权利人认为侵权的作品、表演、录音录像制品。

第二十三条　网络服务提供者为服务对象提供搜索或者链接服务，在接到权利人的通知书后，根据本条例规定断开与侵权的作品、表演、录音录像制品的链接的，不承担赔偿责任；但是，明知或者应知所链接的作品、表演、录音录像制品侵权的，应当承担共同侵权责任。

第二十四条　因权利人的通知导致网络服务提供者错误删除作品、表演、录音录像制品，或者错误断开与作品、表演、录音录像制品的链接，给服务对象造成损失的，权利人应当承担赔偿责任。

第二十五条　网络服务提供者无正当理由拒绝提供或者拖延提供涉嫌侵权的服务对象的姓名（名称）、联系方式、网络地址等资料的，由著作权行政管理部门予以警告；情节严重的，没收主要用于提供网络服务的计算机等设备。

第二十六条　本条例下列用语的含义：

信息网络传播权，是指以有线或者无线方式向公众提供作品、表演或者录音录像制品，使公众可以在其个人选定的时间和地点获得作品、表演或者录音录像制品的权利。

技术措施，是指用于防止、限制未经权利人许可浏览、欣赏作品、表演、录音录像制品的或者通过信息网络向公众提供作品、表演、录音录像制品的有效技术、装置或者部件。

权利管理电子信息，是指说明作品及其作者、表演及其表演者、录音录像制品及其制作者的信息，作品、表演、录音录像制品权利人的信息和使用条件的信息，以及表示上述信息的数字或者代码。

第二十七条　本条例自 2006 年 7 月 1 日起施行。

互联网文化管理暂行规定

（2003 年 5 月 10 日文化部令第 27 号发布，2004 年 7 月 1 日文化部令第 32 号修订）

第一条 为了加强对互联网文化的管理，保障互联网文化单位的合法权益，促进我国互联网文化健康、有序地发展，根据《互联网信息服务管理办法》以及国家有关规定，制定本规定。

第二条 本规定所称互联网文化产品是指通过互联网生产、传播和流通的文化产品，主要包括：

（一）专门为互联网传播而生产的网络音像（含 VOD、DV 等）、网络游戏、网络演出剧（节）目、网络艺术品、网络动漫画（含 FLASH 等）等互联网文化产品；

（二）将音像制品、游戏产品、演出剧（节）目、艺术品和动漫画等文化产品以一定的技术手段制作、复制到互联网上传播的互联网文化产品。

第三条 本规定所称互联网文化活动是指提供互联网文化产品及其服务的活动，主要包括：

（一）互联网文化产品的制作、复制、进口、批发、零售、出租、播放等活动；

（二）将文化产品登载在互联网上，或者通过互联网发送到计算机、固定电话机、移动电话机、收音机、电视机、游戏机等用户端，供上网用户浏览、阅读、欣赏、点播、使用或者下载的传播行为；

（三）互联网文化产品的展览、比赛等活动。互联网文化活动分为经营性和非经营性两类。经营性互联网文化活动是指以营利为目的，通过向上网用户收费或者电子商务、广告、赞助等方式获取利益，提供互联网文化产品及其服务的活动。非经营性互联网文化活动是指不以营利为目的向上网用户提供互联网文化产品及其服务的活动。

第四条 本规定所称互联网文化单位，是指经文化行政部门和电信管理机构批准，从事互联网文化活动的互联网信息服务提供者。

在中华人民共和国境内从事互联网文化活动，适用本规定。

第五条 从事互联网文化活动应当遵守宪法和有关法律、法规，坚持为人民服务、为社会主义服务的方向，弘扬民族优秀文化，传播有益于提高民族文化素质、推动经济发展、促进社会进步的思想道德、科学技术和文化知识，丰富人民的精神生活。

第六条　文化部负责制定互联网文化发展与管理的方针、政策和规划，监督管理全国互联网文化活动；依据有关法律、法规和规章，对经营性互联网文化单位实行许可制度，对非经营性互联网文化单位实行备案制度；对互联网文化内容实施监管，对违反国家有关法规的行为实施处罚。

省、自治区、直辖市人民政府文化行政部门负责本行政区域内互联网文化活动的日常管理工作，对申请从事经营性互联网文化活动的单位进行初审，对从事非经营性互联网文化活动的单位进行备案，对从事互联网文化活动违反国家有关法规的行为实施处罚。

第七条　设立经营性互联网文化单位，应当符合《互联网信息服务管理办法》的有关规定，并具备以下条件：

（一）有单位的名称、住所、组织机构和章程；

（二）有确定的互联网文化活动范围；

（三）有适应互联网文化活动需要并取得相应从业资格的 8 名以上业务管理人员和专业技术人员；

（四）有 100 万元以上的资金、适应互联网文化活动需要的设备、工作场所以及相应的经营管理技术措施；

（五）法律、法规规定的其他条件。审批设立经营性互联网文化单位，除依照前款所列条件外，还应当符合互联网文化单位总量、结构和布局的规划。

第八条　申请设立经营性互联网文化单位，应当向所在地省、自治区、直辖市人民政府文化行政部门提出申请，由省、自治区、直辖市人民政府文化行政部门初审后，报文化部审批。

第九条　申请设立经营性互联网文化单位，应当采用企业的组织形式，并提交下列文件：

（一）申请书；

（二）企业名称预先核准通知书或者营业执照和章程；

（三）资金来源、数额及其信用证明文件；

（四）法定代表人或者主要负责人及主要经营管理人员、专业技术人员的资格证明和身份证明文件；

（五）工作场所使用权证明文件；

（六）业务发展报告；

（七）依法需要提交的其他文件。对申请设立经营性互联网文化单位的，省、自治区、直辖市人民政府文化行政部门应当自受理申请之日起 20

个工作日内提出初审意见上报文化部，文化部自收到初审意见之日起20个工作日内做出批准或者不批准的决定，批准的，发给《网络文化经营许可证》；不批准的，应当说明理由。

第十条　非经营性互联网文化单位，应当在设立以后60日内向所在地省、自治区、直辖市人民政府文化行政部门备案，备案材料包括以下内容：

（一）备案报告书；

（二）章程；

（三）资金来源、数额及其信用证明文件；

（四）法定代表人或者主要负责人及主要业务管理人员、专业技术人员的资格证明和身份证明文件；

（五）工作场所使用权证明文件；

（六）需要提交的其他文件。

第十一条　申请设立经营性互联网文化单位经批准后，应当持《网络文化经营许可证》，按照《互联网信息服务管理办法》的有关规定，到所在地电信管理机构或者国务院信息产业主管部门办理相关手续。

第十二条　互联网文化单位应当在其网站主页的显著位置标明文化行政部门颁发的《网络文化经营许可证》编号或者备案编号，标明国务院信息产业主管部门或者省、自治区、直辖市电信管理机构颁发的经营许可证编号或者备案编号。

第十三条　经营性互联网文化单位改变名称、业务范围，合并或者分立，应当依据本规定办理变更手续，并持文化行政部门核发的《网络文化经营许可证》到当地电信管理机构办理相应的手续。非经营性互联网文化单位改变名称、业务范围，合并或者分立，应当在变更后60日内重新办理备案手续。

第十四条　互联网文化单位变更地址、法定代表人或者主要负责人，或者终止互联网文化活动的，应当在30日内到所在地省、自治区、直辖市人民政府文化行政部门办理变更或者注销手续，并到相关省、自治区、直辖市电信管理机构办理互联网信息服务业务经营许可证的变更或注销手续。经营性互联网文化单位办理变更或者注销手续须报文化部备案。

第十五条　经营性互联网文化单位自取得《网络文化经营许可证》并依法办理企业登记之日起满180日未开展互联网文化活动的，由文化部或者由原审核的省、自治区、直辖市人民政府文化行政部门提请文化部注销《网络文化经营许可证》，同时通知相关省、自治区、直辖市电信管理机构。

非经营性互联网文化单位停止互联网文化活动的，由原备案的省、自治区、直辖市人民政府文化行政部门注销备案，同时通知相关省、自治区、直辖市电信管理机构。

第十六条　互联网文化产品进口活动由取得文化部核发的《网络文化经营许可证》的经营性互联网文化单位实施，并报文化部进行内容审查。

文化部应当自收到内容审查申请书之日起20个工作日内（不包括专家评审所需时间）作出批准或者不批准的决定，批准的，发给批准文件；不批准的，应当说明理由。

经批准的进口互联网文化产品应当在其显著位置标明文化部的批准文号，不得擅自变更节目名称或者增删节目内容。自批准之日起一年内未在国内运营的，进口单位应当报文化部备案并说明原因；决定终止进口的，文化部撤销其批准文号。互联网文化单位运营的国产互联网文化产品依照有关规定需要备案的，应当在正式运营以后60日内报文化部备案，并在其显著位置标明文化部备案编号。

第十七条　互联网文化单位不得提供载有以下内容的文化产品：

（一）反对宪法确定的基本原则的；

（二）危害国家统一、主权和领土完整的；

（三）泄露国家秘密、危害国家安全或者损害国家荣誉和利益的；

（四）煽动民族仇恨、民族歧视，破坏民族团结，或者侵害民族风俗、习惯的；

（五）宣扬邪教、迷信的；

（六）散布谣言，扰乱社会秩序，破坏社会稳定的；

（七）宣扬淫秽、赌博、暴力或者教唆犯罪的；

（八）侮辱或者诽谤他人，侵害他人合法权益的；

（九）危害社会公德或者民族优秀文化传统的；

（十）有法律、行政法规和国家规定禁止的其他内容的。

第十八条　互联网文化单位提供的文化产品，使公民、法人或者其他组织的合法利益受到侵害的，互联网文化单位应当依法承担民事责任。

第十九条　互联网文化单位应当实行审查制度，有专门的审查人员对互联网文化产品进行审查，保障互联网文化产品的合法性。其审查人员应当接受上岗前的培训，取得相应的从业资格。

第二十条　互联网文化单位发现所提供的互联网文化产品含有本规定第十七条所列内容之一的，应当立即停止提供，保存有关记录，向所在地省、自治区、直辖市人民政府文化行政部门报告并抄报文化部。

第二十一条　互联网文化单位应当记录备份所提供的文化产品内容及其时间、互联网地址或者域名，记录备份应当保存 60 日，并在国家有关部门依法查询时，予以提供。

第二十二条　未经批准，擅自从事经营性互联网文化活动的，由省级以上人民政府文化行政部门依据《无照经营查处取缔办法》第十七条的规定予以查处。

非经营性互联网文化单位逾期未办理备案手续的，由省级以上人民政府文化行政部门责令限期改正；拒不改正的，责令停止互联网文化活动，并处 1000 元以下罚款。

第二十三条　从事经营性互联网文化活动，违反本规定第十二条、第十三条、第十四条、第十九条、第二十条的，由省级以上人民政府文化行政部门予以警告，责令限期改正，并处 5000 元以下罚款。从事非经营性互联网文化活动，违反本规定第十二条、第十三条、第十四条、第十九条、第二十条的，由省级以上人民政府文化行政部门予以警告，责令限期改正，并处 500 元以下罚款。

第二十四条　经营性互联网文化单位提供含有本规定第十七条禁止内容的互联网文化产品，或者提供未经文化部批准进口的互联网文化产品的，由省级以上人民政府文化行政部门责令停止提供，没收违法所得的，并处 10000 元以上 30000 元以下罚款；情节严重的，责令停业整顿直至吊销《网络文化经营许可证》。构成犯罪的，依法追究刑事责任。

非经营性互联网文化单位，提供含有本规定第十七条禁止内容的互联网文化产品，或者提供未经文化部批准进口的互联网文化产品的，由省级以上人民政府文化行政部门责令停止提供，处 1000 元以下罚款。构成犯罪的，依法追究刑事责任。

第二十五条　违反本规定第二十一条的，由省、自治区、直辖市电信管理机构责令改正；情节严重的，由省、自治区、直辖市电信管理机构责令停业整顿或者责令暂时关闭网站。

第二十六条　经营性互联网文化单位运营进口互联网文化产品未在其显著位置标明文化部批准文号、擅自变更节目名称或者增删节目内容的，运营国产互联网文化产品逾期未报文化部备案或者未在其显著位置标明文化部备案编号的，由省级以上人民政府文化行政部门责令限期改正，并处 5000 元以下罚款。

非经营性互联网文化单位运营进口互联网文化产品未在其显著位置标

明文化部批准文号、擅自变更节目名称或者增删节目内容的，运营国产互联网文化产品逾期未报文化部备案或者未在其显著位置标明文化部备案编号的，由省级以上人民政府文化行政部门责令限期改正，并处 500 元以下罚款。

第二十七条　本规定自 2003 年 7 月 1 日起施行。

互联网新闻信息服务管理规定

第一章 总 则

第一条 为了规范互联网新闻信息服务，满足公众对互联网新闻信息的需求，维护国家安全和公共利益，保护互联网新闻信息服务单位的合法权益，促进互联网新闻信息服务健康、有序发展，制定本规定。

第二条 在中华人民共和国境内从事互联网新闻信息服务，应当遵守本规定。

本规定所称新闻信息，是指时政类新闻信息，包括有关政治、经济、军事、外交等社会公共事务的报道、评论，以及有关社会突发事件的报道、评论。

本规定所称互联网新闻信息服务，包括通过互联网登载新闻信息、提供时政类电子公告服务和向公众发送时政类通讯信息。

第三条 互联网新闻信息服务单位从事互联网新闻信息服务，应当遵守宪法、法律和法规，坚持为人民服务、为社会主义服务的方向，坚持正确的舆论导向，维护国家利益和公共利益。

国家鼓励互联网新闻信息服务单位传播有益于提高民族素质、推动经济发展、促进社会进步的健康、文明的新闻信息。

第四条 国务院新闻办公室主管全国的互联网新闻信息服务监督管理工作。省、自治区、直辖市人民政府新闻办公室负责本行政区域内的互联网新闻信息服务监督管理工作。

第二章 互联网新闻信息服务单位的设立

第五条 互联网新闻信息服务单位分为以下三类：

（一）新闻单位设立的登载超出本单位已刊登播发的新闻信息、提供时政类电子公告服务、向公众发送时政类通讯信息的互联网新闻信息服务单位；

（二）非新闻单位设立的转载新闻信息、提供时政类电子公告服务、向公众发送时政类通讯信息的互联网新闻信息服务单位；

（三）新闻单位设立的登载本单位已刊登播发的新闻信息的互联网新闻信息服务单位。

根据《国务院对确需保留的行政审批项目设定行政许可的决定》和有关行政法规，设立前款第（一）项、第（二）项规定的互联网新闻信息服务单位，应当经国务院新闻办公室审批。

设立本条第一款第（三）项规定的互联网新闻信息服务单位，应当向国务院新闻办公室或者省、自治区、直辖市人民政府新闻办公室备案。

第六条　新闻单位与非新闻单位合作设立互联网新闻信息服务单位，新闻单位拥有的股权不低于51％的，视为新闻单位设立互联网新闻信息服务单位；新闻单位拥有的股权低于51％的，视为非新闻单位设立互联网新闻信息服务单位。

第七条　设立本规定第五条第一款第（一）项规定的互联网新闻信息服务单位，应当具备下列条件：

（一）有健全的互联网新闻信息服务管理规章制度；

（二）有5名以上在新闻单位从事新闻工作3年以上的专职新闻编辑人员；

（三）有必要的场所、设备和资金，资金来源应当合法。

可以申请设立前款规定的互联网新闻信息服务单位的机构，应当是中央新闻单位，省、自治区、直辖市直属新闻单位，以及省、自治区人民政府所在地的市直属新闻单位。

审批设立本条第一款规定的互联网新闻信息服务单位，除应当依照本条规定条件外，还应当符合国务院新闻办公室关于互联网新闻信息服务行业发展的总量、结构、布局的要求。

第八条　设立本规定第五条第一款第（二）项规定的互联网新闻信息服务单位，除应当具备本规定第七条第一款第（一）项、第（三）项规定条件外，还应当有10名以上专职新闻编辑人员；其中，在新闻单位从事新闻工作3年以上的新闻编辑人员不少于5名。

可以申请设立前款规定的互联网新闻信息服务单位的组织，应当是依法设立2年以上的从事互联网信息服务的法人，并在最近2年内没有因违反有关互联网信息服务管理的法律、法规、规章的规定受到行政处罚；申请组织为企业法人的，注册资本应当不低于1000万元人民币。

审批设立本条第一款规定的互联网新闻信息服务单位，除应当依照本条规定条件外，还应当符合国务院新闻办公室关于互联网新闻信息服务行业发展的总量、结构、布局的要求。

第九条　任何组织不得设立中外合资经营、中外合作经营和外资经营的互联网新闻信息服务单位。

互联网新闻信息服务单位与境内外中外合资经营、中外合作经营和外资经营的企业进行涉及互联网新闻信息服务业务的合作，应当报经国务院新闻办公室进行安全评估。

第十条　申请设立本规定第五条第一款第（一）项、第（二）项规定的互联网新闻信息服务单位，应当填写申请登记表，并提交下列材料：

（一）互联网新闻信息服务管理规章制度；

（二）场所的产权证明或者使用权证明和资金的来源、数额证明；

（三）新闻编辑人员的从业资格证明。

申请设立本规定第五条第一款第（一）项规定的互联网新闻信息服务单位的机构，还应当提交新闻单位资质证明；申请设立本规定第五条第一款第（二）项规定的互联网新闻信息服务单位的组织，还应当提交法人资格证明。

第十一条　申请设立本规定第五条第一款第（一）项、第（二）项规定的互联网新闻信息服务单位，中央新闻单位应当向国务院新闻办公室提出申请；省、自治区、直辖市直属新闻单位和省、自治区人民政府所在地的市直属新闻单位以及非新闻单位应当通过所在地省、自治区、直辖市人民政府新闻办公室向国务院新闻办公室提出申请。

通过省、自治区、直辖市人民政府新闻办公室提出申请的，省、自治区、直辖市人民政府新闻办公室应当自收到申请之日起20日内进行实地检查，提出初审意见报国务院新闻办公室；国务院新闻办公室应当自收到初审意见之日起40日内作出决定。向国务院新闻办公室提出申请的，国务院新闻办公室应当自收到申请之日起40日内进行实地检查，作出决定。批准的，发给互联网新闻信息服务许可证；不批准的，应当书面通知申请人并说明理由。

第十二条　本规定第五条第一款第（三）项规定的互联网新闻信息服务单位，属于中央新闻单位设立的，应当自从事互联网新闻信息服务之日起1个月内向国务院新闻办公室备案；属于其他新闻单位设立的，应当自从事互联网新闻信息服务之日起1个月内向所在地省、自治区、直辖市人民政府新闻办公室备案。

办理备案时，应当填写备案登记表，并提交互联网新闻信息服务管理规章制度和新闻单位资质证明。

第十三条　互联网新闻信息服务单位依照本规定设立后，应当依照有关互联网信息服务管理的行政法规向电信主管部门办理有关手续。

第十四条　本规定第五条第一款第（一）项、第（二）项规定的互联网新闻信息服务单位变更名称、住所、法定代表人或者主要负责人、股权构成、服务项目、网站网址等事项的，应当向国务院新闻办公室申请换发互联网新闻信息服务许可证。根据电信管理的有关规定，需报电信主管部门批准或者需要电信主管部门办理许可证或者备案变更手续的，依照有关规定办理。

本规定第五条第一款第（三）项规定的互联网新闻信息服务单位变更名称、住所、法定代表人或者主要负责人、股权构成、网站网址等事项的，应当向原备案机关重新备案；但是，股权构成变更后，新闻单位拥有的股权低于 51％的，应当依照本规定办理许可手续。根据电信管理的有关规定，需报电信主管部门批准或者需要电信主管部门办理许可证或者备案变更手续的，依照有关规定办理。

第三章　互联网新闻信息服务规范

第十五条　互联网新闻信息服务单位应当按照核定的服务项目提供互联网新闻信息服务。

第十六条　本规定第五条第一款第（一）项、第（二）项规定的互联网新闻信息服务单位，转载新闻信息或者向公众发送时政类通讯信息，应当转载、发送中央新闻单位或者省、自治区、直辖市直属新闻单位发布的新闻信息，并应当注明新闻信息来源，不得歪曲原新闻信息的内容。

本规定第五条第一款第（二）项规定的互联网新闻信息服务单位，不得登载自行采编的新闻信息。

第十七条　本规定第五条第一款第（一）项、第（二）项规定的互联网新闻信息服务单位转载新闻信息，应当与中央新闻单位或者省、自治区、直辖市直属新闻单位签订书面协议。中央新闻单位设立的互联网新闻信息服务单位，应当将协议副本报国务院新闻办公室备案；其他互联网新闻信息服务单位，应当将协议副本报所在地省、自治区、直辖市人民政府新闻办公室备案。

中央新闻单位或者省、自治区、直辖市直属新闻单位签订前款规定的协议，应当核验对方的互联网新闻信息服务许可证，不得向没有互联网新闻信息服务许可证的单位提供新闻信息。

第十八条　中央新闻单位与本规定第五条第一款第（二）项规定的互联网新闻信息服务单位开展除供稿之外的互联网新闻业务合作，应当在开展合作业务 10 日前向国务院新闻办公室报告；其他新闻单位与本规定第五条第一款第（二）项规定的互联网新闻信息服务单位开展除供稿之外的互联网新闻业务合作，应当在开展合作业务 10 日前向所在地省、自治区、直辖市人民政府新闻办公室报告。

第十九条　互联网新闻信息服务单位登载、发送的新闻信息或者提供的时政类电子公告服务，不得含有下列内容：

（一）违反宪法确定的基本原则的；

（二）危害国家安全，泄露国家秘密，颠覆国家政权，破坏国家统一的；

（三）损害国家荣誉和利益的；

（四）煽动民族仇恨、民族歧视，破坏民族团结的；

（五）破坏国家宗教政策，宣扬邪教和封建迷信的；

（六）散布谣言，扰乱社会秩序，破坏社会稳定的；

（七）散布淫秽、色情、赌博、暴力、恐怖或者教唆犯罪的；

（八）侮辱或者诽谤他人，侵害他人合法权益的；

（九）煽动非法集会、结社、游行、示威、聚众扰乱社会秩序的；

（十）以非法民间组织名义活动的；

（十一）含有法律、行政法规禁止的其他内容的。

第二十条　互联网新闻信息服务单位应当建立新闻信息内容管理责任制度。不得登载、发送含有违反本规定第三条第一款、第十九条规定内容的新闻信息；发现提供的时政类电子公告服务中含有违反本规定第三条第一款、第十九条规定内容的，应当立即删除，保存有关记录，并在有关部门依法查询时予以提供。

第二十一条　互联网新闻信息服务单位应当记录所登载、发送的新闻信息内容及其时间、互联网地址，记录备份应当至少保存60日，并在有关部门依法查询时予以提供。

第四章　监督管理

第二十二条　国务院新闻办公室和省、自治区、直辖市人民政府新闻办公室，依法对互联网新闻信息服务单位进行监督检查，有关单位、个人应当予以配合。

国务院新闻办公室和省、自治区、直辖市人民政府新闻办公室的工作人员依法进行实地检查时，应当出示执法证件。

第二十三条　国务院新闻办公室和省、自治区、直辖市人民政府新闻办公室，应当对互联网新闻信息服务进行监督；发现互联网新闻信息服务单位登载、发送的新闻信息或者提供的时政类电子公告服务中含有违反本规定第三条第一款、第十九条规定内容的，应当通知其删除。互联网新闻信息服务单位应当立即删除，保存有关记录，并在有关部门依法查询时予以提供。

第二十四条　本规定第五条第一款第（一）项、第（二）项规定的互联网新闻信息服务单位，属于中央新闻单位设立的，应当每年在规定期限内向国务院新闻办公室提交年度业务报告；属于其他新闻单位或者非新闻单位设立的，应当每年在规定期限内通过所在地省、自治区、直辖市人民政府新闻办公室向国务院新闻办公室提交年度业务报告。

国务院新闻办公室根据报告情况，可以对互联网新闻信息服务单位的管理制度、人员资质、服务内容等进行检查。

第二十五条　互联网新闻信息服务单位应当接受公众监督。

国务院新闻办公室应当公布举报网站网址、电话，接受公众举报并依法处理；属于其他部门职责范围的举报，应当移交有关部门处理。

第五章　法律责任

第二十六条　违反本规定第五条第二款规定，擅自从事互联网新闻信息服务，或者违反本规定第十五条规定，超出核定的服务项目从事互联网新闻信息服务的，由国务院新闻办公室或者省、自治区、直辖市人民政府新闻办公室依据各自职权责令停止违法活动，并处1万元以上3万元以下的罚款；情节严重的，由电信主管部门根据国务院新闻办公室或者省、自治区、直辖市人民政府新闻办公室的书面认定意见，按照有关互联网信息服务管理的行政法规的规定停止其互联网信息服务或者责令互联网接入服务者停止接入服务。

第二十七条　互联网新闻信息服务单位登载、发送的新闻信息含有本规定第十九条禁止内容，或者拒不履行删除义务的，由国务院新闻办公室或者省、自治区、直辖市人民政府新闻办公室给予警告，可以并处1万元以上3万元以下的罚款；情节严重的，由电信主管部门根据有关主管部门的书面认定意见，按照有关互联网信息服务管理的行政法规的规定停止其互联网信息服务或者责令互联网接入服务者停止接入服务。

互联网新闻信息服务单位登载、发送的新闻信息含有违反本规定第三条第一款规定内容的，由国务院新闻办公室或者省、自治区、直辖市人民政府新闻办公室依据各自职权依照前款规定的处罚种类、幅度予以处罚。

第二十八条　违反本规定第十六条规定，转载来源不合法的新闻信息、登载自行采编的新闻信息或者歪曲原新闻信息内容的，由国务院新闻办公室或者省、自治区、直辖市人民政府新闻办公室依据各自职权责令改正，给予警告，并处5000元以上3万元以下的罚款。

违反本规定第十六条规定，未注明新闻信息来源的，由国务院新闻办公室或者省、自治区、直辖市人民政府新闻办公室依据各自职权责令改正，给予警告，可以并处5000元以上2万元以下的罚款。

第二十九条　违反本规定有下列行为之一的，由国务院新闻办公室或者省、自治区、直辖市人民政府新闻办公室依据各自职权责令改正，给予警告，可以并处 3 万元以下的罚款：

（一）未履行备案义务的；

（二）未履行报告义务的；

（三）未履行记录、记录备份保存或者提供义务的。

第三十条　违反本规定第十七条第二款规定，向没有互联网新闻信息服务许可证的单位提供新闻信息的，对负有责任的主管人员和其他直接责任人员依法给予行政处分。

第三十一条　国务院新闻办公室和省、自治区、直辖市人民政府新闻办公室以及电信主管部门的工作人员，玩忽职守、滥用职权、徇私舞弊，造成严重后果，构成犯罪的，依法追究刑事责任；尚不构成犯罪的，对负有责任的主管人员和其他直接责任人员依法给予行政处分。

第六章 附　则

第三十二条　本规定所称新闻单位是指依法设立的报社、广播电台、电视台和通讯社；其中，中央新闻单位包括中央国家机关各部门设立的新闻单位。

第三十三条　本规定自公布之日起施行。

关于在新闻网站核发新闻记者证的通知

（新广出发〔2014〕122 号）

各省、自治区、直辖市新闻出版广电局、网信办，新疆生产建设兵团新闻出版局、网信办，解放军总政治部宣传部新闻出版局、网信办，中央和国家机关各部委、各民主党派、各人民团体新闻机构主管单位，中央新闻网站：

为加强新闻网站编辑记者队伍建设，提高队伍整体素质，根据中央有关要求，按照《国务院关于授权国家互联网信息办公室负责互联网信息内容管理工作的通知》《互联网信息服务管理办法》《互联网新闻信息服务管理规定》《新闻记者证管理办法》等相关规定，决定在已取得互联网新闻信息服务许可一类资质并符合条件的新闻网站中按照"周密实施、分期分批、稳妥有序、可管可控"的原则核发新闻记者证。现将有关事项通知如下：

一、申领范围

经国家互联网信息办公室批准的，取得互联网新闻信息服务许可一类资质并符合条件的新闻网站中，专职从事新闻采编业务的在岗人员。

下列人员不发新闻记者证：（1）新闻网站中党务、行政、后勤、广告、发行、经营、技术等非采编岗位工作人员；（2）新闻网站以外的工作人员，包括为新闻网站提供稿件或节目的通讯员、特约撰稿人、特约记者，专职或者兼职为新闻网站提供稿件的党政机关、企事业等单位的工作人员以及其他社会人员；（3）在新闻采编活动中因违法违纪受过严重处罚的人员以及有不良从业记录的人员。

新闻网站采编人员申领新闻记者证不收取任何费用。

二、申领条件

新闻网站中申领新闻记者证的人员须同时具备下列条件：

（一）遵守国家法律、法规和新闻工作者职业道德。

（二）新闻网站编制内或者正式聘用，专职从事新闻采编工作且具有一年以上新闻采编工作经历的人员。

（三）具备大学专科及以上学历。

（四）获得国家互联网信息办公室颁发的《互联网新闻采编培训合格证》或新闻出版广电行政部门颁发的职业资格证。

三、申领程序

中央新闻网站申领新闻记者证的人员经国家互联网信息办公室审核后，由国家新闻出版广电总局核发；地方新闻网站申领新闻记者证的人员经所在地省级互联网信息主管部门和省级新闻出版广电行政部门审核后，报国家互联网信息办公室复审，由国家新闻出版广电总局核发。

申请领取新闻记者证的新闻网站，须按照规定填报书面申请材料（包括《领取中国记者网加密终端申请表》《领取新闻记者证登记表》《领取新闻记者证人员情况表》等），并通过中国记者网"全国新闻记者证管理及核验网络系统"（以下简称中国记者网，网址 http：//press. gapp. gov. cn）报送电子材料。中国记者网的加密终端由国家新闻出版广电总局免费提供。

（一）中央新闻网站按照有关要求，填写和准备书面申请材料，报国家互联网信息办公室审核并在《领取中国记者网加密终端申请表》《领取新闻记者证登记表》的"主管部门（单位）意见"栏签章后，报国家新闻出版广电总局审核并免费领取加密终端，同时通过中国记者网报送电子材料，经国家互联网信息办公室网上审核同意后，由国家新闻出版广电总局核发新闻记者证。

（二）地方新闻网站按照有关要求，填写和准备书面申请材料，报所在地省级互联网信息主管部门审核并在《领取中国记者网加密终端申请表》《领取新闻记者证登记表》的"主管部门（单位）意见"栏签章后，报所在地省级新闻出版广电行政部门审核并免费领取加密终端，同时通过中国记者网报送电子材料，依次经省级互联网信息主管部门、省级新闻出版广电行政部门、国家互联网信息办公室网上审核同意后，由国家新闻出版广电总局核发。

四、申领时间

从 2015 年 1 月起及时组织符合条件的新闻网站申领核发新闻记者证工作。

五、相关要求

（一）为确保在新闻网站核发新闻记者证工作顺利开展，新闻网站须严格审核本单位申领人的资格条件，严格控制记者证发放范围，在申领过程中须如实填写相关表格，及时完整提交申请材料，按时完成新闻记者证的申领工作，并在今后的管理中严格遵守《新闻记者证管理办法》等有关规定；对不如实填写申报材料或者提供虚假申报材料的，一律取消申领资格；要指定专人负责保管和使用加密终端，建章立制，确保数据传输安全。

（二）新闻网站主办及主管部门须认真履行审核职责，严格审核新闻网站提交的申报材料，指导新闻网站按时完成新闻记者证核发工作，并不断加强对新闻网站新闻记者的监督管理工作。

（三）各级新闻出版广电行政部门、互联网信息主管部门要进一步完善工作联动机制，各司其职，协同配合，严格按照《新闻记者证管理办法》规定的标准、范围、程序核发新闻网站新闻记者证，加强新闻网站新闻记者的教育培训、日常管理、违法违规查处等工作，推动新闻网站采编人员队伍建设。

国家新闻出版广电总局

国家互联网信息办公室

2014 年 10 月 21 日

中国互联网行业自律公约

（中国互联网协会，2002 年 3 月 26 日发布）

第一章　总则

第一条　遵照"积极发展、加强管理、趋利避害、为我所用"的基本方针，为建立我国互联网行业自律机制，规范行业从业者行为，依法促进和保障互联网行业健康发展，制定本公约。

第二条　本公约所称互联网行业是指从事互联网运行服务、应用服务、信息服务、网络产品和网络信息资源的开发、生产以及其他与互联网有关的科研、教育、服务等活动的行业的总称。

第三条　互联网行业自律的基本原则是爱国、守法、公平、诚信。

第四条　倡议全行业从业者加入本公约，从维护国家和全行业整体利益的高度出发，积极推进行业自律，创造良好的行业发展环境。

第五条　中国互联网协会作为本公约的执行机构，负责组织实施本公约。

第二章　自律条款

第六条　自觉遵守国家有关互联网发展和管理的法律、法规和政策，大力弘扬中华民族优秀文化传统和社会主义精神文明的道德准则，积极推动互联网行业的职业道德建设。

第七条　鼓励、支持开展合法、公平、有序的行业竞争，反对采用不正当手段进行行业内竞争。

第八条　自觉维护消费者的合法权益，保守用户信息秘密；不利用用户提供的信息从事任何与向用户作出的承诺无关的活动，不利用技术或其他优势侵犯消费者或用户的合法权益。

第九条　互联网信息服务者应自觉遵守国家有关互联网信息服务管理的规定，自觉履行互联网信息服务的自律义务：

（一）不制作、发布或传播危害国家安全、危害社会稳定、违反法律法规以及迷信、淫秽等有害信息，依法对用户在本网站上发布的信息进行监督，及时清除有害信息；

（二）不链接含有有害信息的网站，确保网络信息内容的合法、健康；

（三）制作、发布或传播网络信息，要遵守有关保护知识产权的法律、法规；

（四）引导广大用户文明使用网络，增强网络道德意识，自觉抵制有害信息的传播。

第十条　互联网接入服务提供者应对接入的境内外网站信息进行检查监督，拒绝接入发布有害信息的网站，消除有害信息对我国网络用户的不良影响。

第十一条　互联网上网场所经营者要采取有效措施，营造健康文明的上网环境，引导上网人员特别是青少年健康上网。

第十二条　互联网信息网络产品制作者要尊重他人的知识产权，反对制作含有有害信息和侵犯他人知识产权的产品。

第十三条　全行业从业者共同防范计算机恶意代码或破坏性程序在互联网上的传播，反对制作和传播对计算机网络及他人计算机信息系统具有恶意攻击能力的计算机程序，反对非法侵入或破坏他人计算机信息系统。

第十四条　加强沟通协作，研究、探讨我国互联网行业发展战略，对我国互联网行业的建设、发展和管理提出政策和立法建议。

第十五条　支持采取各种有效方式，开展互联网行业科研、生产及服务等领域的协作，共同创造良好的行业发展环境。

第十六条　鼓励企业、科研、教育机构等单位和个人大力开发具有自主知识产权的计算机软件、硬件和各类网络产品等，为我国互联网行业的进一步发展提供有力支持。

第十七条　积极参与国际合作和交流，参与同行业国际规则的制定，自觉遵守我国签署的国际规则。

第十八条　自觉接受社会各界对本行业的监督和批评，共同抵制和纠正行业不正之风。

第三章　公约的执行

第十九条　中国互联网协会负责组织实施本公约，负责向公约成员单位传递互联网行业管理的法规、政策及行业自律信息，及时向政府主管部门反映成员单位的意愿和要求，维护成员单位的正当利益，组织实施互联网行业自律，并对成员单位遵守本公约的情况进行督促检查。

第二十条　本公约成员单位应充分尊重并自觉履行本公约的各项自律原则。

第二十一条　公约成员之间发生争议时，争议各方应本着互谅互让的原则争取以协商的方式解决争议，也可以请求公约执行机构进行调解，自觉维护行业团结，维护行业整体利益。

第二十二条　本公约成员单位违反本公约的，任何其他成员单位均有权及时向公约执行机构进行检举，要求公约执行机构进行调查；公约执行机构也可以直接进行调查，并将调查结果向全体成员单位公布。

第二十三条　公约成员单位违反本公约，造成不良影响，经查证属实的，由公约执行机构视不同情况给予在公约成员单位内部通报或取消公约成员资格的处理。

第二十四条　本公约所有成员单位均有权对公约执行机构执行本公约的合法性和公正性进行监督，有权向执行机构的主管部门检举公约执行机构或其工作人员违反本公约的行为。

第二十五条　本公约执行机构及成员单位在实施和履行本公约过程中必须遵守国家有关法律、法规。

第四章　附则

第二十六条　本公约经公约发起单位法定代表人或其委托的代表签字后生效，并在生效后的 30 日内由中国互联网协会向社会公布。

第二十七条　本公约生效期间，经公约执行机构或本公约十分之一以上成员单位提议，并经三分之二以上成员单位同意，可以对本公约进行修改。

第二十八条　我国互联网行业从业者接受本公约的自律规则，均可以申请加入本公约；本公约成员单位也可以退出本公约，并通知公约执行机构；公约执行机构定期公布加入及退出本公约的单位名单。

第二十九条　本公约成员单位可以在本公约之下发起制订各分支行业的自律协议，经公约成员单位同意后，作为本公约的附件公布实施。

第三十条　本公约由中国互联网协会负责解释。

第三十一条　本公约自公布之日起施行。

中国互联网博客服务自律公约

（中国互联网协会 2007 年 8 月 21 日）

第一章　总则

第一条　为规范互联网博客服务，促进博客服务有序发展，制定本公约。

第二条　本公约所称博客，是指互联网服务提供者提供给用户的自主网络空间，包括文字、图片、音视频等形态。

第三条　博客服务应当遵循文明守法、诚信自律、自觉维护国家利益和公共利益的原则。

第四条　中国互联网协会负责本公约的组织实施。

第二章　自律条款

第五条　博客服务提供者应当自觉遵守国家有关法律、法规和政策，维护博客用户及公众的合法权益。

第六条　从事互联网博客服务业务应当具备合法的互联网信息服务资质，同时还应当具备下列条件：

（一）完善的博客服务和管理制度；

（二）足够的博客服务管理人员和技术人员，能够提供优良服务，实施有效管理；

（三）健全的博客信息安全保障措施，包括用户注册流程、用户信息保密措施、博客内容信息安全保障措施等；

（四）符合国家法律法规和规章要求的其他相关规定。

第七条　鼓励博客服务提供者积极探索博客服务模式，为博客提供良好的创作环境，引导博客用户创作和传播优秀网络文化作品。

第八条　博客服务提供者应当与博客用户签订服务协议，要求博客用户自觉履行服务协议，拒绝签订服务协议的，博客服务提供者有权拒绝为其提供博客服务。

第九条　博客服务提供者与博客用户签订的服务协议，应当包括以下内容：

（一）博客用户保证自觉遵守国家有关互联网信息服务的法律、法规，文明使用网络，不传播色情淫秽信息以及其他违法和不良信息；

（二）博客用户保证不传播侮辱或贬损其他民族、种族、不同宗教信仰和文化传统的信息；

（三）博客用户保证不传播造谣、诽谤信息以及其他虚假信息，不传播侵害他人合法权益的信息；

（四）博客用户保证不传播侵害他人知识产权的信息；

（五）博客用户保证对跟帖内容进行有效监督和管理，及时删除违法和不良跟帖信息；

（六）博客用户保证不利用博客传播计算机病毒等恶意程序，不危害他人计算机信息安全。

第十条　博客用户违反服务协议的，博客服务提供者应当及时予以督促改正，直接删除相关违法和不良信息内容或停止为其提供博客服务。

第十一条　鼓励博客服务提供者对博客用户实行实名注册，注册信息应当包括用户真实姓名、通信地址、联系电话、邮箱等。

第十二条　博客服务提供者应制定有效的实名博客用户信息安全管理制度，保护博客用户资料。未经实名博客用户本人允许，不公开或向第三方提供用户注册信息及其存储在网站上的非公开博客内容，法律、法规另有规定的除外。

第十三条　博客服务提供者应当为博客用户提供对跟帖内容的管理权限，博客用户应当对跟帖进行有效管理，应当删除违法和不良跟帖信息。

第十四条　博客服务提供者应当自觉履行对博客内容的监督管理义务，应当设立便捷的在线投诉窗口、投诉电话等渠道，受理公众对博客服务和博客内容的举报与投诉，并及时予以处理。

第三章　公约的执行

第十五条　倡议广大博客服务提供者积极签署并实施本公约，中国互联网协会将定期公布签约单位名单。

本公约发布之前未与博客用户签订服务协议的，应当从本公约发布生效之日起补充签订服务协议。

第十六条　凡签署本公约的博客服务提供者应当规范履行本公约的各项内容，违反本公约并造成不良影响的，由本公约的组织实施机构视不同情况给予警示或向社会公布。

第十七条　博客服务提供者应当自觉接受有关政府部门的业务指导，自觉接受社会公众的监督，增强自律意识，促进博客服务健康发展。

第四章　附则

第十八条　本公约由中国互联网协会负责解释。

第十九条　本公约自公布之日起施行。

跟帖评论自律管理承诺书

为深入贯彻十八届四中全会依法治国的精神，落实国家互联网信息办公室"依法管网、依法办网、依法上网"的要求，本网站为完善跟帖评论自律管理，现公开作出如下承诺：

一、本网站所称跟帖评论服务，是指通过运营网络互动传播技术平台，供用户对本网站传播的各类信息发表评论意见（包括但不限于语音、文字、图片、音频、视频等信息）的服务。

二、本网站致力使跟帖评论成为文明、理性、友善、高质量的意见交流。在推动跟帖评论业务发展的同时，不断加强相应的信息安全管理能力，完善跟帖评论自律，切实履行社会责任，遵守国家法律法规，尊重公民合法权益，尊重社会公序良俗。

三、本网站坚持用户以真实身份信息注册账号、使用跟帖评论服务。

四、本网站承诺、并诚请所有用户，使用跟帖评论服务将自觉遵守不得逾越法律法规、社会主义制度、国家利益、公民合法权益、社会公共秩序、道德风尚和信息真实性等"七条底线"。

五、本网站承诺、并诚请所有用户不发表下列信息：

（一）反对宪法确定的基本原则的；

（二）危害国家安全，泄露国家秘密，颠覆国家政权，破坏国家统一的；

（三）损害国家荣誉和利益的；

（四）煽动民族仇恨、民族歧视，破坏民族团结的；

（五）煽动地域歧视、地域仇恨的；

（六）破坏国家宗教政策，宣扬邪教和迷信的；

（七）散布谣言，扰乱社会秩序、破坏社会稳定的；

（八）散布淫秽、色情、赌博、暴力、凶杀、恐怖或者教唆犯罪的；

（九）侮辱或者诽谤他人，侵害他人合法权益的；

（十）对他人进行暴力恐吓、威胁，实施人肉搜索的；

（十一）未获得未满18周岁未成年人法定监护人的书面同意，传播该未成年人的隐私信息的；

（十二）散布污言秽语，损害社会公序良俗的；

（十三）侵犯他人知识产权的；

（十四）散布商业广告，或类似的商业招揽信息；

（十五）使用本网站常用语言文字以外的其他语言文字评论的；

（十六）与所评论的信息毫无关系的；

（十七）所发表的信息毫无意义的，或刻意使用字符组合以逃避技术审核的；

（十八）法律、法规和规章禁止传播的其他信息。

六、对违反上述承诺的用户，本网站将视情况采取预先警示、拒绝发布、删除跟帖、短期禁止发言直至永久关闭账号等管理措施。对涉嫌违法犯罪的跟帖评论将保存在案、并在接受有关政府部门调查时如实报告。

七、本网站承诺，完善公众举报平台，欢迎用户监督举报各类不法传播活动和违法有害信息，以共同营造清朗的网络空间。

参考文献

一、中文专著、教材

[1] 丁和根：《中国传媒制度绩效研究》，广州：南方日报出版社 2007 年版。

[2] 方汉奇、陈业劭主编：《中国新闻事业通史》（第三卷），北京：中国人民大学出版社 1999 年版。

[3] 顾潜：《中西方新闻传播：冲突·交融·共存》，上海：复旦大学出版社 2003 年版。

[4] 郭庆光：《传播学教程》，北京：中国人民大学出版社 1999 年版。

[5] 胡伟：《政府过程》，杭州：浙江人民出版社 1998 年版。

[6] 李良荣：《新闻学导论》，北京：高等教育出版社 2006 年版。

[7] 李凌凌：《网络传播理论与实务》，郑州：郑州大学出版社 2004 年版。

[8] 李永刚：《我们的防火墙：网络时代的表达与监管》，南宁：广西师范大学出版社 2009 年版。

[9] 刘建明：《社会舆论原理》，北京：华夏出版社 2006 年版。

[10] 刘文富：《网络政治：网络社会与国家治理》，北京：商务印书馆 2002 年版。

[11] 刘志筠、童兵：《新闻事业概论》（修订本），太原：山西教育出版社 1987 年版。

[12] 卢现祥：《西方新制度经济学》，北京：中国发展出版社 2003 年版。

[13] 秦海：《制度、演化与路径依赖——制度分析综合的理论尝试》，北京：中国财经出版社 2004 年版。

[14] 邱小平：《表达自由——美国第一宪法修正案研究》，北京：北京大学出版社 2005 年版。

[15] 张旭昆：《制度演化分析》，杭州：浙江大学出版社 2007 年版。

[16] 张友渔：《张友渔新闻学论文选》，北京：新华出版社 1988 年版。

[17] 钟瑛、刘瑛：《中国互联网管理与体制创新》，广州：南方日报出版社 2006 年版。

[18] 钟瑛、牛静：《网络传播法制与伦理》，武汉：武汉大学出版社 2006 年版。

二、中文译著

[1]《马克思恩格斯全集》第1、20卷。

[2]《马克思恩格斯选集（第1—4卷）》，北京：人民出版社1995年版。

[3]《马克思恩格斯论新闻》，北京：新华出版社，1985年版。

[4] 马克思：《资本论》第一卷，北京：人民出版社1972年版。

[5]《列宁全集》第21卷，北京：人民出版社，1990年版。

[6] ［爱］爱德华·奥斯本·威尔孙著，李昆峰译：《新的综合——社会生物学》，成都：四川人民出版社1985版。

[7] ［爱］肖恩·麦克布赖德译者：《多种声音 一个世界》，北京：中国对外翻译出版公司1981年版。

[8] ［德］库尔特·勒温译者：《拓扑心理学原理》，北京：商务出版社，2003年版。

[9] ［法］鲍德里亚译者：《仿真与拟象》，载汪民安编：《后现代性的哲学话语》，杭州：浙江人民出版社2000年版。

[10] ［法］米歇尔·弗伊著，殷世才，孙兆通译：《社会生物学》，北京：社会科学文献出版社1988年版。

[11] ［加］哈罗德·伊尼斯著，何道宽译：《传播的偏向》，北京：中国人民大学出版社2009年版。

[12] ［加］马歇尔·麦克卢汉著，何道宽译：《理解媒介——论人的延伸》，北京：商务印书馆2003年版。

[13] ［美］E. M. 罗杰斯著，殷晓蓉译：《传播学史——一种传记式的方法》，上海：上海译文出版社2005年版。

[14] ［美］E. O. 威尔孙著，林和生等译：《论人的天性》，贵阳：贵州人民出版社1987版。

[15] ［美］保罗·A. 萨缪尔森、威廉·D. 诺德豪斯译者：《经济学》第16版，华夏出版社2002年版。

[16] ［美］彼得·M. 布劳著，李国武译：《社会生活中的交换与权力》，北京：华夏出版社1988年版。

[17] ［美］道格拉斯·C. 诺斯著，陈郁、罗华平等译：《经济史中的结构与变迁》，上海：三联书店1991年版。

[18] ［美］道格拉斯·C. 诺斯著，杭行译：《制度、制度变迁和经济绩效》，上海：上海三联书店1995年版。

[19] ［美］道格拉斯·C. 诺斯著，厉以平译：《经济史上的结构和变革》，

北京：商务印书馆 1992 年版。

[20]〔美〕凡伯伦著，蔡受白译：《有闲阶级论——关于制度的经济研究》，北京：商务印书馆 1964 年版。

[21]〔美〕凯斯·桑斯坦译者：《网络共和国：网络社会中的民主问题》，上海：上海人民出版社 2003 年版。

[22]〔美〕科斯、阿尔钦、诺斯译者：《财产权利与制度变迁》，上海：上海三联书店、上海人民出版社 1999 年版。

[23]〔美〕科斯译者：《财产权利与制度变迁——产权学派与新制度学派译文集》，上海：三联书店 1994 年版。

[24]〔美〕露斯·本尼迪克特著，何锡章、黄欢译：《文化模式》，北京：华夏出版社 1987 年版。

[25]〔美〕尼葛洛庞帝译者：《数字化生存》，海口：海南出版社 1997 年版。

[26]〔美〕诺斯、托马斯著，厉以平、蔡磊译：《西方世界的兴起》，北京：华夏出版社 1989 年版。

[27]〔美〕施拉姆等译者：《报刊的四种理论》，北京：新华出版社 1980 年版。

[28]〔美〕西奥多·罗斯扎克著，苗华健、陈体仁译：《信息崇拜》，北京：中国对外翻译出版社 1994 年版。

[29]〔英〕戴维·巴勒特著，赵伯英、孟春译：《媒介社会学》，北京：社会科学文献出版社 1989 年版。

[30]〔英〕丹尼斯·麦奎尔译者：《大众传播理论》，北京：清华大学出版社 2006 年版。

[31]〔英〕丹尼斯·麦奎尔著，崔保国、李琨译：《麦奎尔大众传播理论》，北京：清华大学出版社 2006 年版，第 159 页。

[32]〔英〕弗里德利希·冯·哈耶克著，邓正来等译：《法律、立法与自由（第一卷）》，中国大百科全书出版社 2001 年版。

[33]〔英〕哈耶克著，邓正来译：《哈耶克文集》，北京：首都经济贸易出版社，2001 年版。

[34]〔英〕约翰·弥尔顿译者：《论出版自由》，北京：商务印书馆 1958 年版。

[35]〔英〕亚当·斯密译者：《道德情操论》，北京：商务印书馆 1998 年版。

[36]〔英〕约翰·汤普森译者：《意识形态与现代文化》，南京：译林出版

社，2005 年版。

三、中文论文、报告

［1］白 ［2］小虎：《文化内生制度与经济发展的文化解释》，《浙江社会科学》2006 年第 2 期，第 116－121 页。

［3］陈纯仁：论制度创新与文化创新的契合，《求索》2009 年第 3 期。

［4］陈怀林：九十年代中国传媒的制度演变，载《二十一世纪评论》（台北），1999 年第 53 期。

［5］陈力丹：从舆论导向视角看舆论的基本要素，《新闻大学》，1997 年第 3 期。

［6］陈力丹：大众传播理论如何面对网络传播，《国际传播》，1998 年第 5－6 期。

［7］陈忠云：《从利益角度构建新的制度理论》，《思想战线》2011 年第 2 期，第 70 页。

［8］程恩富、任绍敏：西方学者关于计划社会主义绩效的分析，载《中国海派经济论坛》（2001），上海：上海财经大学 ［9］出版社 2001 年版，第 246－260 页。

［10］范剑文：《研究中国媒体制度变迁的两个理论范式》，《嘉兴学院学报》2009 年第 2 期。

［11］郭艳茹：制度、权力与经济绩效——2005 年美国克拉克奖获得者阿西莫格鲁（Acemoglu）理论评述，《经济学刊》，2010 年第 5 期。

［12］国家互联网应急中心：《2011 年中国互联网网络安全态势报告》。

［13］何国平：文化与制度变迁，《生产力研究》，2006（8）：41－42。

［14］贺大为：网络舆论：告别边缘，走向主流，《半月谈内部版》，2004 年第 6 期。

［15］贺骏：《互联网十大成长性排名》，《中国证券报》2012 年 1 月 30 日。

［16］洪远朋等：《共享利益制度：一种新的企业制度》，《复旦学报》（社会科学版）2001 年第 3 期。

［17］黄革飞：正式制度与非正式制度的关系探析，《管理纵横》2003 年第 5 期。

［18］雷国雄、陈恩：制度变迁：一个拟生物演化模型，《经济学》（季刊）2009 年，第 8 卷第 4 期。

［19］雷颐：《晚清电报和铁路的性质之争》，《炎黄春秋》2007 年第 10 期。

［20］李钢、于国辉：《论网络公地悲剧及其解决方式》，《北京邮电大学学

报》（社会科学版），2010 年 2 期。

[21] 李建德：《论"制度成本"》，《南昌大学学报》（社会科学版）2001 第 1 期，第 44—49 页。

[22] 李金铨：《政治经济学的悖论：中港台传媒与民主变革的交光互影》，载《二十一世纪》2003 年第 77 期。

[23] 李强：从"e 时代"到"i 时代"——对网络传播的一种探讨，《山东社会科学》2011 年第 8 期。

[24] 李雅兴，陈建华：论农村养老保障制度创新与养老文化创新的契合，《贵州社会科学》2010 年第 3 期。

[25] 林岗、刘元春、张宇：诺斯与马克思：关于社会发展和制度变迁动力的比较，《中国人民大学学报》2000 年 3 期。

[26] 刘梅生：文化因素对经济增长的作用机理研究，《贵州师范大学学报》2008 年第 3 期。

[27] 刘树成：《现代经济辞典》，南京：凤凰出版社、江苏人民出版社 2005 年版，第 562 页。

[28] 卢毅刚：探索社会制度的"端粒酶"——舆论对社会制度的调节与驱动，《青年记者》2010 年 9 月下。

[29] 罗必良：学习机制、意识形态与社会经济发展，广东社会科学 2002 年第 1 期。

[30] 苗壮：制度变迁中的改革战略选择问题，《经济研究》1992 年第 10 期。

[31] 潘祥辉：《论媒介技术演化和媒介制度变迁的内在关联》，《北京理工大学学报》（社会科学版）2010 年第 1 期。

[32] 潘祥辉：中国媒介制度变迁的动力机制与"四维模型"，《浙江传媒学院学报》2010 年第 5 期。

[33] 任洁：唯物史观视野中的文化与制度变迁关系论纲，《东岳论丛》2010 (11)：21—27。

[34] 宋旺，钟正生：制度变迁中的权力——Acemoglu 和 Robinson 权力理论述评，《经济问题探索》2010 年第 1 期。

[35] 孙国峰：《交易成本与制度成本的关系分析》，《西南师范大学学报》（人文社会科学版）2004 年第 2 期，第 68—72 页。

[36] 汪丁丁：《从"交易费用"到博弈均衡》，《经济研究》1995 年第 9 期，第 72—80 页。

[37] 王雷、韦海鸣：论 FDI 对西部制度变迁的影响及对策，《科学管理研

究》2003 年第 2 期。

[38] 王立宏：文化演化与经济制度变迁，《黑龙江社会科学》2005（1）：
    46－48。

[39] 王希：《网络时代著作权合理使用制度的利益平衡》，《广西社会科
    学》2009 年第 10 期。

[40]《网络世界杯经济账：投入产出比最好的一次》，《21 世纪经济报道》，
    2010 年 7 月 13 日。

[41] 韦森：文化精神、制度变迁与经济增长，《经济学研究》2004 年第
    3 期。

[42] 徐传谌、孟繁颖：《制度变迁内部动力机制分析》，《税务与经济》
    （长春税务学院学报）2006 年第 6 期。

[43] 徐桂华、魏倩：《制度经济学三大流派的比较与评析》，《经济经纬》，
    2004（6）。

[44] 徐燕兰、杜晓燕：西部非正式制度安排的路径依赖及其克服途径，
    《浙江万里学院学报》2004（4）：78－81。

[45] 薛国林：国外微博管理经验借鉴，《人民论坛》，2012 年第 6 期。

[46] 杨芳、雷琼：制度的功能及其对产业发展的影响分析，《综合竞争
    力》2011 年第 4 期。

[47] 杨瑞龙：我国制度变迁转换方式的三阶段论，《经济研究》，1998 年
    第 1 期。

[48] 杨依山、刘宇：制度变迁理论评述，《理论学刊》2009 年第 6 期。

[49] 杨依山：制度变迁理论评述与理论重构的初步尝试，《2007 年山东大
    学"海右"博士生学术论坛论文集》。

[50] 于建嵘：利益表达组织化有益于社会稳定，《同舟共进》2010 年第
    8 期。

[51] 喻国明：《关注 Web2.0：新传播时代的实践图景》，《新闻与传播》
    2006 年第 12 期。

[52] 曾润喜：网络舆情管控工作机制研究，《图书情报工作》2009 年第 18
    期。

[53] 曾小华：论文化变迁与制度变迁的互动关系，《杭州市委党校学报》
    2005（5）：80－84。

[54] 张广利、陈丰：《制度成本的研究缘起、内涵及其影响因素》，《浙江
    大学学报》（人文社会科学版）2010 年第 2 期。

[55] 张广利、陈丰：《制度成本的研究缘起、内涵及其影响因素》，《浙江

大学学报》（人文社会科学版），2009 年第 5 期，第 48—54 页。

[56] 张今：数字环境下恢复著作权利益平衡的基本思路，《科技与法律》
2004 年第 04 期。

[57] 张品良：网络传播的后现代性解析，《当代传播》2004 年第 5 期。

[58] 张全忠、吕元礼：非正式规则的涵义、特征及作用，《社会科学家》
2003 年第 3 期。

[59] 张勇，古明明：文化变迁、制度演进与改革和发展，《北方论丛》
2008 (5)：143—147。

[60] 张佑林，李凯：关于文化对制度变迁影响研究的理论述评，《内蒙古
农业科技》2011 (3)：117—119。

[61] 中国互联网络信息中心：《第 29 次中国互联网络发展状况统计报告》。

[62] 中国互联网络信息中心：《第 32 次中国互联网络发展状况统计报告》。

[63] 周旺生：论法律利益，《法律科学》2004 年第 2 期。

四、学位论文

[1] 曹大勇：《社会经济制度变迁理论研究》，西北大学博士学位论文，
2006 年。

[2] 陈丰：《信访制度成本研究》，华东理工大学博士学位论文，2011 年。

[3] 李云舒：《我国网络公共领域政府监管制度初探》，中国政法大学硕士
学位论文，2009 年。

[4] 李舟：《我国企业信誉现状与建设研究》，西北大学硕士学位论文，
2004 年。

[5] 马基伟：《政府管理创新与经济发展软环境研究》，北京交通大学硕士
学位论文，2009 年。

[6] 倪万：《数字化艺术传播形态研究》，山东大学博士学位论文，
2009 年。

[7] 彭金柱：《马克思主义经济学与新制度经济学关于制度变迁理论的比
较研究》，河南大学硕士学位论文，2001 年。

[8] 吴晓谊：《企业制度演变与净剩余分享》，浙江大学硕士学位论文，
2002 年。

[9] 祝慧：《企业文化的制度化研究》，广东省社会科学院硕士学位论文，
2007 年。

五、英文文献

[1] Acemoglu & Robinson, "Democratization or Repression," *European Economic Review*, 2006cpp. 44, 683—693.

[2] Bonacich, P., & Schneider, S., "Communication Networks and Collective Action," In W. B. G. Liebrand, D. M. Messick, & H. A. M. Wike (Eds.), Social dilemmas: Theoretical Issues and Research Findings, New York: Pergamon, 225—245.

[3] Coase, R. H. "The Federal Communications Commission," *Journal of Law and Economics*, 1959, 2 (1).

[4] Gaye Tuchman Making News: A Study in the Construction of Reality, New York: Free Press, 1978pp. 68—90.

[5] Hardin, G., "The Tragedy of the Commons," *Science*, 1968, pp. 162, 1243—1248.

[6] Hayek, Law, Legislation and Liberty: Rules and Order (I), The University of Chicago Press, 1973, pp. 35—37。

[7] Hayek, "Studies in Philosophy, Politics and Economics," *Routledge & Kegan Paul*, 1967, p. 71.

[8] Kalman, M. E., Fulk, J., & Monge, P. R., "Resolving Communication Dilemmas: A Motivational Model for Information Contribution to Discretionary Databases, *Unpublished Manuscript Currently Under Publication Revies, Annenberg School for Communication*, University of Southern California.

[9] Kerr, N. L. (1992). Efficacy as a causal and moderating variable in social dilemmas. In W. B. G. Liebr and, D. M. Messick, & H. A. M. Wilke (Eds.), Social dilemmas: Theoretical issues and research findings (pp. 59—80). New York: Pergamon.

[10] Lippmann, Walter, "Two Revolutions in the American Press," *In Yale Review*, (March 1931), pp. 3—12.

[11] Robert E. Park, "The Natural History of the Newspaper," *In American Journal of Sociology*, Vol. 24 (3) (Nov. 1923), pp. 273—289.

后　记

　　本书为教育部人文社会科学研究项目"中国网络传播制度研究——基于新制度经济学的视角"的结项成果。在四川大学文学与新闻学院蒋晓丽教授的悉心指导、大力支持和激励鞭策下，我申报的本项目 2013 年获准教育部立项。回首研究过程中的点点滴滴，从开题时的信心满满到全面研究时的痛苦与迷惘，从前行道路上的山重水复、一筹莫展到冥思苦想中的峰回路转、灵光闪现，其间的栉风沐雨、披霜浸雾既考验智慧、涤荡精神，更磨砺意志、坚定信念。个中艰辛，诚如半山先生所言："看似寻常最奇崛，成如容易却艰辛"（王安石：《题张司业诗》）！在写作的关键阶段，数度萌生弃意。蒋晓丽教授以她厚达之情怀和睿智之思想点燃我的希望之灯，照亮跋涉之路；以深厚的学术修养和敏锐的学术眼光指明努力的方向，使我充满信心和力量。感激之意几欲诉于尺牍之间，却转瞬忘言，慨叹文字竟有不逮。

　　本项研究包含了许多人的智慧和心血。四川大学电气信息学院韩芳副教授和四川大学研究生院非全日制研究生教育办公室张杰博士，参与了全部章节的讨论，为本书作出了重要贡献。四川大学马克思主义学院刘肖副教授对本书的英文摘要提供了无私帮助，四川大学文理图书馆张盛强博士在文献搜集与整理方面进行了指导，四川大学文学与新闻学院张放教授对本文提出了有益建议，《成都日报》编辑中心副主任单正华博士给予了研究建议和文献帮助。感谢为本文提供文献参考的专家学者，他们已经发表的研究成果为本研究奠定了坚实的基础，有些成果还是本书相关部分的直接思想来源。此外，四川大学马克思主义学院硕士研究生邱爽、青雪燕、张沛参与了本书的文字校对工作。感谢红旗出版社和北京人文在线为本书的出版所做的大量工作，使本书得以付梓成书。

　　一段征程的结束，便是新一段旅程的开始。面向未来，我们充满无限向往和期待。

李建华

2016 年 12 月于成都